KB051702

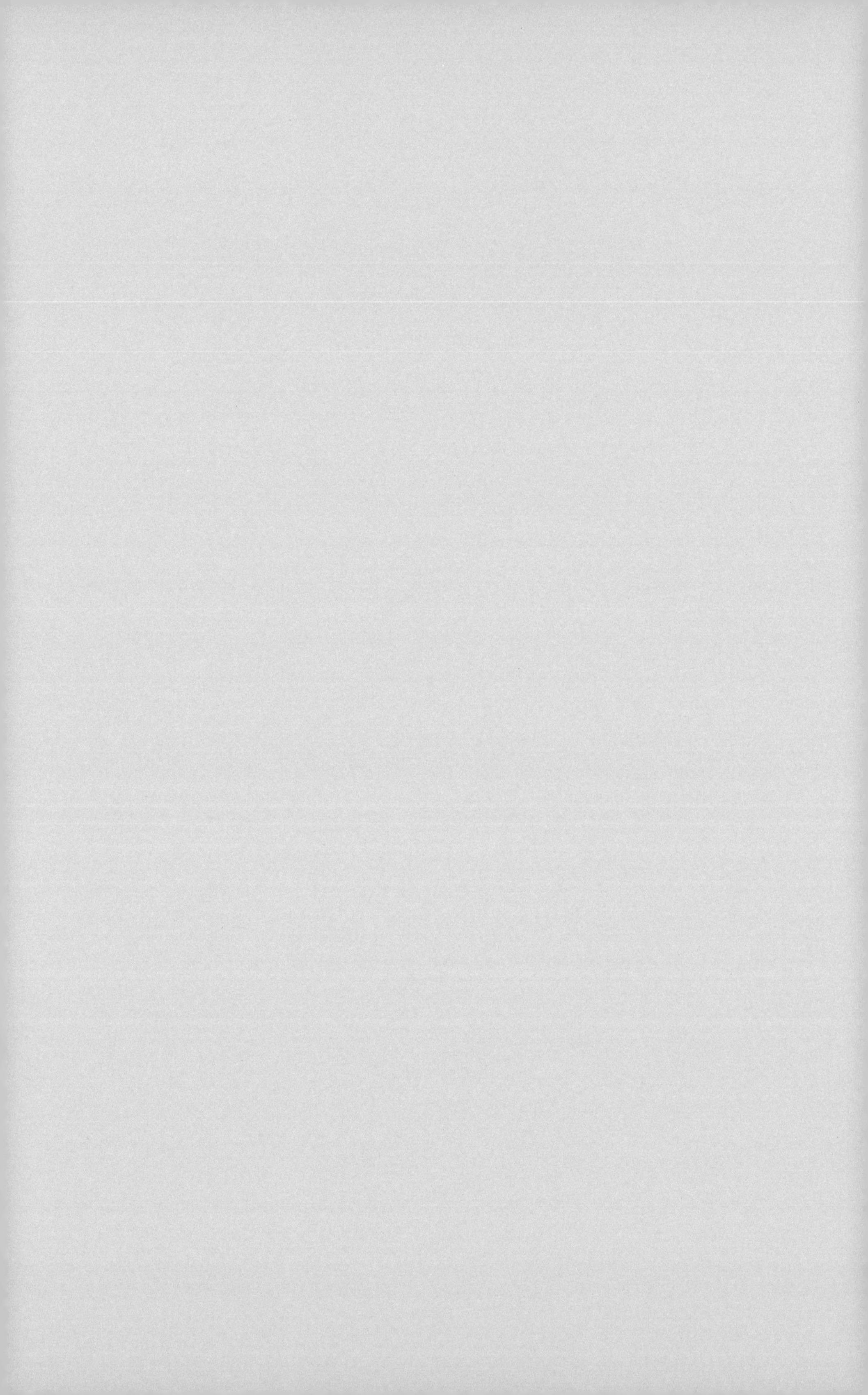

핏팅 코리아

"내가 살고 싶은 대한민국 만들기"

2021년 5월 10일 초판 1쇄
2021년 6월 17일 3쇄
2021년 8월 20일 개정 1쇄

글 정영록
펴낸곳 하다
펴낸이 전미정
디자인 윤종욱 정진영
교정·교열 최효준 강찬휘
출판등록 2009년 12월 3일 제301-2009-230호
주소 서울 중구 퇴계로 243 평광빌딩 10층
전화 02-2275-5326
팩스 02-2275-5327
이메일 go5326@naver.com
홈페이지 www.npplus.co.kr
ISBN 978-89-97170-65-4 03320

정가 17,000원

도서출판 하다는 ㈜늘품플러스의 출판 브랜드입니다.

대한민국 경제혁신

핏팅 코리아

정영록 저

HadA

개정판에 부쳐

⋮

두려움 속에 출간한 책이 많은 호응을 받고 있다. 나름대로 우리나라 미래에 대한 비전을 담고 있기 때문일 것이다.

의외의 인사로부터 격려 전화가 왔다. 첫 직장의 상사셨던 김적교 원장님께서 흥분된 목소리로 "시의적절한 엄청난 내용을 썼다. 바로 실행되었으면 한다"는 전화였다.

지인으로부터도 "우리 베이비부머의 고민과 해결책을 잘 제시했다"는 전화를 받았다.

조교를 비롯한 젊은이들은 역시 찬·반양론이었다. 너무 전체주의적 사고 아니냐고! "여자도 군대를 가야해요?"(그런데 대안이라도 있을까?)

이외에도 많은 독자들의 다양한 의견이 있었다. "대선 어젠다로 채택하면 수백만 표는 더 얻을 것이다." "살 만하게 된 만큼 복지와 권리만 주장할 것이 아니라, 국가발전을 위해 의미 있는 공헌을 해야 하는 것 아닌가?"

특히, 왜 비겁하게 청년층 "사회공공복무의무제"를 앞으로 빼서 바로 주장하지 못했느냐? 였다. 그랬다. 3장에 슬그머니 그 엄청난 화두를 숨겨놓았던 것이 들켜버렸다. 마침 출판사에서 개정판을 내는 게 어떻겠냐는 제안이 있었다.

인쇄된 상태에서 다시 찬찬히 읽어 보니 논리의 비약도 많이 눈에 띄었다. 차제에 귀납식 서술에서 단도직입적인 연역적 서술로 바꿔야겠다고 마음먹었다. 다행히도 3장과 1장의 순서만 바꾸면 그대로 맞아 떨어졌다. 완전하지는 못하겠지만, 일부 오탈자도 수정하고 문맥도 조금 손을 보는 좋은 계기가 되었다.

- 청년 사회공공복무의무제 도입이 초등학교의무제 도입처럼 시대적 소명이다!
- 사회공공복무의무제를 마친 청년층에 대해 주택청약 자격부여와 연계된 5천만 원 정도의 사회진출정착자금 지급이 정말로 필요하다!
- 7백만 베이비부머들을 대한민국의 지속발전과 세대연결의 조연으로 소환할 필요가 있다!

결국, 내가 살고 싶은 대한민국을 만들어 내기 위해서는 "이 길밖에 없다!"는 나름대로의 확신을 더욱 강하게 갖게 되었다. 베이비부머들의 필독서로서, 또한 정책 입안자의 발상의 전환 계기가 되기를 희망한다.

2021년 8월 16일

내가 살고 싶은 대한민국 만드는 경제정책 제안

책을 쓰는 게 두려웠다. 그 많은 책들이 난무하는 데서 과연 의미 있는 책을 쓸 수 있을지에 대한 회의였다. 늘 스승의 가르침이 답이 아닐 수도 있다는 의문을 품고 살았다. 반골이었다. '왜?'라는 의문이 끊임없이 따라다녔다. 한 세대에 걸쳐 경제문제에 대해 나름대로 고민하면서 비교적 독립적인 생각을 해 왔다. 일생의 학술적 화두는 두 가지다. 중국의 향방과 우리 경제의 진로다. 독립적인 주제이지만, 상관성이 무척 크다. 중국이 우리나라 발전의 상수가 되었기 때문이다. 노욕이라고나 할까? 나이 예순을 넘기고 은퇴를 앞둔 인생의 변곡점에서 단斷, 사捨, 리離의 하나로 의미 있는 글을 남기고 싶었다.

정책 자문에 대한 회한이다. 정부와 기업에 대해서 기회가 있을 때마다, 중국 문제에 대해 나름의 정책 조언을 했다. 벌써 30여 년이 지났다. 중국이 급격하게 예정된 길을 갔다. 이제는 정책 조언이 쉽지 않게 되었다. 정책을 제안했지만, 결국 무산되었고, 나중에 뒤늦게 정책으로 채택되는 것을 보며 안타까웠다. 선제적 정책을 제시하고 관철시키고자 했던 두 번의 경험은 내게 너무 가슴 아픈 기억이다. 그중 첫 번째는 IMF 위기 직후 상황이었다. ABC라는 신용카드Asia Business Card를 한·중·일 3국이 출시하자는 아이디어를 제시했을 때다. ABC 신용카드는 소지자에게 신용카드 고유의 기능뿐 아니라 한·중·일 3국 역내에서 입국비자면제VISA Free 기능까지 부여하자는 것이었다. 한때 거론되던 "동북아공동체"[1]의 진전에 실질적인 역할을 하고 싶었다. 하지만 정부의 이해 부족으로 좌절되었다. 그 이후 제안했던물론 나 혼자 제안한 것은 아니었겠지만 한-중-일 셔틀항공노선의 진전은 나름대로 뿌듯했다. 또한 한-중-일 캠퍼스 아시아 프로젝트를 동료 교수와 발의해 일궈냈다. 현재는 프로젝트 졸업생이 2천 명 이상이라고 한다. 그들이 장래 역내에서의 불신의 고리를 끊어줄 수 있었으면 하는 기대를 해 보기도 한다.

심혈을 기울였던 '신신라방 프로젝트'도 있었다. 미래의 세계 발전은

---

1 사실 박사학위를 마치자마자 들어간 직장인 대외경제정책 연구원의 첫 과제가 동북아경제공동체의 가능성에 대한 경제학적 접근이었다. 결국 사람은 자신의 테두리를 벗어나기 어려운 것 같다.

결국 도시와 비도시 공간에서 이루어질 것이다. 중국은 1996년부터 매년 천오백만에서 이천만 명을 도시민으로 바꾸는 계획도시화를 실행하고 있다. 그리고 이를 추동력으로 계속해서 발전 중이다. 현재는 스마트시티Smart City 정립이 가장 커다란 화두라고 생각한다. 인당 소득 1만 달러, 전통 산업화 완성 이후, 새로운 먹거리로 생각하고 있다. 10년 전 북경에서 경제공사로 재직했을 때다. 중국 내에서 한국형 스마트시티소위 신신라방 프로젝트를 구축하는 프로젝트를 성사해 보고 싶었다. 이리 뛰고 저리 뛰었다. 하지만 업계를 포함한 관계자의 인식 부족으로 실패했다. 그렇기 때문에 최근 중국이 화웨이를 중심으로 스마트시티를 구체화하는 것을 보면 굉장히 씁쓸하다.

국내 정치권은 하루가 멀다 하고 여와 야로 나뉘어 이전투구 상황이다. 주로 권력유지를 위한 투쟁이다. 정작 미래에 대한 고민은 안 보인다. 우리가 관심을 가져야 할 것은 민생경제 문제를 해결함으로써 삶의 질을 향상시키는 것이다. 특히 각 세대 간의 안정 속에서 새로운 희망을 주는 것이 중요하다. 권력을 잡는 것에도 국민을 더불어 잘살게 한다는 목적의식이 있어야 한다. 편을 나누고, 권력을 쥔 자가 힘을 누리는 것을 목표로 하지 않아야 한다. 최근 정말 한심하게 여겨지는 것이 태양광 사업이다. 전국토의 산림녹화를 허물고, 태양광이라는 흉물로 구릉지를 뒤덮고 있다. 누가 이런 아이디어를 냈는가? 태양광 설치 및 산림 파괴와 녹색자원 보존 중 무엇이 더 좋은지에 대한 기초 조사라도 했을까? 지난 여름 홍수로 흘러내린 태양광 설비를 보고 한탄스러웠다.

우리 주위를 둘러싼 문제의 핵심은 결국은 경제다. 경제는 돈이고 우리가 살아가는 이야기다. 경제학은 늘상 금리를 낮추어야 하느니, 올려야 하느니, 환율이 저평가되어 있다느니, 고평가해야 한다느니, 적자재정이 국가를 파탄시킨다느니 등의 교과서적인 논쟁에 함몰되어 있다. 당사자가 아닌 제3자 입장의 훈수를 두는 태도다. 미시적으로는 아주 중요하다. 하지만 이러한 논의는 답을 내지 못하는 경우가 허다하다. 명색이 경제발전을 전공한 사람으로서 현재의 어려운 경제상황을 타파할 답을 낼 수 없다는 생각에 자괴감이 들었다. 초심으로 돌아가 다시 애덤 스미스부터 읽기 시작했다. 마키아벨리도 함께 읽었다. 이를 통해 의미 있는 정책 대안을 제시할 수도 있겠다는 생각이 들었다.

이 책은 크게 두 부분으로 이루어진다. 먼저 우리나라의 진로와 관련된 정책 제안이다. 내 주위가 잘되고, 잘사는 것은 뿌듯한 일이다. 아직 충분한 기회가 있다. 포스트 국민국가 시대에는 전 세계가 모두 출발점이 같다. 우리나라는 5천만 명 이상의 국가 가운데서 인당 소득 3만 달러를 달성한 일곱 번째 국가다. 전략 자산[2]을 극대화할 수만 있다면 곧장 성숙한 선진국으로 정착 가능 할 것이다. 우리나라가 인당 소득 6만 달러 수준의 성숙한 선진국으로 갈 수 있는 데도 문턱에서 좌절한다는 것은 너무 안타깝다. 특히 중국을 극복하는 것과 북한 핵문제도 성숙한 경제로 풀어가야 한다고 확신한다.

결국 전략적 자산의 활용을 극대화하면서 새로운 발전의 길을 열어가야 하는 것이다. 현재 상황을 잘 평가하고 판단해 정확한 정책 방향을 제시할 수만 있다면 우리에게도 아직은 희망이 있다. 생애주기형 관점에서 경제정책을 펼칠 수 있는 공간이 있다. 사회진입기인 20세 전후와 은퇴

2 전략 자산이란 우리의 역사를 만들어 오면서 다른 나라에 비해 독특하거나 비교우위를 지니게 된 특질로 정의하자.

기인 60세 전후 세대에게 유의미한 정책을 펼 수만 있다면 사람 주도의 경제혁신이 가능하겠다는 생각이다. 이를 비교적 쉽게 구체화할 수도 있겠다 싶어졌다.

또 하나의 화두는 중국의 미래에 대한 평가이다. 중국이 완전한 발전국가로 변모할 수도 있는 가능성과 관련해 한국이 가야 할 길을 항상 염두에 두었기 때문이다. 중국이 차세대 주도 국가의 유력한 후보가 될 수도 있다고 주장한다. 이전에 중국이 정상적인 국가로 복귀할 수도 있다고도 수차례 주장했다. 하지만 아무도 귀 기울이지 않았다. 이제는 오히려 갑으로 변화해 버렸다. 30여 년이 지난 시점에서 중국대책을 세우기에는 다소 늦었다고 생각한다. 그럼에도 불구하고 이 책을 쓰는 이유는 마지막으로 우리 동년배와 후세에게 어떤 메시지를 남기고 싶었다. 늦었지만 내가 받은 여러 은혜를 되돌려 주고 싶었기 때문이다.

이 글은 소위 정교한 학문의 결과물이 아니다. 경제학으로 훈련받은 학자의 시각에서 세상을 판단하고 문제점을 포착하면서 타개하기 위한 방안을 나름대로 제시하려는 것이다. 개인적인 인생 경험에 근거해서 쓴 체험적 경제수필의 성격이 강하다. 왜 우리 사고의 핵심은 합리적 이성과 과학성에 근거한 논리인데도, 아직 옛 성인의 논리를 차용해야 할까? 왜 똑같은 수준의 박사학위를 획득한 사람들이라도 서방인, 특히 미국인의 이야기에 더 귀 기울이고 있는가? 이런 폐습을 아직도 극복하지 못하고 있는 것 같다. 이래서야 진정한 독립국가를 이루었다고 할 수 없다. 인문·사회과학 분야에서 '한국적 학문한국학'을 세워야 한다. 학문은 아주 간단하다. 주어진 상황과 제한된 조건에서 합리적 이성과 과학성을 최대한 동원해 논리를 세우는 것이다. 합당한 논리라면 이를 실천해야 할 것이다. 가야 할 길이 아직 멀다. 이러한 관점에서 이 책은 나름의 새로운 시도를 하고자 한다. 학술적 증명이나 논거는 생략하고자 한다.

살면서 체감한 것이 몇 가지 있다. 첫째, 사회는 먼저 안정의 확보가 중요하며 이는 점진적으로 진화·발전한다는 것이다. 결국 극우도 극좌도 효용성이 떨어지게 된다. 안정과 변화의 중용이 중요하다는 점이다. 둘째, 왜곡되면, 결국은 원상태로 복귀한다는 것이다. 산업화 세대의 억압·압력에 의한 농단으로 교육자의 위상을 과소평가했으며 농촌지역을 천시하게 된 측면이 있다. 집권층이 주장하는 것과 다른 다양한 의견이 적대시되었다. 이는 시간이 지나 반발 세력, 현재는 일부 극단적 민주화 세력이라는 독특한 집단이기주의를 낳았다. 또한 철학의 빈곤, 농촌의 소멸 가능성으로 돌아왔다. 진통은 겪겠지만, 다시 원상태로 돌아갈 것이다. 결국 구조조정이 필요한 시기이다. 셋째는 뿌린만큼 거둔다는 것이다. 항상 준비해야 할 이유다. 넷째, 사회주도 세대는 40~55세이며 역사의 발전을 위해서는 세대의 독점이 아닌, 순환을 통한 연결이 필요하다. 산업화 세대도, 민주화 세대도 마찬가지다. 다섯째, 가치를 만들어 내야지 빼앗아서는 안 된다. 그것은 역사의 죄악이다. 여섯째, 인간과 국가와 세계의 발전은 근본적으로 그 궤적을 같이한다. 모방, 체계화, 창조·혁신이라는 3단계의 반복이다. 마지막으로 아직도 우리 주류사회의 철학이 초원리주의의 집착이라고 평가한다. 이를 극복해야 한다.

이 책이 감히, 국가 중요 정책 결정에서 어젠다로 채택되기를 희망한다. 국정 100대 과제 등을 본다. 하지만 큰 거시적인 정책 목표는 눈에 띄지 않는다. 이는 바뀌어야 하는 부분이다. 최고의 권력자는 전문가들, 정부관료들을 적극 활용해 이들에게 구체적인 사항을 맡겨야 한다. 학교, 학회학제 간 학회 포함, 정책 참여, 정책 자문 등을 통해서 느낀 것은 이를 공론화하고 이성적인 판단을 통해서 국익에 도움이 되는 정책으로 채택하는 것이다. 학문은 결국 현실참여 아닌가? 상아탑이란 원래 존재하지 않는 허상이다. 이 책의 내용은 사실 여태껏 여러 번 요로를 통해서 정책으로 제시했지만, 잘 먹히지 않았다. 하지만 나중에 뒤늦게 언제 그랬느냐는 듯이 채택될 것이다. 나는 그 시간을 당기기 위해서, 정치적으로 어젠다화하기 위해서 이 글을 쓰기로 했다.

CONTENTS

한국경제의 미래는 전략 자산으로 넘는다

중국은 미국을 뛰어넘을 수 있을까

PART 04 베이비부머 세대여, 사회의 조연, 인생의 주연이 되자

PART 05 부 록

국민국가를 넘어 알짜국가로
'대한민국 4.0을 위하여'

⋮

전 세계는 현재 세계적인 대전환기에 놓여 있다. 토마 피케티 류의 경제적 불평등이 커다란 화두로 떠오르고 있다. 우리나라에서도 기본 소득 지급 논쟁과 관련, 찬·반양론이 첨예하게 대립하고 있다. 이익 공유제까지 거론될 정도이다. 초유의 국민국가 완성을 경험하고 있기 때문이다. 인류는 평균 인당 소득 1만 달러를 달성하였다. 전통적 산업화가 완성된 것이다. 과거 약 300여 년간 범인류적 과제였던, '현대화'라는 국민국가 건설의 움직임이 이제 거의 완성된 것이다. 여기까지 오는 데는 마지막 150년간의 발전이 결정적이었다. 이는 미국 주도에 의해 완성되었다. 지난 40여 년간은 중국의 정상화 노력과 협력도 큰 역할을 했다. 민주주의도 요소에 침투해 상당 정도 작동하고 있다. 300년 만에 맞는 세계적 대전환Paradigm Shift의 시기다.

세계적 대전환의 화두는 제4차 산업혁명, 또는 경제의 디지털화와 함께 경제 불평등 해소 및 중국으로의 패권 이전 가능성에 대한 평가가 주축이다. 아직 중국이 전면에 나선 것은 아니다. 하지만 GDP 총량 규모가 미국과 비슷해지고 있고, 십여 년 이내에 추월할 것으로 예측된다. 세계가 주목하고 있는 이유이다. 경제력 총량의 과다가 과연 세계 패권을 좌지우지할까? 물론 결정적이지는 않을 것이다. 하지만 패권을 탈환할 수 있는 여력 증가, 인적 능력의 제고 등이 주목받고 있다. 개연성은 충분히 있다.

대한민국4.0[1]이 필요한 상태다. 우리는 아직도 구태를 벗어나지 못하고 있다. 지식인을 포함한 사회 전반이 새로운 목표나 정책 제시에 미흡하다. 중·장기적으로 대대적인 구조조정이 있어야 한다. 그 핵심에는 우리의 인식체계를 훨씬 더 합리적으로 가져갈 필요가 있다. 이는 간단한 작업이 아니다. 우리의 인식이 먼저 바뀌어야 하고 세대의 유기적 연결도 필요하기 때문이다.

'잘살아보세' 이후의 명확한 국가발전 목표를 제시해야 한다. 탄탄한 품격 국가인 '알짜국가'를 제시하고자 한다. 내가 살고 싶은 대한민국, 내가 살아보고 싶은 대한민국을 만드는 것이다. 세 가지가 중요하다. 경쟁력 제고, 세대 공감교감에 의한 대한민국의 지속발전 그리고 내가 살고 싶은 성숙한 대한민국동네 가꾸기이다. 목표기간은 향후 50년으로 잡는

1 1.0은 대한민국정부 수립, 2.0은 산업화시대, 3.0은 민주화시대를 지칭하고 있다.

다. 이를 관통하는 정책이 있다. 우리의 비교우위는 자원빈국으로서 그래도 우수한 사람이 많다는 점이다. 바로 '사람'에 대한 정책이다. 생애주기형 정책 도입이다. '생산적 복지'에 기초한 '최소의무, 최저보장'을 국가정책으로 제시한다. 여건은 충분히 갖춰져 있다.

우리는 국민국가화 과정에서 상당한 정도의 전략자산을 쌓았다. 사람을 제외하고는 별 자산이 없었던 상태에서 지금은 상당한 전략자산이 있다. 또한 운이 좋게도 서방경제권의 일원으로 승자의 편에 서 있다. 세계적 생산 네트워크의 일원으로서 위상을 점하고 있는 것이다. 1948년 정부수립 이후 72년간 이룬 성과로 세계 경제대국의 일원이 되었다. 우리가 가진 인력과 상황을 유용하게 잘 활용했기 때문이다.

사람은 대체로 40세 정도까지 가정, 학교, 직장에서 계속되는 사회화 과정을 거친다. 그 이후 40~55세까지 짧은 시간 동안 최고의 능력생산성을 발휘한다. 그 후 쏜살같이 주류 세력에서 퇴장한다. 한 국가가 발전하기 위해서는 각 세대의 연결을 통해서 사회주도세력의 시대정신을 중·장기적으로 합리적으로 이끌어 줄 수 있어야 한다.

이 글은 사회화 과정에서 사회에 처음 진출하는 남녀 청년 모두에게 조직생활의 경험을 쌓게 하자는 것을 첫째 화두로 제시한다. 현장경험의 중요성 때문이다. 다행히도 우리는 국민국가 시대의 유물이지만, 국민개병제라는 소중한 전략적 자산이 있다. 이는 국방과만 연계시킬 것이 아니다. 청년세대의 자기계발, 경쟁력 강화와 연결 지어야 한다. 국민개병제를 "사회공공복무의무제"로 확대한다. 20대에 진입한 청년세대에게 남녀를 불문하고 적어도 모두가 조직생활을 경험할 수 있도록 기회를 준다. 이 의무가 종료되면 5천만 원 이상의 목돈을 사회 정착 기금으로 제공한다. 청년실업 50만 명실제 100만 명 이상으로 추정 시대는 미래를 암울하게 한다. 일본의 아킬레스건은 잃어버린 30년 동안 생성된 수백만 명의 사회적 은둔자들이다. 우리가 이를 답습한다면 후속세대에 죄를 짓는 것이다. 부의 불평등 이상으로 문제될 것이다. 일본 타령만 하고 있을 것이 아니다. 이를 극복하는 것이 진정한 극일이다.

또한 은퇴세대, 특히 베이비부머 세대1955년부터 1963년까지 출생자에 주목한다. 베이비부머들에게 '어른역할' 정립을 요청하고자 한다. 탐욕이 아니라, 그들의 희생과 세대 간의 조화를 가장 큰 화두로 제시하려는 것이다. 그들을 소환할 필요가 있다. 은퇴 세대의 경험에 근거한 희생·양보·공헌이 필요하다. 욕심을 버린 어른의 역할이 절실하다. 베이비부머에게 은은한화려하지 않은 조연을 기대하는 것이다. 우리나라에서는 이 노력이 아직 공백으로 있다. 진보든 보수든 '신선놀음에 도끼자루 썩는 줄 모른다'. 모두 다 주인공이 되고 싶어한다. 결국 무한정 보수화된 권력만 보인다. 본질적으로는 인간의 탐욕이라고나 할까?

베이비부머는 우리나라 소득 1만 달러부터 3만 달러까지의 산업화 후반기 주력을 맡았다. 이들은 50% 이상이 이촌향도 세대다. 농사에 대해 이해하는 세대다. 나름대로 성공했으며, 비서에게 의존하지 않고 직접 일할 수 있는 첫 세대다. 아직 생존해 있는 산업화 전반기 세대와 청년층을 연결할 수 있는 연결고리이다. 사회공헌에 대한 의지도 있다. 이들은 중소·중견기업 컨설팅, 거주지 사회공공서비스 참여, 지방고향발전에 기여할 수 있다. '준이도향촌準離都向村'도 가능하다. 도시의 인구압력을 낮추어 주택문제 해결의 실마리를 제시해 줄 수 있다. 여태껏 재정정책에 의해 돈이 움직여서 국토 균형 발전을 추구했다. 지금부터라도 사람을 움직이게 해서 국토 균형 발전을 도모하자!

미시적으로 접근하려면 엄청난 노력과 재력이 투입되어야 한다. 이해 집단 간의 상충도 큰 문제이다. 국가가 강제 배분한다는 철학적 저항도 있을 수 있다. 하지만 지금은 세계적 대전환 시대이다. 획기적인 정책 도입이 필요한 시기이다.

이러한 획기적인 정책 도입을 통해서 두 세대50년 이내에는 성숙한 품격 국가로서 선진국인 '알짜국가Competent Country; 한자로 실효국가 정도'로 성장할 수 있다. 가령 해방 100주년이 되는 2045년, 또는 대한민국 정부 개시 100주년이 될 2048년경에는 성숙한 선진국 초입인 인당 소득 5만 달러를 이룰 수 있다. 이어서 10~20년 이내인 2070년경에는 인당 소득 6만 달러에 도달할 수 있다. 결국 '인생다모작 경제[2] 상시화·정례화'라는 주장을 정책화하자는 것이 이 글의 목적이다.

베이비부머 세대부터 우리나라 역사에서 거의 처음으로 탐욕에 찌든 세대가 아닌 진정 내려놓는 성숙한 어른의 자세와 역할을 보여주자. 베이비부머들이여, '사회공공복무의무제'라는 획기적인 제도자산을 국가정책화하는 데 함께 나서자. 이 제도를 남겨주자. 베이비부머 세대들이 먼저 헌신하자! 사회에서는 은은한 조연이 되겠지만, 인생의 주연을 맡자.

---

2 마강래 교수의 발상으로 작명하였다.

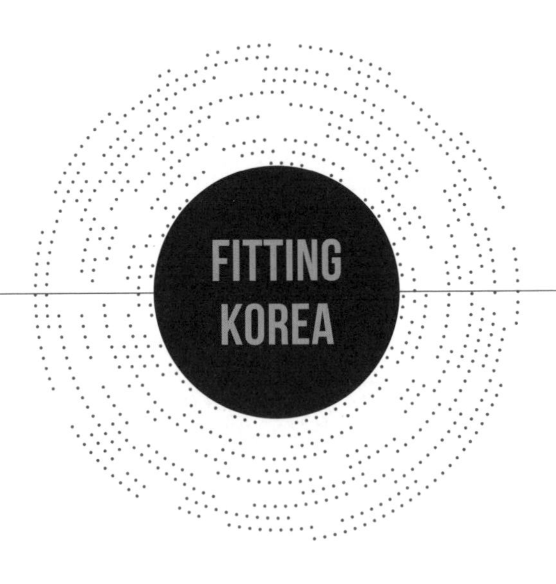
FITTING
KOREA

산업화, 민주화 이룬 저력으로 내가 살고 싶은 알짜국가 만들자

1_ 알짜국가론
2_ 최소의무 최저보장제
3_ 정책 타당성 검토

최근 들어 우리 주위에서는 몸을 더 탄탄하게 만드는 프로젝트들이 유행하고 있다. 동네마다 피트니스 센터가 성황을 이루고 있다. 풍요한 영양에 덩치는 확실히 커졌다. 그런데 어딘지 모르게 몸이 찌뿌둥한 경우가 많아져서일 것이다. 도시병이라고 해야 할까? 몸짱 만들기 프로젝트가 유행하는 이유다. 아마 풍요 속에서 우리 몸에 대한 건강은 물론이고 외모에 더 신경을 쓰는 탓일 것이다. 그만큼, 삶의 질을 추구하고 있다고도 보인다.

국가도 마찬가지다. 발전의 단계에 따라서 일류국가를 지향할수록 국격을 높이고 매력을 높이는 방향으로 관심을 끌게 마련이다. 인당 소득 3만 달러를 넘어선 우리나라 국민은 배고픔을 극복하고 그만큼, 살 만하게 되었다. 덩치는 확실히 세계적 수준으로 커졌다. 고도 성장을 추구한 지도 2세대 이상의 상당한 기간이 지났다. 매체에서는 하루를 멀다하고 국내적으로 청년실업급증, 인구절벽, 대학 존폐위기, 결혼기피, 세대갈등, 등을 다룬 기사가 홍수를 이루고 있다. 많은 사람들이 불만이다. 뭔가 문제가 있는 것이다. 대외적으로도 미·중 무역분쟁, 기술패권 등 무시무시한 단어들이 난무하고 있다. 대외의존도가 높은 우리 경제로서는 커다란 도전이 아닐 수 없다.

새로운 방향과 정책을 모색해야 할 중요한 시기임에 틀림없다. 하지만 학계나 관계에서 나오는 제안들이 너무 관념적이다. “단디단단히 해야 한다”는 당위성의 일색이다. 실천 가능한 구체적인 방안을 중지를 모아

발굴해야 한다. 정부도 다양한 정책을 제시하고 있다. 우리 몸처럼, 국가도 나름대로의 구조조정을 해 줘야 할 필요가 있다. 소위 "핏팅Fitting"이 필요한 것이다. 올림픽 개최 때의 구호가 "필승코리아"였다. 쉽지는 않겠지만, 긍정적인 마음으로 도전해 보자는 심정이었을 것이다. 마찬가지로 지금의 우리도 좌절할 것이 아니라 보다 전향적이고 희망적인 "핏팅코리아"를 주창하고자 하는 것이다.

우리가 여기까지 발전해 오면서 나름대로 다양한 전략자산을 쌓아 왔다. 이를 적극적으로 활용하면서, 국가를 더 나은 방향으로 변모시키는 것이다. 이는 우리 전 국민의 염원이자, 중국의 극복, 북한과의 평화적 공생을 위한 핵심경쟁력이 될 것이다.

사실, 지금의 대한민국을 구성하는 세대를 분석해 본다면, 잠재능력을 갖춘 사회진입 청년 세대와 은퇴를 맞이한 베이비부머 세대라는 자산이 있다. 이 두 세대의 협력에 의해서 우리 사회를 한번 획기적으로 변화시킬수 있는 여지가 있다. 이 차원에서 이 책에서는 청년 세대에 대해서 "사회공공복무의무제" 도입을 과감하게 제창하고 있다. 동시에 아직 사회발전에 기여할 여력을 지니고 있는 베이비부머 세대를 소환, 우리 역사상 처음으로 "어른"의 역할을 정립해 보자는 것이다. 이 정책제안을 실천해야 한다. 은퇴를 맞이한 베이비 부머 세대가 적극 나서야 할 이유다.

알짜국가론

알짜국가

사실 국가발전의 핵심은 우선 사회안정을 추구하면서 미래 세대를 계속해서 키워주는 것이다. 이를 통해서 미래의 시대적 소명을 추구해 국가를 연속시키는 것이다. 세대 순환과 연결이 중요한 쟁점이다. 지금 벌어지고 있는 적폐청산이라는 단어는 너무 구태의연하다. 실제로 찬찬히 따져보면 적폐청산이란 모순에 빠질 수밖에 없다. 우리가 여기까지 오는데 누가 적폐로부터 완전히 자유로울 수 있었을까? 인사청문회 때마다 제기되는 문제들이 여든 야든 적폐로부터 자유로울 수 없다는 것을 반증하고 있다. 현재는 세계적 대전환기로 미래 사회를 설계해야 한다. 더 이상 과거에만 머물러 있을 필요가 없다. 아무리 적폐청산이 필요하더라도 전 사회가 이에 매달리고 있다는 인식을 줄 필요도 없다. 우리는 속국, 식민지, 조공국, 분단국을 지난 반세기의 노력으로 슬기롭게 헤쳐왔다.

더 필요하다면 조용조용 처리할 일들이다. 앞으로가 문제이고 적어도 공정하기만 하면 된다. 그 차원에서 우리는 하루빨리 국가발전의 큰 목표를 설정하고 이를 이행하기 위해 진력해야 한다.

향후 50년의 국가 지향 목표를 제시해서, 국가발전의 정책방향으로 삼아야 한다. 과거의 큰 과제는 국내적으로 '나'도, 국제적으로 '우리'도 "잘살아보세"였다. 간단명료했다. 해방 이후부터 인당 소득 3만 달러를 달성하는 2015년 정도까지1945~2015년가 그랬다. 그 관성에서 정부도 움직인다. 과거 70년간의 노력으로 극빈국에서 인당 소득 3만 달러를 달성하였다. 하지만 이제 "잘살아보세"로는 공감을 얻기는 어렵다. 새로운 국가지향 목표가 있어야 했다. 아쉽게도 20여 년 전 세기 교체기에서까지 새로운 시대정신이 나타나지 못했다.

향후 50년간은 "알짜국가"를 지향했으면 한다. 보다 실속 있는 탄탄한 나라를 지향했으면 한다. 알짜국가의 개념화는 쉽지 않다. 자유, 생명, 신뢰, 재산권이 인류가 지향하는 기본적 가치관이라는 주장도 있다.[1] 이를 튼튼히 추구하는 것도 필요하다. 알짜국가란 최종 단계에서 정치적으로 자유·민주주의, 경제적으로 인당 소득 6만 달러 이상의 성숙한 선진국 도달, 사회적으로 다양성 수용 및 공정, 문화적으로 융합된 독특한 문화의 창조 달성 등이 이루어져야 한다. 결국 북방의 싱가포르 정도는 되어야 할 것이다. 특히, 인당 소득 6만 달러는 현재 일본의 인당 소득 4만여 달러를 뛰어넘는 수준이다. 미국 사회의 인당 소득 수준 정도이다. 근저에는 무엇보다도 인간의 자율, 자유, 경쟁, 다양성이 발전의 핵심이라

---

1 강철규(2015)『강한 나라는 어떻게 만들어 지는가?』사회평론

는 인식을 갖는 것이다. 그 과정에서 우리를 특징 있는 국가로 탈바꿈시키는 것이다. 단순한 중상주의에 몰입해 다른 나라로부터 부를 이전해 오는 것이 아니다. 이는 상대적으로 쉬운 일이지만, 크게 보아서는 국민국가 시대의 약탈일 수 있다. 세계 인류 발전에 뭔가 기여하면서 독일처럼 기술·기계, 일본처럼 관리·세밀성 등 우리 나름의 특징을 갖는 것이다. 한때는 네덜란드나 핀란드처럼 "강소국가"가 주창되기도 하였다. 본질은 우리 나름의 특징 있는 국가를 만들어 가는 것이다. 이는 소위 지식인들과 정치가들의 노력이 그만큼 요구된다는 것을 나타낸다. 이들이 사회의 지도층으로 훨씬 깨어 있어야 한다. 말이 쉽지, 대단히 어려운 과제이다. 그 차원에서 미국이나 중국의 토론문화 상시화가 초등학교 때부터 시작되었으면 한다. 토론처럼 문제의 본질을 쉽게 파악하고 의견의 다양성을 받아들이는 방법이 없기 때문이다.

2단계로 추진되어야 한다. 그 1단계로, 한 세대2020~2050년에 걸쳐서 알찬 실속 국가를 만드는 것이다. 그 과정에서 뼈를 깎는 전방위적 노력을 통해서 우리 경제·사회 체질을 더욱 강화하는 것이다. 이에 따라 연평균 2~3%대 실질 소득 증가와 인당 소득 5만 달러 달성을 기대하는 것이다. 그 2단계는 나머지 20년간2050~2070년 성숙한 품격국가, 세계문화국가에 도달하는 것이다. 그 핵심은 독자적 한국문화 창출, 진정한 한국적 학문체계 구축을 통해서 가능할 것이다. 자연히 인당 소득 6만 달러를 달성하는 것이다. 탄탄한 경제국가를 구축하는 것이다. 이를 통해 북핵 위기, 중국으로부터 오는 경제적 난관까지도 극복할 수 있을 것이다. 결코 이상적인 인식도, 목표도 아니다.

생애주기형 정책 도입의 필요성

이상의 목표를 달성하기 위한 구체적인 방안으로, 각 세대의 고민을 이해하고 맞춤형 정책을 제시하면서 인센티브를 주는 제도를 정립하는 것이다. 즉 생애주기상 각 세대를 가장 잘 활용하는 방법이 정책 여력으로 남아 있다. 마치 한 국가의 발전에서 중산층을 확대하는 것이 중요한 것과 같다. 세대로 보면 40-55세의 주축 세대의 능력을 확충시키는 것이 중요하다. 이와 관련해 사회진출 세대인 20대와 은퇴 세대인 60대를 더 탄탄히 해주는 것이다. 그래야만 40-55세의 허리 세대가 더 탄탄하게 될 것이다. 하루빨리 이것이 도입되어야 할 것이다. 물론 해당자들이 적극적으로 참여케 하는 인센티브를 확실하게 부여할 필요가 있다. 이것이 우리가 주장하는 정책의 핵심이다.

우리는 생애주기를 객관적으로 고려하면서 일생을 사는 관념이 아직은 약한 것 같다. 산업화 시대의 관성이다. 아무리 장수 시대라도 사람은 결국 죽는다. 베이비부머는 하루하루가 도전이었고 이를 해결해야 했고 생존해야 했다. 그만큼 삶이 절박했다. 5년, 10년을 계획하고 산다는 것은 도저히 생각할 수도 없었다. 하지만 지금이라도 찬찬히 인생을 관조해 볼 필요가 있다. 인당 소득 3만 달러 국가에 사는 우리는 생애주기를 좀 더 정책변수로 고려해 제도화, 개념화, 일상화해야 한다. 주위를 돌아보면 돈만 벌다가 생을 마감한다든지, 돈만 쓰다가 생을 마감한다든지 하는 경우가 있다. 행복이 뭔지도 모르고 지내는 경우도 있다. 우리도 한 번뿐인 우리 삶의 일평생을 보다 주도적으로, 효율적으로 설계해 행복하게 생활할 필요가 있다. 보다 안정적으로 말이다. 이것이 진정한 국가 발전의 목표가 되어야 한다. 내가 살고 싶은 국가의 실체이다.

과거 정부 정책이란, 주로 공급 정책이었다. 산업 정책, 지역 정책, 이를 위한 단순한 인적 공급에 그쳤다. 한국인의 행복을 아우를 수 있는 차선책도 보이지 않았다. 성장만 하면 그 과실이 흘러서 곳곳으로 전파되겠지, 하는 막연한 기대 정도에 그쳤다. 그러나 인간의 이기심 극복은 쉽지 않다. 결국 그 끝단에 와서 빈부격차가 심화되어 버렸다. 정부도 이를 수정하려는 노력은 하고 있다. 더욱 심각한 문제는 대한민국이라는 울타리 안에서 살아가고 있는 한국인이 인구절벽으로 소멸될 수도 있다는 위기의식이다. 관성적으로 국민국가만 추구하다 보니, 세대 간의 격차가 뻥 뚫려 버렸다. 사실 세대 단절 등 중요한 문제에 대해 신경 쓸 겨를이 없었다. 우리나라의 현시점에서 각 세대의 고민은 무엇일까?

15~20세: 대학 입시(진짜 교육이 무엇이 되어야 할까?)

20~25세: 병역이나, 사회진출(1차 사회공공복무 가능 여지; 조직생활이라는 최저 보장과 이에 따른 사회정착 여지 제공)

25~35세: 취업, 결혼

35~40세: 1차 직장 잔류냐, 이직이냐, 창업이냐?

40~55세: 인생 달리기(인생 주기상 생산성의 극대화)

55~65세: 주로 베이비부머로 사회 공헌 봉사 및 세대 연계 기회 1회 부여가 가능할 수도 있는 여지

- 살기 좋은 내 고향 가꾸기 공헌; 각종 사회공공서비스 기여 (~70세 정도까지로 연결; 정년 연장 등)
- 세대 자산 연결 기회 1회 부여

65~75세: 은퇴 후 사회생활의 연장 및 적절한 노후 설계

76세 이후: 인생의 마감, 황혼기

이상을 고려하면서 미래 핵심 산업의 세계가치사슬 지위 유지, 보다 자율적인 중소·중견·사회적 기업 강화, 인적 자원의 현실 적응 능력제고, 세대 연결에 의한 대한민국 지속발전, 이를 위한 공공 보육 책임, 어르신 돌보미 강화, 베이비부머 세대의 기여, 그리고 도시권의 능력 강화, 비도시 지역의 자족공동체, 동네 미관 제고, 이를 지키기 위한 첨단국방을 포괄하는 정책을 펼쳐나가야 할 것이다. 그 핵심이 "생애주기형 인력배치"라고 확신한다. 핵심은 미래 주도세력의 형성과 생애주기를 고려한 "생산적 복지에 기초한 연령 맞춤형 정책"을 도입하자는 것이다. 이것이 내가 살고 싶은 대한민국을 구축하기 위한 주 내용이 될 것이다.

사고 독립의 중요성

몇 년 전, 모 신문사로부터 중국의 유명 경제학자를 초청해 줄 수 없느냐는 문의를 받았다. 그 학자와는 수십 년간의 교류가 있어 왔다. 한번 해보자고 답하였다. 핸드폰으로 연락을 시도했다. 핸드폰은 응답이 없었고, 리턴콜도 물론 없었다. 1990년대 초, 아직 중국이 뜨지 않았을 때, 우리 쪽에서 초청하면 거의 "버선발로 뛰어왔던 친구"였다. 나중에 안 사실이지만, 모든 초청 건은 비서에게 위임되었다. 액수에 따라서 움직였다.

똑같은 얘기라도, 외국의 전문가가 얘기하면 귀담아듣는다. 우리 최고

의 전문가가 얘기하면, 네가 뭘 알아? 어찌 증명할 건데? 당장 잡아먹기라도 할 요량이다. 1998년, 대통령이 중국을 방문하게 되어 있었다. 경제부처 수장기관의 고위인사가 자문을 요청하였다. 아시아 금융위기하에, 중국이 환율을 절하하지 않아서 고맙다는 인사를 하는 게 어떻겠냐고 물어왔다. 덕담으로야 좋겠지만, 그 화제를 너무 심각하게 올릴 필요가 없다고 조언하였다. 당시 중국은 하루빨리 GDP 1조 달러 클럽에 가입하고 싶어 했다. 환율 절하는 달러 환산 GDP를 찌부러뜨리니 만큼 쥐약이었다. 상황이 절하할 수도 없었고 절하의 기미도 없었다. 그해 1998년이 중국의 GDP 1조 달러 달성의 해였다. 중국 방문 시 우리 최고위층이 감사하다는 인사를 수차례 표시했다는 것을 들었다. 씁쓸하였다. 더 중요한 일들이 산적해 있는데. 정상외교가 불필요한 환심을 사는 데만 힘을 쏟는 것은 아닌데 말이다.

학계는 아직 자율적이지 못하다. 사회과학의 경우, 수업의 상당 부분이 누가, 무슨 말을 했고, 무슨 이론이 있으며 등 주입식, 암기 일색이라는 평가가 있다. 지금은 아니긴 하겠지만 대학에서도 교과서를 주로 가르친다. 십중팔구는 미국 원서다. 원서로 가르쳐야 교수에게 가산점이 매겨지는 현실이다. 대화에 적당히 영어단어를 섞어야 유식하고 권위가 있는 것으로 읽혀진다. 우리에게는 현재의 상황·상태를 객관적으로 평가하려는 노력이 잘 안 보인다. 과거 중국의 원전原典을 두고 잘되었느니, 잘못되었느니, 어디가 틀렸느니, 맞았느니 하던 시대와 별반 차이가 없는 것 아닌가? 지금 무엇이 다를까? 무엇이 달라졌을까?

대학의 경쟁력 순위가 높지 않다고 야단이다. 그래도 상당수가 상위에 랭크되어 있다. 교수들도 외국 대학에서 학위를 취득한 박사들이 다수이다. 세계적 학문의 추세를 따라가고 있다. 아쉽게도 해외에서 학위를 마치고 귀국만 하면 바로 "한국인"으로 돌아와서 "한국식"으로 살아가기 시작한다. 국내문제를 다루는 데 있어서까지 외국학자, 소위 석학이 끼여야 하는지? 다양한 의견을 참조하고 싶은 의욕은 충분히 이해할 수 있다. 세미나의 격을 올리기 위해 약방의 감초로 넣으려는 것이라면, 그것은 아니다. 돈만 낭비하는 것이다. 국내 전문가들끼리 끝장 토론을 부쳐보는 것이 더 중요하지 않을까? 우리도 독자적 학문체계를 구축해야 한다. 노력해야 한다. 보다 이성적 행동을 해야 한다. 지식인이라면 교과서에 따른 공부가 아니라 학문을 추구해야 한다. 학계도 지나친 관료화 현상과 반상 관계의 청산에 앞장서야 한다. 그렇지 못하면 결국 "공시족 공무원 시험 준비족"의 중간거처로만 역할을 할지도 모른다.

한국적 학문의 정립

우선, 합리적인 논리의 확립이 중요하다. 논리는 주어진 상황하에서 최적의 설명이나 해결책을 제시하는 과정이다. 대한민국은 아직도 초원리주의가 나라를 움켜쥐고 있다. 이를 극복해야 한다. 조선은 500년 동안 성리학의 테두리를 벗어나지 못했고 정체했다. 지금도 우리는 이념의 초원리주의를 벗어나지 못하고 있는 것은 아닌지? 자체적인 학문체계도, 인식체계도 없이 계속해서 모방만 해왔기 때문이다. 현실적인 인식 중에 중요한 것이 사람은 죽는다는 점이고, 국가도 흥망성쇠가 있다는 점이다. 이를 능동적으로 받아들여야 한다.

최근 문제시되는 586 세대의 지도층인 민주화 세력의 전제화도 산업화 전반기 세대로부터 욕하면서 배운 산물이다. 민주화 세력을 대체할 새로운 세력이 나타나야 한다. 키워줘야 한다. 이제는 미래의 다원화 시기에 주역이 될 전문화 세력이 그 주축이 되어야 한다. 한국발 유니콘 기업의 등장, K-pop, 먹방, BTS, 트로트 경연, 골프 영역에서의 약진 등 숨겨져 있던 전문화 세대의 DNA가 다양하게 발현되고 있다. 사람들은 여기에 주목하고 있다. 가능성은 충분히 있다. 이들도 학문적으로 체계화되고 규명되어야 할 것이다.

미래 다원화 시대의 정치가는 모름지기 제일 잘하는아는 전문화된 사람을 찾아다니는 경과·과정이다. 천재의 시대가 아니다. 그런데도 머릿속에는 천재에 대한 우상이 남아 있다. 정치지도자가 다 알려고 덤비는 경우가 많다. 시대착오적인 발상이다. 반상 인식의 연장이다. 민주화 세대인 권력자들도 매한가지다. 권력을 잡은 자의 오만과 탐욕이 과하다. 우리는 미국을 비롯한 서구정책의 장점에다가 동아시아주의의 장점을 입혀야 한다. 융합이 가능하다. 그 핵심에 교육이 아닌 학문이 있어야 한다. 자유로운 대학이 있어야 한다. 현실은 어떨까? 대학 캠퍼스가 너무 관료화되고 정치의 장으로 바뀐 것은 아닌지? 우려스럽다. 물론 모든 행위는 정치다. 현실에서는 계급사회로의 귀환이 끊임없이 일어난다. 인간은 기본적으로 동물이기 때문이다. 대학만이라도 선을 추구할 수 있는 제도를 구축해야 한다. 물론 구성원들의 개인적인 윤리성에 기댈 수만은 없는 한계가 있다. 그래도 대학에는 새로운 실험정신이 넘쳐야 한다. 이것이 전제되어야 동년배 70% 이상의 통과의례로 바뀌어버린 대학교육이 진정한 성과를 낼 것이기 때문이다.

우리 발전의 상당 부분은 거대 중국의 부재 상태에서 이루어졌다. 즉 반쪽짜리 시장경제 체제하에서의 성공이었다는 것을 인식해야 한다. 중국이 발전국가로 복귀하였다. 지금은 독특한 경쟁력이 없으면 단순한 방식의 지속 발전이 불가능하다. 인류 역사에서 항상 기회는 있었다. 마침 전 세계가 대전환기를 맞고 있다. 새로운 출발점에 서 있고, 우리는 인구 5천만 명 이상의 국가에서 인당 소득 3만 달러 이상으로 세계 7위 국가이다. 이의 핵심에는 정치가 후진성을 탈피하지 못하더라도 국민이 열심히 살았기 때문이다. 기업들의 필사적인 노력이 있었기 때문이다. 지난 20여 년간은 그 핵심에 베이비부머들이 있었다. 그들이 만들어냈다. 가진 게 많아졌고, 할 수 있는 여력이 많아졌다. 일들이 많아졌으며 하기에 따라서는 충분히 도약할 수 있다. 이러한 내용들이 한국적 학문체계에서 개념화되고 여기에 입각한 정책 방향이 나와야 할 것이다. 진정한 산·관·학 협력이 이루어졌으면 한다.

국민국가 시대 완성 이후라도 국민국가 시대를 관통해 왔던 철학이 크게 바뀌지 않을 것이다. 비교우위에 입각한 최적 규모의 경제, 합리적 이성은 계속해서 작동할 것이다. 지금은 공정·공생·공평·소통·배려·공헌 등을 새로운 개념으로 추가해야 한다. 그 저변에는 사회의 안정성이 가장 중요한 것이기 때문이다. 100% 새로운 것이란 없다. 기존의 제도와 질서를 좀 더 차근하게 관조하면서 개선시켜, 더 나은 방향으로 조정하는 것이다, 그 차원에서 "인생 리모델링을 위한 전환적 교육, 내실 있는 사회시스템의 구축[2]"이 한국적 학문정립의 핵심 방향이 될 것이다.

---

2 초안 회람을 하는 과정에서 강민규 님이 제안한 단어이다.

영점기준예산안ZBB: Zero Base Budget의 실행

과거 국민국가를 추구하기 위해서 우리는 경제정책 포함, 다양한 정책을 시도해 왔다. 어떤 때는 선도국가들의 경험에서 교훈을 얻기도 하고, 선도국가의 주창을 추수하기도 하였다. 아주 일부 고유의 영역에서 독특한 제도가 도입되기도 하였다. 상당수가 선진국 제도의 단순한 모방, 체계화, 한국화를 거쳤다는 것은 부정하기가 어렵다. 최근에는 정부정책이 재정, 금융정책이라는 하드웨어에만 집중해 돈만 풀고 있다는 비난이 있다. 특히 코로나19 팬데믹 상황에서 국민에 대한 현금성 지원이 정치 과정에서의 매표로 비난받기도 한다. 목표 달성에만 혈안이 되어, 현장에서는 정책 집행의 실효성이 날로 감소하고 있다는 것이다. 또한 아직도 상당수의 정책이 토목건축경제로 귀착되고 있는 게 현실이다. 특히 지방단위로 내려갈수록 그렇지 않나 한다. 이를 극복해야 한다.

관건은 실천 가능한 참신한 정책 도입의 필요다. 핵심은 세계 대전환에 따라 국가 대전환의 도모다. 이는 바로 예산안에 반영되어야 한다. 1980년대 초 그 이전 시기의 과도한 중화학공업화의 추진으로 국가가 난관에 봉착했을 때였다. 중화학공업합리화 조치가 취해질 때였다. 정부에서 "영점기준예산안ZBB: Zero Base Budget Plan"을 집행했던 경험이 있다. 40년 전의 일이다.

예산안을 작성하는데, 그 전년도가 기준이 되지 않았다. 사회의 발전목표를 새로 정하고, 이를 집행하기 위한 수단으로 중요해진 것이다. 40년이 지난 현재, 영점기준예산안을 다시 시도해야 한다. 먼저 국가 전반의 정책 방향을 정한다. 이에 근거한 예산안을 짜면서, 필요한 영역과 구태의연한 영역을 분리한다. 범부처 간의 끝장토론이해당사자와 전문가의 참여 속에서 을 통해서 보다 효율적으로 예산안의 큰 골격을 재구성한 뒤, 구체적 예산안을 짜게 된다. 그러고난 후 이를 집행할 필요가 있다. 정책 목표는 구성원의 행복, 삶의 질을 높이기 위한 수단일 따름이기 때문이다. 이는 우리가 제안하는 정책 실행에 절대적으로 중요한 측면이다.

최소의무 최저보장제

1) 기본 인식

생애주기형 정책

정부는 더 이상 산업화에만 매달리지 않아야 한다. 정부 주도의 산업화란 국민국가 경쟁에서 일어난 현상이었다. 산업화라는 비즈니스는 이제 기업에 맡겨야 한다. 우리가 추구해왔던 국민국가의 큰 개념에서 개인적인 목적함수는 "더 나은 나라에서 의미 있게 살자"이다. 내가 살고 싶은 대한민국을 만들어 가는 것이다. 우리는 생애주기를 고려해 "생산적 복지"에 기초한 연령 맞춤형 경제정책을 도입하고 실시할 필요가 있다. 자유주의적인 생각으로는 경제학의 명제는 공동체 구성원에게 적어도 같은 기회를 제공할 필요가 있다는 것이다. 사회 진입기와 은퇴기에 최소한의 의무를 부과하고, 최소한의 보장을 계약하는 것이다. 경제정책이라기보다는 사회·경제정책이라 할 수 있다. 학문체계가 세세하게 분리·분절되었기에 그렇지 인간의 삶을 더 윤택하고, 의미 있게 한다는 측면에서는 똑같다. 아시아적인 가족문화 요소도 고려해야 한다. 다시 "사람"이다. 다시 "의·식·주·행行"의 해결 및 보장이다. 그 과정에서 베이비부머의 공헌과 희생을 촉구한다.

베이비부머 세대는 자신의 성취에만 몰입, 후계 세대를 방기한 회한을 가지고 있다. 생업에 얽매이고, 나름의 성공을 추구하는 과정에서 자식 세대와 같이 놀아주기 등에 소홀했다. 가족으로서 필요한 경험을 공유하지 못한 회한이 있다. 자신을 희생시켰을 뿐 아니라 가족의 행복도 도외시한 측면이 있다. 일주일 내내 직장에 매달려야 했고, 출퇴근 시간이 일정하지 않았다. 자식 세대와 만날 시간도 별로 없었다. 주말에 짜장면 파티를 여는 것이 최대의 행사였다. 가족여행은 꿈도 꾸지 못했다. 기껏해야 한국적 효도여행이었다. 그만큼 후계 세대가 방기되었다. 어쩌면 사회발전의 어쩔 수 없는 과정이었을지도 모른다. 엄마 쪽에 너무 교육을 맡겼다. "엄친아"라는 "치맛바람"이 변조된 신조어도 나왔다. 문제점도 나오고 있다. 남성들도 외모에 관심을 갖는 등 미적표현의 경향이 강하게 되었다.

보다 심각한 것은 후계 세대들을 자연으로부터 떨어져 나가게 하여 버렸다. 우리 주력 산업 중 하나가 전자산업이다보니 좀 과하게 나간 측면도 있었다. 큰 문제다. 후속 세대의 상당수가 컴컴한 실내에서 게임에만 몰두하는 "괴물"로 변해 버렸다. 온통 스마트폰 속에서 손가락 놀림만 하고 있다. 그것도 모르고 살았다. 이들과의 대화를 복원시켜야 한다. 이들을 자연으로 끌어내야 한다. 자연, 현장과 더욱 친하게 해줘야 한다.

이것이 진정 교육의 과제였을 텐데, 선행학습이니, 입시교육에만 매달린 것이 아닐까 한다. 정말 대화가 필요한 시간이다. 우리 세대 또는 그 이전 세대가 저지른 잘못의 결과이다. 앙갚음이다.

한 가지 분명한 것은 우리 5천 년 역사에서 물질적으로 지금처럼 잘살 수 있었던 데는 산업화 후반기 주력 세대인 베이비부머 세대의 공헌과 희생이 컸다는 점이다. 그렇다고 베이비부머 세대가 특별히 권리를 주장할 하등의 이유는 없다. 그렇게 살다 보니 오늘에 이르게 되었고, 세계도 우리 경제력을 주목하게 된 것이다. 베이비부머 세대들은 현재의 한국을 만드는데 기여했다. 이 전략 자산을 유지하고 처분하는 데도 일정 지분은 가질 수 있다. 양보한다면 떳떳해질 수 있는 여유도 있다. 이게 베이비부머 세대를 소환하자는 이유다.

베이비부머가 우리의 주장을 공론화하는 데 앞장섰으면 한다. 그리고 그 이전의 산업화 전반기 세대와는 다르다는 것을 보여주었으면 한다. 탐욕이 아니고, 뺏는 게 아니라, 가치를 만드는 세대라는 점을 보여줄 수 있어야 한다. 사실 쉬운 일이 아니다. 결국 베이비부머 세대들의 헌신을 주창하는 범국민 운동이라도 벌여야 할 시기이다. 가칭 "세대승계기금"이라도 발족해 후계 세대에게 필요한 재원을 일부 확보해주는 것도 좋은 운동이 될 수 있을 것이다. 가령 1구좌 100만 원으로 최대 100구좌 가입 가능한 펀드를 설립하는 것이다. 이를 나중에 후속 세대의 발전에 요긴하게 쓸 수 있게 해주는 것이다. 필요하다면 이를 후계 세대에게 세대 자산으로 물려줄 수 있게 하는 방안도 검토할 수 있을 것이다.

생산적 복지의 중요성

사회보장 예산 배정액이 상당한 정도다. 2021년만 보아도 전체 예산의 1/3 이상이다. 아직도 미진한 부분이 있다. 더 큰 문제는 사회보장의 기본 철학이다. "기초생활 보장제도"의 철학이 너무 강한 것 같다. 주로 계층을 단위로 한 정책이 태반이다. 취약층에 대한 지원 등이 그것이다. 필요한 부분일 것이다. 하지만 지나치다는 인식도 분명히 있다. 사회보장 정신의 근원인 사회주의 의식이 강한 것 아닐까? 인구를 계급으로 파악한 관성의 결과일 수 있다. 행정편의 주의의 연장일 수도 있다. 현금을 그냥 지원하는 것이지, 인간의 노력을 유도해내는 움직임은 부족하다. 인간은 나태하다. 단순히 돈만 지급하는 것은 장기적으로 보아 옳지 않다. 성숙한 사회에서는 "생산적 복지에 기초한 연령 맞춤형 정책"이 필요할 것이다. 이러한 움직임이 상대적으로 약하게 나타나고 있다.

물론 예산안을 보면 정부도 연령별 맞춤형 지원이 중요하다고는 인식한다. 문제를 인식하고 있다는 뜻이다. 하지만 종합적인 사회공공서비스 수요·공급에 기초한 보다 체계적이고도 거시적인 접근이 잘 안 보인다. 지금이라도 적극적으로 반영할 필요가 있다. 물론 기초생활 보장제도의 요소도 보완적으로 계속 실시할 필요는 있다.

과거에 매몰되지 않고, 합리적이고도 이성적인 판단하에 획기적인 정책을 제시해야 한다. 사회 진입기와 퇴장기 두 번에 걸쳐서 선택지를 다양하게 주었으면 한다. 그 선택의 다양화에 따른 의무와 의무에 따른 보장을 주는 방안이다. 재정 정책과 금융 정책의 효과가 훨씬 효율적으로 나타날 것이라 기대된다. 이 과정에서 점진적인 산업 구조조정도 가능하다. 인구 구성상 허리의 첫 단에 해당하는 청년 세대와 끝단에 해당하는 베이비부머 세대를 연결시키는 것이다.

베이비부머의 경우 2자녀 정책이 기본이다. 은퇴 후의 생활이 상대적으로 간편하게 설계되어 있다. 이것도 전략 자산이다. 베이비부머는 그래도 동양적 미덕인 수치·염치·양보 등을 조금이나마 이해하고 있다. 산업화 전반기 세대의 탐욕을 목도했기 때문이다. 물론 선배 세대의 행태를 그대로 따라했던 적도 있다. 하지만 우리는 안 그래야지 하는 생각이 있다. 경쟁력의 중요성도 물론 인식하고 있다. 구태여 비서의 도움 없이도 독자적으로 운신할 수 있는 능력이 있다. 산업화 전반기 세대와 확실하게 구별되는 점이다. 한때는 "낀 세대"라는 조롱도 받았다. 산업화 후반기 세대인 베이비부머가 솔선수범해서 어른의 의미를 세우자. 오만과 탐욕이 아니라 희생과 공헌이다. 대한민국의 새싹을 키울 계기를 마련해주고 물러났으면 한다. 사회적으로 화려하지는 않지만, 은은한 조연을 맡아야 한다. 이것이 사회의 조연으로 그치는 것이 아니라, 인생의 주연으로 승화되는 것이다.

알짜국가 지향 목표

우리는 현재 인당 소득 3만 달러 달성으로 국민국가 추구의 절박성이 상당히 약화되었다. 정책 목표도 재구성될 수밖에 없다. 과거의 "잘살아보세"로 대표되던 극도의 국가적 콤플렉스 속에서의 단순한 성장이나 발전이 우리의 목표가 되어서는 안 된다. 극복해야 한다. 큰 테두리 안에서 우리는 이미 인당 소득 3만 달러를 넘어섰다. 살 만큼 살게 되었다. 금번 코로나19라는 팬데믹 현상이 도래했는데도, 경제가 아주 급격하게 가라앉지는 않게 되었다. 이것이 인당 소득 3만 달러의 힘이다.

경제가 무한정 정체하는 것을 방치할 수는 없다. 일본의 1990년대 이후 한 세대가 "잃어버린 30년" 시기였다. 이를 뻔히 알면서도 방치하는 것은 죄악이다. 추스르면서 나가야 한다. 발전의 목표가 단순히 인당 GDP를 올리는 것이 아니다. "내가 살고 싶은 대한민국"으로 탈바꿈시키는 것이다. 그렇게 된다면 자연히 인당 GDP도 올라갈 것이다. 대한민국이라는 국토와 그 안에 사는 공동체와 그 구성원을 그렇게 바꾸는 것이다. 과잉산업화에 대한 반성도 있어야 한다. 세대 간의 공감·교감에 의한 화해가 필요할지도 모른다.

우리의 전략적 자산의 핵심이 사람인 만큼, 정책의 핵심은 다시 "사람"이다. 각 세대가 안고 있는 고민과 문제를 중장기적으로 해결할 수 있는 제도를 도입하는 것이다. 생애주기별로 차별화된 연령대별 맞춤형 정책, 인적 자본 제고 측면이 아직 시도되지 않은, 남아 있는 정책 여력이다. 규제 철폐가 쉬운 일이 아니다. 말이 쉬워서 그렇지. 사람 본위의 부를 창출하는 국가, 중상주의적 발전을 극복해가면서 인류발전에 기여하는 국가, 그리고 내가 살고 싶은외국인에게는 살아보고 싶은 동네대한민국 구축이 그 관건이다.

우리가 당면하고 있는, 피부적으로 느끼면서도 가장 절박한 문제는 민생이다. 다문화 가족들까지 포함한 대한민국 안에 거주하는 주민에게 다양한 기회가 주어지고, 현실 속에서 삶의 질이 높다고 느낄 수 있게 해주어야 한다. 과거 1970년대에는 북한에서 무장 괴한들이 침투하는 등

북한과의 대치 문제가 너무나 절박하였다. 안보가 가장 중요했다.

하지만 지금은 다르다. 민생이 가장 큰 문제다. 현재 우리가 직면하고 있는 커다란 위험은 북핵이라는 외부적인 위협도 있지만, 대한민국을 어떻게 유지해 나가냐는 내부적 위협이다. 인구 문제다. 합계출산율은 이미 1이 깨졌다. 2인 가족이 적어도, 합계출산율이 2가 되어야 현상유지는 될 텐데, 1 이하로 깨졌다. 전체인구가 세대를 넘어갈수록 반감할 것이라는 예측을 낳게 된다. 어떻게 이를 합리적으로 막을 수 있을지? 되돌릴 수 있을지? 여건이 만만치 않다. 심각한 주택난과 보육시설의 태부족인 상태에서 결혼기피 현상이 지속된다면 아찔하다. 정부가 출산 장려금을 아무리 준다 하더라도 그 추세를 쉽게 되돌리기는 어려울 것이다. 이미 150조 원 이상을 쏟아 부었단다. 그런데도 합계출산율이 1 이하로 떨어져 버렸다. 획기적 제도 개선을 통해서, 자발적으로 결혼할 수 있게 해야 하는 것이다. 그래야만이 "잃어버린 대한민국", "대한민국의 소멸"을 막을 수 있다.

우리 사회의 풀뿌리로서 주축을 이루고 있는 중견·중소기업의 경쟁력을 어떻게 끌어올릴 수 있느냐도 고민하는 것이다. 사회적 기업도 마찬가지다. 정부도 노력하고 있다. 사실 정부 정책은 의도는 좋지만, 밑 빠진 독에 물붓기일 수도 있다. 일부에서는 청년 창업을 독려하고 일부에서는 소상공인을 지원하는 여러 방책을 내놓기도 한다. "청년내일채움공제"라는 프로젝트가 있다. 가령, 청년15~39세로 정의이 중소기업에 2년 이상 근무하는 경우 1,200만 원의 장려금을 주는 제도다. 3년의 경우 장려금의 액수가 늘어난다. 고용노동부와 중소벤처기업부 공동운영 프로그램으로 얼마나 실효성이 있을지는 의문이다. 청년층의 살갗에 와닿지 않는다는 의견이 많다. 그것들이 성과를 보이는 것은 시간이 걸릴 뿐 아니라 쉽지 않다. 정부정책이 너무 탁상공론적 결과이며 전시적으로 그치고 있는 것 같아서 안타깝다. 발상의 대전환이 필요하다.

마지막으로 중요한 것이 산업화를 받쳐온 베이비부머 세대를 포함한 은퇴 세대 어르신들이 영예롭게, 우아하게 지내게 하는 것이다. 우리가 번듯한 국가를 만들어냈다면 공헌한 자들을 대우해 주어야 한다. 또한 국민국가 완성 이후 시대에는 종합적 안전·안보 문제가 중요하다. 국력이 더 올라간 만큼 더 효율적인 안전국방체계를 갖추는 것이 필요하다. 결국 첨단국방으로의 전환과 "종합 억지력의 확충"이 되어야 한다. 핵억지력까지 포함해 내가 살고 싶은 대한민국을 만드는 지름길일 것이다. 코로나19 팬데믹 사태로 국가의 위기 관리 능력이 시험대에 오르고 있다. 이 또한 안전 문제의 핵심이다. 대외적으로는 내가 살아보고 싶은 대한민국이라는 의미도 된다.

인구절벽 해소, 청년 실업 완화, 중소기업 경쟁력 강화, 은퇴 세대의 노후 안정 등을 포괄적으로 아우를 수 있는 정책을 제시할 수 있어야 한다. 여기서는 구체적으로 평생 2회의 최소의무, 최소보장 제도를 구축하자는 것이다. 다행히도 우리나라는 남북한 분단으로 병역의무라는 "국민개병제도"가 있다. 이를 전향적으로 해석하는 경우 "사회공공서비스의무"로 전환할 수 있다. 1회는 청년의 사회 진입 시, 일괄적으로 사회조직 경험을 부과하는 것이다. 인간의 일평생에서 가장 중요한 시기에 병역을 포함한 자기계발의 기회를 부여하자는 것이다. 조직생활의 경험을 바탕으로 적어도 극한상황에서도 자기를 지켜나가는 능력, 몸의 운신을 위한 체력을 제공하는 것이다. 이 과정에서 청년들을 무늬만 있는 자격증이 아닌 실용 가능한 현장 자격증을 몸에 익혀주자는 것이다. 또한 사회공공복무를 마치는 경우, 최소보장으로 상당액의 사회정착금을 주는 것이다. 물론 여성 인력들도 점진적으로 포함시키는 것이다.

2차 최소의무와 보장은 은퇴 시다. 일차적으로 70세까지, 일정 기간가령 5년 사회공공복무 기회를 선택적으로 부여하는 것이다. 중소·중견·사회적 기업에 자기인생의 암묵지를 전수, 기여할 수도 있다. 거주 지역의 동네에서 사회공공서비스에 참여하거나, 귀촌, 귀어 프로젝트에 참여하게 하는 것이다. 사회공공서비스 기간, 또는 일정 기간 근무 시 적절한 보상을 하는 것이다. 충분한 인센티브를 부여하는 것이다. 이를 통해서 최소 생계비를 벌 수 있는 기회를 보장하는 것이다. 이것이 생산적 복지의 핵심이 되어야 한다. 이를 당장 베이비부머 은퇴 때부터 시작하자는 것이다.

이들의 공헌을 통해서 이웃 공동체를 보다 슬기롭게 설계하고 구축해 나가는 것이다. 읍·면·동 단위로 공공 보육원과, 양로 설비를 확충하고 운영·유지하는 것이다. 다행히도 우리나라는 아파트 문화가 발달해 읍·면·동 단위를 넘어서서 아파트 단지는 전국에 약 4만 5천 개가 있다고 한다. 이를 중심으로 제도화하는 것도 고려할 수 있을 것이다. 보다 현실적일 것이다. 서울시의 경우 현재 구립보육원이 설치되어 있다. 경쟁률이 아주 높다고 한다. 절실히 필요하다는 것을 나타낸다. 이를 그 아래 행정 단위로 내려서 확충해 줘야 한다. 현실적으로 개수를 더 확충시키는 것이다. 읍·면·동 등 동네 단위로 보육원이 설치되어야 한다.

위에서 설명한 것들이 실현될 때 어린이, 젊은 층, 어르신 등 각 세대의 조화된 충실한 미래, 품격국가를 구축할 수 있다. 특히 4차 산업혁명의 파고와 함께 스마트시티로 승격시켜 내가 살고 싶은 동네를 훨씬 문화친화적으로 연결시킬 수도 있다. 이것이 실현되는 경우 전 세계에서 우리가 유일할 것으로 판단된다. 산업화 공헌 세대의 아름다운 노년 보장을 위한 어르신 돌보미 체제 구축과도 직결되는 것이다. 물론 병역 의무 관련 시비 근절, 중국의 광속도 발전에 대한 대응, 청년 실업 해소, 인구절벽에 대한 선제적 대응 등의 효과도 있다.

2) 사회공공복무 의무화

신국방 개념화

남자들끼리 소주잔이라도 기울이다 보면, 지나온 이야기의 하나로 병영생활이 빠지지 않는다. 대부분이 처음으로 가정을 떠나서 조직생활을 하는, 어쩔 수 없이 응해야 하기 때문이다. 극도로 혐오하거나 신비로운 경험이기에 그렇다. 대부분이 가족과 떨어져 살아가야 한다. 코미디 프로의 단골 소재로도 등장하였다. 주로 신입병사와 병영생활에 잘 적응하지 못하는 고문관의 얘기가 많다. 현재 우리나라 남성에게 부여되고 있는 징집 개념을 보다 포괄적인 "사회공공서비스의무제"로 확충해야 한다. 보다 많은 선택지를 부여해 자기계발의 적극적인 기회로 활용하게 해주어야 한다.

헌법 제39조에는 '①모든 국민은 법률이 정하는 바에 의하여 국방의 의무를 진다. ②누구든지 병역의무의 이행으로 인하여 불이익한 처우를 받지 아니 한다'고 되어 있다. 39조 1항에 국민이 국방의 의무를 진다고 하지, 남자가 국방의 의무를 진다고 되어 있지는 않다. 적극적으로 해석한다면, 남녀를 불문하고 국방의 의무를 질 수 있다는 뜻이다. 국방이라는 협의의 개념 대신에 사회공공서비스라는 광의의 신개념으로 확충하는 것이다.

2차 세계대전이 종식된 지 75년이 지난 현재, 국제정세가 바뀌었다. 과학기술도 상상할 수 없을 정도로 발전하였다. 국방력도 "물량 투입형 국방"이 능사가 아니다. 6.25전쟁 당시 중공군의 인해전술로 중시되던

백병전의 의미는 퇴색해 갈 수밖에 없다. 새로운 개념의 국방력은 국가 경쟁력이 포함된 "종합 억지력"이 되어야 한다. 그 차원에서 군인력 구조 조정도 적극적으로 필요한 시점이다. 특히 지금 징병 세대는 엄청난 고학력이다. 동년배의 70%가 대학재학이나, 졸업이다. 그만큼 머리가 커져 버렸다. 병사로 입영한다면 이들이 만족해할 직무가 주어지지 않을 것이다. 이를 타개해야 한다. 군 인력 구조 개편에서 확실하게 숙련 간부화로 변화시킬 수 있는 여지가 있다. 그렇게 되면 유휴 인력을 다른 용도로 활용할 수 있게 된다.

국방의 의무를 좀 더 포괄적으로 해석해, 국가의 지속적이고도 안정적인 발전을 위해서 대한민국 국민이 되려면 최소의무를 마쳐야 한다는 것이 골자가 될 것이다. 최소의무를 국방에 국한할 게 아니다. "사회공공서비스"로 확대해야 한다. 즉 자율적 선택지를 많이 주는 것이다. 당장 필요한 영역이 충분히 있다. 사회공공서비스에는 중소·중견기업 및 사회적 기업에의 파견근무를 추가할 수 있도록 한다. 또한 자신이 소속한 지역가령 주민등록지 기준 공동체의 사회공공서비스를 책임지게 할 수도 있다. 특히 이 과정에서 미래 디지털 대전환 시기의 핵심기능이 될 알고리즘 교육을 부과할 수도 있을 것이다. 대단한 인적 경쟁력 제고 통로이다.

사회공공서비스 의무 대상자는 남자의 경우 사회적 약자까지도 포괄해서 예외 없이 모두를 대상으로 해야 한다. 여성은 초기 단계에서는 자발적으로 참여하게 하는 것이 가장 이상적일 것이다. 모색단계에서는 선택권을 부여해서 희망자로부터 시작한다. 점진적으로 자율적이지만 의무로 느끼게 인센티브를 확실하게 부여할 필요가 있다. 점진적 문호개방이다.

인구 감소, 현대의 첨단·전자전 전환하에서 군 개혁의 핵심은 무기체계의 선진화이다. 이러한 변화에 부응해 병사의 개별능력을 제고할 필요가 있다. 이는 군이 추구하는 "국방인력구조 설계안"에서 군 간부화로 가는 방향과도 합치할 수 있다. 물론 부분적으로 해병대, 특전사, 수색대, UDT 등 핵심 전투병이 계속 필요하다. 또한 단순히 초소를 지키는 병력도 부분적으로 계속해서 필요할 것이다. 하지만, 이들 병력의 최적 규모는 재조정 되어야 한다.

사회공공서비스 확충의 핵심은 서비스의 기회가 인생의 계발 기회가령 전문기술 습득로 바뀌는 데 있다. 입영을 당당하게 인식하는 발상 전환의 계기가 있어야 한다. 핵심은 군대 병역 의무 대신, 쌓게 될 경험의 가치이다. 가령 ROTC의 경우 훈련 때문에 방학이 없어지게 된다. 결국 교환학생, 어학연수, 인턴 등의 경험을 쌓지 못하기에 지원율이 떨어질 수도 있겠다 싶었다. 요즘의 신세대는 본인의 이익이 없으면 도대체 하려고 하지 않는다는 것을 깊이 인식해야 한다.

병사의 보수를 현실화하자는 논의가 있어 왔다. 최저임금 수준으로 월급을 올려야 한다는 주장이 있었다. 아예 모병제로 이행하자는 주장도 있다. 하지만 논리가 크게 와닿지는 않는다. 현재 실시하는 국민개병제는 국가적 전략 자산이다. 다른 나라에 비해 비교우위가 있다. 모병제로 이행하는 것은 엄청난 국가자산의 포기다. 이 제도의 핵심은 사회공공서비스 의무 복무 해제 시, 상당액의 사회정착자금가령 5천만 원 이상을 지급하는 것을 제도화하는 것이다.

우리의 중소·중견·사회적 기업과 농촌이 커다란 경제 문제라는 점이 자주 지적되고 있다. 사회공공서비스 영역에서 이 분야에 청년층이 유입

된다면 효과와 파장이 클 것이다. 지금의 청년 세대는 대학 입학률 70% 세대다. 우리 청년 중 상당수가 해외유학 경험자이거나 교환학생 경험이 있다. 중견·중소기업의 외국과의 협력 강화 시 외국어 특기자가 파견근무하는 경우, 대외접촉 채널로 활용 가능하다. 또한 중소·중견기업 운영과 관련해 IT의 접합에 청년들이 할 수 있는 역할은 충분히 있다. 지금의 병역의무 해당자는 대부분이 1995년 이후 출생으로 태어날 때부터 디지털화한 세대들이기 때문이다. 인터넷은 대체로 1990년대 중반, 우리나라가 인당 소득 1만 달러를 달성했을 때부터 본격적으로 보급되었다. 유치원, 또는 초등학교 때부터 스마트폰 세대였다. 자연히 농업의 6차 산업화에도 기여할 수 있을 것이다.

우리나라의 중소·중견기업의 영세성이 지적된 바 있다. 2017년 현재, 10명 이상 고용 중인 중소·중견기업체 수는 7만 개 남짓이다. 총 214만 명을 고용하고 있다. 단계적으로 1만 개 정도의 업체, 주로 혁신기업이거나 수출 중심 업체를 선별[3]해서 지원하자. 한 업체당 적어도 3명 이상 최대 5명까지 인력을 배치하자. 조직 운영상 적정규모에 달할 수 있을 것이기 때문이다. 그렇게 된다면 10명 이상 고용 중소기업체의 15% 정도가 이들 인력으로 채워질 수 있다. 엄청난 변화를 야기할 수 있다. 이 제도가 정착된다면 수혜기업에 선정되기 위해서 영세 중소기업체들이 10인 이상 고용업체로 탈바꿈되는 효과도 기대해 본다.

정부가 청년창업을 강조하며 추진하고 있다. 현실적으로 청년창업이 가능하려면 실제 비즈니스 경험이 있어야 한다. 실전과 실패의 경험이

3 주로 혁신 업체를 선정, 비 혁신·전통 산업을 서서히 자체 구조조정시키는 방향으로 진전시킬 수 있을 것이다.

중요하다. 경험을 이길 수 있는 지혜는 없다. 경험의 통로를 구축해주고 이를 제공하는 것이 정부의 역할이다. 중소·중견·사회적 기업에서의 경험은 적어도 사회공공서비스를 종료한 후, 단순한 추억거리에 머무르지 않고 인생의 좋은 자산이 될 수 있다.

한편 공동체 지역발전의 제고이다. 지방, 농촌 지역 생활 여건은 아직도 열악한 경우가 많다. 인당 소득 3만 달러가 넘고 나서 한반도의 요소요소를 다녀본 결과, 경관이 수려한 지역이 의외로 많다는 것을 인식하게 되었다. 당장 "한려수도"가 대표적이다. 하지만 미관상 아쉬운 측면이 한두 가지가 아니다. 이를 개선해 나가야 한다. 또한, 향후 미래 발전의 큰 축이 될 관광사업 확충 등을 위해서도 중요하다. 우리의 행정 기초단위인 읍·면·동이 3,500개 정도인 만큼, 기초 단위를 중심으로 10~30명 정도를 배치한다면 상당한 정도의 효과를 올릴 수 있다. 앞에서도 거론했듯이 현실적으로는 읍, 면과 4만 5천 개 아파트 단지별 파견도 한 가지 대안이 될 수 있다. 보육원, 어르신 돌봄 서비스 등을 공공 서비스화 할 때 지원 인력이 된다. 초기 단계에서는 일단은 3~10만 명 규모로 시작할 수도 있을 것이다. 이를 후술할 베이비부머 세대의 은퇴와도 연계시킨다면, 훨씬 효율적인 운영이 가능하다. 이는 청년세대의 자연과의 친화, 농촌에 대한 이해 제고의 계기도 될 수 있을 것이다. 당장 스마트영농 활성화에도 도움을 주지 않을까?

사회공공서비스의무제 도입

국민개병제의 개념을 계속 유지하되, "사회공공서비스의무화 5개년 계획안"가칭을 추진한다. 물론 국방부도 단순히 병사 충원 체제에서 숙련 간부 위주의 "국방인력 구조설계안"을 추진하고 있다. 언론의 보도에 따르면, 2024년까지는 현재의 병사 규모를 40만 명에서 30만 명으로 축소하는 대신, 간부급을 20만 명까지 확대해서, 총 병력을 50만 명으로 축소한다고 한다. 방향은 맞다. 하지만 이것은 과거의 관성에 기초한 산술적 인력 재구성에 불과한 것으로 판단된다. 하루빨리 T/F를 결성해 우선 신국방의 개념을 정립해야 한다. 이를 기반으로 최적 병력 규모를 산출해낸다. 그러고 나서 군사적으로 필요한 병영 배치 자원이 아닌 인력을 국가경쟁력 제고 차원에서 집단적으로 활용할 수 있게 한다. 기본 훈련은 다 같이 받게 할 수도 있다. 여성에게 문호를 개방한다는 전제로 이원화할 수도 있다. 여성에 대해서는 바로 사회공공서비스에 필요한 기본 직무 교육형 훈련을 부과할 수도 있다.

인력 배치는 (1) 희망 (2) 자격 (3) 추첨 등의 다양하고 합리적인 방식을 통해서 실시한다. 경제개발 5개년 계획처럼, "제1차 사회공공서비스의무화 5개년 계획"을 수립하고 이를 집행해 나가면서 5년 단위로 조정하는 게 필요하며, 이는 가능할 것이다. 초기에는 짧아도 5개년 계획으로 추진하되, 궁극적으로 실제 배치 병력1군, 중소·중견·사회적 기업 파견 산업 예비 인력2군, 지역 경쟁력 강화 지원 인력3군 등으로 구분 운용토록 방향성을 부여한다. 아주 제한적이지만, 일부는 현재도 실시되고 있다. 병역 특례나 공익요원으로 활용하는 것과 같은 맥락이다. 이를 확충한다면 비교적 낯설지 않은 제도가 될 수 있다.

분야별로 1군 25~30만 명, 2군 10~15만 명, 3군 10 ~15만 명 배치를 고려해 볼 수 있다. 보다 정치한 계산이 요구되는 부분이다. 모두 현역병 신분을 유지하도록 하며 심지어 신체 부자유자도 재택근무자로 참가할 수 있도록 한다. 서비스의 개시와 동시에 1인당, 평균적으로 월 200여만 원 이상의 금액을 추가로 지급하되, 이를 강제 저축시킨다. 사회공공서비스 복무 해제 시, 5,000만 원 이상의 사회 진출 정착자금을 갖고 나갈 수 있도록 제도화하는 것이다. 동시에 강제 저축된 구좌는 주택청약자격과 연계시킬 수도 있을 것이다. 중장기적으로 주택난 해소의 한 가지 대안이 될 수 있다.

이는 이스라엘의 제도와 흡사하다. 나중에서야 알게 되었다. 태어나서 14세가 되면 치르는 준성인식에 해당하는 "바미츠바" 의식 시 성경, 시계, 목돈을 주는 습관이 있다 한다. 목돈은 종잣돈이 되어 생애주기상, 장래를 보다 더 창조적으로 설계하고 개척해 나가는데 활용된다는 것이다. 우리도 마찬가지로 국가에 대해 최저의무를 완수한 청년에 대해서는 일정 금액의 목돈을 지급하자는 것이다. 유태인의 지적 능력이 그리 높지 않다는 보도를 본 적이 있다. 하지만 사회의 선순환을 위한 전통을 암묵적으로 제도화하고 실시해 오고 있다. 결과적으로는 세계적 혁신의 산실이 되고 다수의 노벨상 수상자 배출이 이루어지고 있는 것이다. 시사하는 바가 크다.

우리 제도의 경우, 5천만 원 이상의 종잣돈을 기반으로, 사회 진출 시 1억 원 정도의 자금 조달도 가능케 할 수 있다. 금융기관에서 5천만 원의 담보를 기반으로 5천만 원의 장기저리 융자를 설계해 줄 수도 있기 때문이다. 결국 이 제도는 대한민국 국민은 30세 이전에 적어도 1억 원 이상의 자금을 활용할 수 있게 해주는 것이다. 사회 진출 시 훨씬 안정화될 수 있을 것이다. 최근 젊은 세대들이 자기계발이 아닌 "마통"이니 "영끌"이니 하는데 몰입하는 것을 보면 안타까울 따름이다. 선배 세대, 특히 베이비부머 세대가 합리적인 대안을 제시해줘야 한다.

사실 사회정착자금을 7년 전 초기에 구상할 당시에는 3천만 원이었다. 그 후 인생의 재테크에 비추어 보아 1억 원의 상징적인 의미가 있었다는 개인적인 생각이 다시 들었다. 이는 결국 5천만 원으로 올리는 계기가 되었다. 현재의 초급 간부중·소위 및 하사의 월급은 세후 160~180만 원대라고 한다. 단순히 병역 완료 시, 사회적 정착자금을 주게 된다면 2년에 5천만 원은 월 200만 원 이상의 월급에 해당, 모순이 생기는 것이다. 하지만 일정 연령에 도달하고 장교 및 부사관 같은 직업군인과 병사들을 포괄해서 국가가 평생 1회의 사회 정착자금을 지급하는 경우, 전혀 문제가 없을 것이라는 판단을 하고 5천만 원을 고수하기로 하였다.

병영 실제 배치

한때 몸짱 만들기 프로젝트가 선풍적 인기를 끈 적이 있다. 현재도 피트니스 클럽이 비즈니스화하고 있다. 젊은 층에서 몸 관리를 중시하고 있다는 뜻이다. 이는 병영생활 기간에 몸짱이 되어 나갈 수도 있다는 인센티브가 있음을 암시한다.

이 선택지를 택하면, 해병대 또는 특전사, 수색대, UDT 정도의 강한 훈련을 시켜, 탄탄한 기율을 지닌 강한 군대로 키운다. 특히 단기 부사관 등 준간부로 선발, 무기 활용 선진화도 유도할 수 있을 것이다. 구태여 병사로 뽑을 필요가 없을지도 모른다. 부사관으로 뽑으면 될 것이다. 물론 사이버 전쟁에 대비한 전자군을 다수 운용토록 한다. 동시에 무기체계의 선진화도 지속적으로 추구해야 한다. 필요 시 후술할 산업 예비 병력2군에서 조달 가능케 하는 것이다. 학력 불문 희망자, 남자 위주 최우선 배치, 부족 시 추첨 등으로 보충한다.

점진적으로 도입되겠지만 여성에게도 사이버cyber 부대 등에 대폭적으로 문호를 개방하는 것이다. 경찰대학 여성 졸업생의 교육을 실시해 본 경험이 있다. 이에 비추어 보아서, 여성의 상당수도 병영에 대한 선호가 있을 것으로 판단한다. 최근 미국 LPGA 우승을 한 김아림 선수가 골프 선수가 되지 않았더라면 특전사에 지원했을 것이라는 인터뷰를 본 적이 있다. 그만큼 여성들의 생각도 바뀌고 있다. 물론 여군의 규모도 증가하고 있을 것으로 추정한다. 여성군인 중 장성이 배출되고 있기 때문이다. 비작전 분야인 재정, 인사, 보급 등 여성에 적합한 직군도 충분히 있을 것이다. 이미 상당한 여성 인력이 활동하고 있는 간호 등 의료 분야도 마찬가지이다.

여기서 한 가지 확실한 것은 이 인력군이 지원자도 적고 가장 불만을 가질 소지가 있는 직군이라는 점이다. 그만큼 확실한 인센티브를 부여해주어야 한다. 앞에서도 거론했지만, 징집 해당 세대는 대학 입학률이 70% 이상인 세대이다. 그만큼 부사관 등 준간부로 입영하는 게 맞다. 결국 훨씬 세련된 병영생활이 요구되는 것이다.

가령 내무반의 적절한 재정비가령 다인실에서 4인실 정도로, 장교에 준하는 제복 지급 등을 통한 멋스러움, 카투사처럼 준출퇴근 허용, 의무 복무 종료 후 간부 전환 시 우선권 부여, 야간 온라인 학업 기회 부여 등 훨씬 다양한 선택지를 부여하는 것이다. 특히 방송통신대학이나 재학 중이던 대학의 한두 과목의 온라인 수강을 허용해 대학 학점을 이수케 하는 방안도 검토될 수 있을 것이다. 이를 통해서 군이 추구하는 "숙련 간부제도 정착"을 지원하는 것이다. 또한 이 직군 출신자에게는 제대 후 다양한 선택지를 줄 수도 있을 것이다. 가령 해외봉사활동 참가자 모집 시 우선 기회를 부여하는 방안도 한 가지의 선택지가 될 수 있겠다. 물론 복무기간도 현재처럼 19개월로 다른 직군에 비해서 짧게 유지할 수도 있다. 동시에 추가적인 금전적 보상 등 여타 직군과의 형평성 문제를 고려해 정책의 구체화 과정에서 다양하게 논의할 수 있을 것이다.

직업군인들의 의식도 바뀌어야 한다. 간부급에서는 과거 초기 국민국가 시대처럼 병영의 몸종에 해당하는 병사가 필요하다는 인식이 있었다. 이러한 직업군인들의 관념이 당연히 바뀌어야 할 것이다. 이는 현재 부대 내 갑질 논란의 원천이기도 하다.

우리 병사 규모가 다른 나라와 비교, 어떤지를 분석해 보자. 각국의 병력 유지 규모를 비교해 보는 것이다. 인구 만 명당 병력 수, 국토의 단위 면적당 병력 수를 비교해 보자. 두 가지 기준으로 볼 때, 우리는 중국, 미국은 물론이고, 일본에 비해서 과다병력을 유지하고 있다. 물론 북한이나 이스라엘은 우리보다 더 많은 병력을 유지하고 있다. 북한은 그렇다 칠 수 있다. 이스라엘은 남녀 의무 복무로 그럴 것이다. 하지만 이 숫자가 현대전에서 바로 "강군"으로 이어지는 것은 아니다.

현재는 전자전의 시대로 무기체계의 싸움이다. 백병전의 시대가 아닌 점을 깊이 인식해야 한다. "물량 투입형 국방"이 아니라, "종합 억지력" 구축이 관건이다. 그 차원에서 미국이나 일본의 병력 규모가 우리보다 작을 수도 있을 것이다. 그들의 국방 개념이나 군 운용 체계를 하루빨리 분석해 우리에게 적용 가능한지도 검토해야 한다. 미국과 일본은 국민국가 시대의 우리 롤모델 국가였기 때문이다. 특히 우리나라 주둔 미군의 규모가 크지는 않지만 대북 억지력의 근간이라는 점을 깊이 인식해야 한다. 머릿수가 아니라 억지력의 유효성, 실효성이 중요한 이유이다. 북한도 핵무기 개발에 진력하고 있다. 병력 수가 아니라 "한 방"에 의존하고 있다. 결국 우리가 아무리 많은 군병력을 유지하더라도 그 효과는 미미할 것이다.

산·학·군 연계

두 번째, 〈산·학·군 연계제도〉의 도입이다. 핵심은 젊은 청년들이 사회공공서비스의 하나로 중소·중견·사회적 기업에 파견 근무하는 선택지를 주는 것이다. 우리 산업 전반의 경쟁력 강화 예비인력이다. 자격증이나 학위증으로 연계할 수도 있다. 사실 현재 입영 대상자의 70%가 대학 이상의 학력을 가지고 있다. 학력이 아주 높다. 학력을 불문하고 기본 군사훈련을 마치고 나면, 기술전문대학 수준의 농업, 제조업, 기타 서비스업 분야의 직무 과정을 이수시키게 한다. 궁극적으로 사회공공서비스 복무 종료와 함께 훨씬 산업현장 중심적인 기술과 개념을 확립하게 될 것이다. 문과계 출신이 이공계를 이해하는 계기가 될 수도 있다. 그 반대도 가능하다. 기업이 필요한 인력으로 변환시켜서 사회에 내보낼 수 있다. 탁상공론적 공부만 하는 것이 아니다. 실무를 익히는 조직생활을 할 수 있게 해 주는 것이다. 물론 사회 정착자금도 지급하는 것이다.

구체적으로는 두 집단으로 분류해 볼 수 있다. 하나는 전공을 살려 바로 중소·중견·사회적 기업에 직원으로 파견하는 것이다. 또 하나가 학위 과정과 연계시키는 것이다. 우리 청년들이 워낙 자격증, 스펙에 민감하기 때문이다. 또한 전국적으로 문제가 되고 있는 대학 유휴 설비를 활용하는 한 통로가 되기 때문이기도 하다. 물론 여기서는 후술할 베이비부머 은퇴 세대를 각 대학의 현장실습 인력으로 초빙해 교원으로 활용하는 것도 염두에 두고 있다. 이 경우, 기본 군사훈련에다가 기술전문대학과정을 실무 위주로 집중 이수케 한다. 학습 과정은 되도록 산업 현장에서 이루어지도록 한다. 그리고 중소·중견·사회적 기업에 파견한다. 주로 일하게 될 산업과 연계된 대학 유관 학과 졸업자를 염두에 둔 것이다. 희망 시 연장복무가령 최장 3년까지도 가능토록 하는 것이다.

또 하나의 직군은 희망 시 2년제 기술전문대학과정을 정규로 다니게 하는 것이다. 야간이나 수업이 없는 시간을 활용해 현장경험을 심화시킨다. 대학 미이수자를 대상으로 할 수도 있다. 현장실습으로 학점을 취득할 수도 있겠다.

이들을 상기 언급한 유자격 중소·중견·사회적 기업에 배치해 경쟁력 강화에 도움이 되도록 한다. 현재의 외국인 단순 노무자를 보완할 수 있다. 앞에서도 거론했지만, 이들 중에서는 외국어 특기자, IT 특기자들이 포함되어 있다. 중소·중견·사회적 기업의 디지털화와 수출 능력 제고 등 역량 강화에 큰 도움을 줄 수 있다.

또한 중소·중견·사회적 기업에서 창업을 어깨너머로 배우게 한다. 새로운 아이디어를 실험할 수 있는 제도적 지원이 가능할 수도 있다. 획기적인 아이디어를 가진 청년에게는 파견기업에서도 추가 지원토록 제도화한다. 사회 진출 목돈을 더 마련할 수 있는 제도가 될 수 있다. 특히 우리의 정책이 겨냥하고 있는 것은 같이 근무했던 청년들 사이에서 자연히 "창업 동아리" 등이 형성되게 하는 것이다. 이들이 장래 창업의 핵심이 되어 활약할 것으로 기대되고 있다. 뜻이 맞게 된다면, 창업으로 이어질 수도 있다. 이들이 복무를 완수하는 경우, 일정액의 목돈도 가지고 나가는 바, 창업자금으로도 활용할 수 있기 때문이다. 일하면서 새로운 비즈니스에 대한 발상이 가능토록 분위기를 만들어 주자는 의도다.

성숙한 지역사회 구축

또 하나가 제3의 영역이다. 이는 3군으로 분류한 성숙한 지역사회 구축 인력이다. 기본 군사훈련을 공통적으로 마친 후 보육원, 어르신 돌보미 등 거주지 공동체농촌 지역 포함 사회공공서비스 자원으로 활용케 하는 것이다. 주로 여성을 염두에 두고 있다. 여성은 기본 군사훈련 대신에 바로 일정 기간, 가령 10주, 또는 3개월 정도의 직무교육으로 가름할 수도 있다. 후술할 베이비부머 은퇴자의 합류·지원과도 연결시킬 수 있다.

특기를 갖고 있는 인력, 가령 보육, 요양 관련 전문가들의 영역이 우선시될 것이다. 여기에다가 외국어, 법률, 의료 등이 부가될 수 있을 것이다. 단순히 기존 지자체 인력의 허드렛일을 하는 대상이 되어서는 곤란하다. 현재 공익요원들이 하는 역할 말이다. 공익요원들은 "관노비"라는 경멸적인 호칭으로 불려지기도 한다. 이것만으로도 공익요원의 활용이 얼마나 비효율적인지 알 수 있다. 이는 인력 낭비이고 불만의 근원이다. 이들은 지역사회 공공서비스를 발전·강화시키는 정규 인력으로, 보다 유효하고 적극적으로 활용할 수 있어야 한다. 대학원 이상 졸업 고학력군이 선호할 수도 있는 직군이다. 이들에게는 파격적으로 야간 정규 학위 과정 이수를 허용케 하는 방안도 검토할 수 있다. 이 또한 대학 유휴 설비의 활용 측면에서 의미가 있다.

우리나라 읍·면·동이 총 3,500여 개다. 10명씩 배치 시 당장 5만 명 미만으로 시범 실시가 가능하다. 점진적으로 이 병력을 10만에서 15만 명으로 확대할 수 있다. 한편, 4만 5천 개 아파트 단지를 기준으로 하는 경우 훨씬 많은 인력이 필요하게 된다. 이는 후술할 베이비부머 은퇴 인력의 참여 및 지원을 통해서 상당한 규모의 사회공공서비스 인력이 확보될 수 있다. 그만큼 보완할 수 있는 여지는 충분히 있다.

일부 청년층은 농촌 봉사 서비스도 가능할 것이다. 농촌지역에서 사회적 기업을 운영하고 있는 한 관계자는 농촌 지역에 더 많은 젊은 피가 수혈되어야 한다는 의견을 강하게 피력하고 있었다. 최근 관심이 높아지는 스마트영농 프로젝트도 청년 세대들이 투입되면 그 효율성을 훨씬 더 올릴 수 있는 충분한 기회가 된다고 볼 수 있다. 또한 후술할 성숙한 내 마을 구축 운동과도 연계해 농촌 지역 유튜브youtube 제작사업 등을 도와줄 수도 있다. 발굴하기에 따라서 활동 영역은 상당히 있다. 이 분야에서도 사회정착자금 지급은 당연히 따르게 된다.

극복해야 할 과제

사회공공복무 의무화 정책은 획기적인 것이다. 사회로 진입하는 젊은 이들에게 한번은 조직생활을 경험할 수 있는 기회를 부여하는 것이다. 병역이든 중소·중견·사회적 기업 현장 취업 경험이든, 아니면 이웃 공동체 서비스든 정부가 적어도 청년들에게 1회의 조직문화생활을 경험하게 의무를 지우는 것이다. 특히, 전체 청년들이 무늬만이 아닌 체험형 자격증을 소지하고 사회에 진출할 수 있게 되는 것이다. 동시에 사회정착자금 획득이라는 최저보장 기회를 부여하는 것이다. 앞에서도 거론했듯이 일본이 경험했던 사회적 은둔자의 양산을 원천적으로 방지해보자는 의도도 있다. 이것 또한 극일의 첩경이 된다. 국가적 콤플렉스의 극복이다. 우리가 해낼 수 있고, 해내야 한다.

사회공공서비스 인력 운용안은 실제 수요와 현실을 감안해야 한다. 시간을 두고 계획을 수립해 점진적으로 실행할 수 있도록 해야 할 것이다. 구체적인 제도 구축 과정에서 능력이 출중한 세계적인 재능이 있는 청년에게는 극단적으로는 사회공공서비스를 면제해 줄 수도 있을 것이다. 이 부분은 사실 엄청난 반향을 일으킬 것이다. 당장 BTS의 병역 면제와 세계적 피아니스트 조성진의 병역 면제, 프로골퍼 임성재의 병역 면제 등에 대한 일반 국민의 인식이 다르기 때문이다. 대신에 이들로부터는 세금을 일정액 이상 내는 것을 전제로 하는 것도 검토해볼 수 있겠다. 이러한 쟁점을 포함해 이 과제를 조속히 공론화할 필요가 있다. 중지와 국민여론을 모으는 것이다. 하루빨리 "제1차 사회공공서비스의무제 5개년 계획"을 수립해 연차적으로 확대 실시해야 한다.

일부 국민, 특히 우파 인사아마도 극우파 태극기부대 인사들은 군병력 축소에만 주목해, 이로 인해 군사력이 약화될 것이라고 인식할 수도 있다. 격렬하게 반발할 가능성이 있다. 하지만 이제 인식을 바꿔야 한다. 군병력 축소가 아니다. 탈국민국가 시대가 될지도 모를 미래에는 국가경쟁력 제고는 군사력을 포함한 "종합 억지력"제고로 바로 연결된다는 점을 인식해야 한다. 과거 국민국가 시대의 군·산 복합체 모델에서는 많은 산업들이 군수산업과 직·간접적으로도 연결되어 있을 수 있다. 이들 기업에 대한 정부지원이 상당했을 것으로 추정된다. 하지만, 지금은 다양한 접근이 필요한 시대이다. 산업화 시대의 단순한 고정 목표를 향해서 나가는 것이 아니다. 중간중간에 목표물의 이동에 따라서 계속해서 영점조정을 다시 하는 이동식 정책 접근이 필요하다.

정책의 핵심은 군병력의 전방위적인 경쟁력 강화다. 예비적인 조치도 있다. 단순히 초소만 지키는 필요병력은 유사시 손쉽게 대체해서 충당할 수 있다. 예비군을 좀 더 체계적으로 활용하는 것이다. 사회공공서비스 복무 인력은 모두 현역으로 유사시 동원 가능한 자원들이다. 간부를 제외한 병사급에 해당하는 약 40만 명 전후는 신분상 항시 현역병에 버금가는 인력자원이 될 것이다.

군장교 집단의 반발 가능성에 대한 우려다. 현재의 인구 구조상, 장교 집단의 재조정은 시간문제다. 실제로 장성 숫자도 줄어들고 있다. 결국은 사회적 합의하에 수긍할 수 있을 것이다. 군의 반발에 의한 극단적인 행동coup d' Etat도 불가능하다. 전 사회가 대전환의 시기에 구조조정에 직면하여 있다. 군이라고 성역이 될 수 없다. 부사관 및 장교 집단도 급격하게 자리가 줄어들 이유는 없다. 오히려 현재는 숙련 간부 중심 체제로 이행 중에 있다. 그만큼 부사관 및 초급 장교의 숫자가 늘어날 수도 있다. 사회공공서비스를 마치게 되면 이들 중 원하는 사람 한정으로 숙련 간부가 될 수 있도록 통로도 확실하게 열어 둘 필요가 있다.

형평성이 문제시될 수 있다. 왜 여태껏 가만히 있다가 갑자기 이런 제도가 시작되느냐에 대한 것이다. 아쉽게도 이 제도가 채택된다면 가장 불만을 가질 세력이 제도 채택 당시 갓 병역을 마친 세대들일 것이다. 불만이 있을 수 있다. 이는 어느 때나 문제가 되는 것이다. 사실 국민개병제의 “사회공공서비스의무제”로의 확대는 주창된지가 이미 7년째가 된다. 개인적으로 공개 강연이나 세미나 발표, 칼럼 기고를 통해서 일찍이 제안한 것이었다. 사실 2021년 현재, 19세부터 25세까지의 연령대는 아직 동년배 60만 명 세대이다. 처음 정책을 제기했을 때는 동년배 70만 명 시대였다. 이번 기회를 놓치면 동년배 40만 명 세대로 또 뚝 떨어져 버린다. 이게 베이비부머의 한 사람으로서 두려운 것이다. 자꾸 기회를 놓치고 있는 것에 안타까워하고 있는 것이다.

지금은 세계적 대전환의 시기다. 특단의 조치를 통해서 획기적 발상의 전환으로 불확실성의 미래를 좀 더 안정되게 끌고 가면서 미래의 변화에 대비해야 한다. 가장 쉽게는 제1차 사회공공서비스의무제 5개년 계획 시행 방안 등의 일정을 예고하는 것이다. 동시에 집행 당시의 현역 병력에게도 사회정착자금을 주기 시작하는 것이다. 워낙 이해관계가 첨예한 것이기에, 새로운 제도가 정착되기까지는 시간이 걸릴 것이다. 적어도 두 차례 정도의 5개년 계획 또는 10개년 계획가령, 4년+3년+3년 형식의 수행을 통해서 최적의 답을 찾아낼 수 있을 것이다. 아마 짧아도 10년은 지나야 새로운 제도가 상당한 정도까지 정착될 수 있을 것이기 때문이다.

사회정착자금의 추가 지급에 대한 논쟁이 있을 수 있다. 또 돈을 단순히 푸는 게 아니냐는 의혹이다. 아니다. 실업 상태에 있는 청년에게 나가는 지원금이 상당한 것으로 알려져 있다. 조건 없이 지급하는 것이 아니다. 단순히 이들에게 보조금을 지급할 것이 아니라, 의무에 연계한 목돈 지급이 훨씬 더 효율적이다. 생산적 복지라는 인식을 강하게 심어줘야 한다. "영점기준예산계획ZBB"을 실시해야 할 이유이기도 하다.

문제는 앞에서도 지적했지만, 병역의무 근무 대신, 장교 또는 부사관으로 입대한 자원에 대한 처우다. 이들에게도 똑같이 일정 기간의 서비스 의무 만료 시 사회정착자금이 지원되어야 한다. 물론 구체적으로 일부 조정되어야 할 것이고, 이는 좀 더 논의가 필요한 대목이기는 하다. 이는 청년 세대에 대한 국가의 전반적인 지원이기 때문이다. 개인별 사회정착자금 적립을 위한 월 200여만 원의 추가 지급도 최저임금의 측면에는 문제가 안 된다. 한편, 국민연금의 조기 가입 기회도 부여할 수 있다면 국민연금 건전성도 제고시킬 수 있을 것으로 기대된다. 이는 국민연금공단과도 협의를 거쳐서 합리적인 방안을 도출할 수도 있다.

또 발생할 수 있는 것이 여성에 대한 배려 문제이다. 궁극적으로는 이스라엘처럼 남녀불문 사회공공서비스 의무화를 도입하는 것이 바람직할 것이다. 군사훈련에 여성은 극도의 거부감을 가질 수도 있다. 단순히 체력훈련만 하고 바로 사회공공서비스 영역의 직무훈련으로 넘어갈 수도 있다. 물론 신 개념의 도입 초기에는 여성에게 자발적 선택권을 줄 수 있어야 한다. 시행 과정에서 인센티브의 효력을 확실히 느낄 수 있게 해주어야 한다. 그때쯤, 가령 정책 도입 후 5년 뒤인 "제2차 사회공공서비스 5개년 계획" 시는 여성도 의무대상에 포함시키는 경우, 새로운 제도에 대한 거부감은 완화시키고 사회자원의 효율적인 활용에도 부합하게 될 것이다. 인구 감소에 따라서 병력조달만 본다 하더라도 병력 축소 또는 여성 징집 이외의 대안이 부재한 상태이기 때문이다. 또 하나가 국제규범의 위배 가능성 문제이다. 일부 WTO 등의 불공정 거래에 해당될 소지가 있을 수 있는 만큼, 이를 면밀히 검토해야 할 것이다.

하지만 과제가 몇 가지 있다. 제일 먼저 청년 세대의 상당수가 병영 실제 배치를 기피할 것 아니냐는 우려다. 이를 극복하기 위해서 다양한 보완책을 강구해야 할지도 모른다. 이 차원에서 추가적인 인센티브의 부여가 검토될 수 있을 것이다. 또한 몇 살부터 몇 살까지 얼마간 새로운 제도 도입에 대한 완충기를 두느냐가 또 하나의 과제이다. 이해 당사자의 의견을 경청해야 할 이유이다. 물론 기존 사설 보육시설 및 양로시설과의 조화 유지도 과제이다. 마지막으로 국방부가 상당기간 준비 중에 있는 "국방인력 구조설계안"과의 조화 문제이다. 군인력 구조개편의 방향성과 연관이 있다. 한 가지 방안은 가령 국회 내에 "사회공공서비스 추진단"을 구성하는 것이다. 이를 통해 중지를 모으고 여론 등을 면밀하게 조사해 이를 반영함으로써 최적의 정책 방향을 도출하고 이를 시행해 나가면 될 것이다. 이 과정에서 이해당사자가 될 사회복무가 가능한 남녀뿐 아니라 유관 이해당사자까지를 참가시켜서 그들의 의사도 반영되도록 해야 한다.

3) 성숙한 내 마을 가꾸기 운동

내가 살고 싶은 대한민국 가꾸기

과거 국민국가 추구 당시, 산업화 시대의 커다란 과제는 결국 더 잘살아보자는 것이었다. 지배계급이 제일 먼저 이를 추구했다. 이어서 중산층으로 계층이 확산되었다. 이후 지금까지 대중이 잘살아보자는 시대로 변화해 왔다. 내가 사는 지역의 주거 및 생활환경을 확실히 개선해보자는 것이다. 대중이 행복을 추구하는 것이다. 성숙되고도 세련된 내 마을을 구축해야 한다.

1970년대 우리나라에서도 잘살아보세, 하면서 농어촌 지역을 중심으로 새마을운동이 있었다. 과거 새마을운동은 우리가 생각하는 것보다 훨씬 혁신적인 제도였다고 한다. 여러 부작용이 있었음에도 불구하고 각 사업 주체의 혁신적인 아이디어를 받아들이고 성과가 있으면 보상해주었다고 한다. 인센티브가 확실하게 작동하였다고 한다. 21세기형 성숙한 내 마을 구축운동도 실천해 볼 수 있어야 한다. 명칭이 적폐라고 치부되어서는 안 될 것이다. 가령 4차 산업혁명과 연계해 농업의 6차 산업화가 중요한 쟁점이 될 수 있을 것이다. 성숙한 내 마을 구축의 핵심 사업으로 자리 잡을 수도 있다. 중국에도 소위 3농 문제[4] 대책이라는 말로 농촌 지역을 혁신적으로 바꾸어서 더 잘사는 지역으로 만들겠다는 운동이 있다. 일본에는 "지방창생地方創生"이란 것이 있다.

---

4 농촌, 농업, 농민 문제를 지칭. 결국 농촌의 저발달, 농업의 부가가치 지지부진, 농민의 삶의 질 저하 때문에 생성된 문제가 아닐까 한다.

도시화도 기본적으로는 주거생활 효율의 제고다. 그렇기에 늘어난 것이다. 사람의 시간을 더욱더 효율적으로 배분·활용하는 데는 이렇게 좋은 제도가 없을 것이다. 우리는 전국적으로 아파트에서 거주하는 세대가 대부분[5]이다. 근 60%가 아파트 거주다. 최근의 아파트 구입 열풍도 주거생활여건의 중요성을 나타낸다. 농어촌 주거 생활환경 개선을 위한 리빙랩 프로젝트도 큰 줄기에서는 마찬가지일 것이다.

우리가 토지에 집착하는 이유도 농경 시대의 유습으로 생활의 안정을 위한 아시아적인 문화의 결과이다. 일부에서는 토지공개념이 강하게 주창되고 있기는 하다. 하지만 먹고살기 어려운 상태에서 내 땅이 있어야 그 땅에서 생을 도모할 수 있는 것이다. 주택 문제의 해결도 그 차원에서 세대 자산 이전과 연계해 추진해 볼 수 있는 과제이기도 하다. 궁극적인 목적함수는 더 좋은 생활여건을 만들어 나가는 것이다. 좀 더 행복하게 살아가는 것이다. 정부가 이를 제도화 했어야 했다. 중지를 모아서, 늦었다고 한탄하지 말고 지금부터라도 우리 베이비부머부터라도 범국민운동에 앞장서서 시작하자.

---

5 자가율 중 아파트의 점유 비중은 2015년 기준으로 59.9%이다. 단독주택이 23.9%이고, 연립주택 3%, 다세대주택 11.6%, 그리고 비거주용건물세대주 1.2%이다.

세대[6] 간의 화해

은퇴는 대체로 55세 이후가 된다. 2020년 기준 55세 이상 인구는 총 1,109만 명이다. 인구의 21%를 차지하고 있다. 우리는 산업화 세대를 1977년 인당 소득 1천 달러를 달성했던 당시의 40~55세, 인당 소득 1만 달러를 달성했던 1995년의 40~55세, 그리고 2008년 세계금융위기 당시의 40~55세까지 3단계로 구분할 수 있다. 1995년 인당 소득 1만 달러까지 도달시킨 세대를 산업화 전반기 세대로 정의하자. 2008년을 전후해서 인당 소득 3만 달러를 달성한 2015년까지를 산업화 후반기 세대로 정의하자.

산업화 전반기 세대 중 1977년 1천 달러 달성 주도세력은 이미 연령적으로 1922~1937년생으로 84세 이상부터 99세이다. 이 세대는 이미 상당수가 세상을 떠났거나, 떠나기 시작했다. 이들 중 성공한 상층부 세대가 가장 보수화되어 소위 태극기부대를 형성하고 있을 가능성이 크다. 산업화 전반기 중 IMF 관리 시기의 주력 세대는 지금은 65세 이상부터 80세까지의 연령층을 형성한다. 이들은 IMF 관리 사태 때 상당수가 정리해고를 당하면서 가계에 어려움을 겪었던 적이 있다. 하지만 이들이 우리 사회의 가장 확고한 기득권층을 형성하고 있을 것이다.

마지막으로 2008년 세계금융위기를 극복하고 2015년 인당 소득 3만 달러를 달성한 세대는 52~67세가 되었다. 이들은 현재 은퇴를 여하히 설계해야 할지에 골몰하고 있을 것이다. 특히, 이들 중 상징적 의미가 있

6 구체적인 세대 논의는 다음 장에서 다루어질 것이다.

는 세대가 베이비부머들이다. 이들이 중요해서가 아니라, 그들이라도 새로운 제도 창출을 주도해 시작하자는 것이다. 이후 세대에게는 자동적으로 그 제도가 정착될 수 있다. 문제는 시작이다. 정책 채택에 관해서는 시작이 반 이상이다. 산업화 세대 중에서 막내이지만, 그 이전 세대와는 확연히 다른 현장 경험형 인력이라는 특질을 지니고 있기 때문이다. 또한 이들이 사회에서 완전히 퇴장하기 전 마지막으로 주연이 아닌, 은은한 조연의 역할을 하자는 것이다.

특히 586 세대 이후의 후속 세대인 97 세대와 막 사회 진출을 준비하는 post-IMF 세대에게 뭔가 세대 자산을 물려주자는 것이다. 그 과정에서 전문화 세력을 조직화하는데 일조하자는 것이다. 그래야 우리의 뒤를 이어 퇴장하게 되는 586 세대에게도 뭔가의 교훈을 남겨줄 수 있을 것이다. 현재의 기득권 유지가 아니라, 희생에 의한 새로운 제도 정립에 공헌하자는 것이다. 이것이 이루어져야 진정한 세대 간의 격차와 불화를 해소할 수 있을 것이다.

사실 세대 간의 연결에 가장 성공한 예는 중국의 계급정년제이다. 정부 등 공공기관에서 정해진 연령까지 일정 직급에 오르지 못하면 자연스럽게 정규조직에서 퇴장하는 제도이다. 물론 사회 전반의 은퇴 연령은 여성 55세, 남성 60세이다. 우리나라와 일본의 사회 주도세력이 정체해 있는데 반해, 중국은 계급정년제를 통해서 조직의 세대 교체가 훨씬 원활하고 역동적으로 이루어지고 있다. 이는 등소평의 가장 중요한 업적 중의 하나이다.

베이비부머 세대의 차출

베이비부머들은 독특한 특징이 있다. 첫째, 태반이 이촌향도 세대이다. 베이비부머 세대를 1955~1963년생으로 정의할 수 있다. 2021년 현재, 58세부터 66세까지 포괄한다. 1960년 당시 도시화율이 40% 밑이었고, 1970년에도 갓 50%를 넘었다. 2019년 현재의 도시화율은 92%이다. 이에 비추어 볼 때, 베이비부머들의 상당수가 농촌 출신일 것이라는 점을 추정해 볼 수 있다. 과거에 농촌에서 살아보았다는 경험이 큰 자산이다.

동년배 10% 정도가 대학까지 정규 교육을 체계적으로 받은 첫 세대이다. 1955년생부터 1963년생까지로, 학번으로 치자면 74학번부터 82학번까지이다. 고등학교 입시가 폐지된 것이 1974년부터 5년간에 걸쳐 전국적으로 이루어졌다. 서울 등 대도시는 1974년부터, 주요 도시는 1979년부터 고교 입시가 폐지되었다. 고등학교 입시를 거친 세대와 무시험 입학 세대가 혼재한다. 대학 입학 시험도 일부는 1968년부터 시작된 대입예비고사를 치르고, 체력장이라는 체력검증도 거치게 된다. 그래도 대학 입학이 이루어지면 하나의 특권이 된다. 동년배의 10% 정도가 대학 졸업자이기 때문이다. 그 정도면 이들이 사회를 주도적으로 끌어나가기에 충분한 규모다. 그 차원에서 우리나라 발전에서 의미 있는 세대이다.

산업화 후반기를 완수한 세대이다. 우리가 소득 1만 달러를 달성했던 1995년 당시, 32세부터 40세였다. 아시아금융위기 당시인 1997년의 경우, 34세부터 42세로 위기 당시 구조조정의 세대는 아니었다. 하지만 산업화 세대 전반기 주력 세대의 지도하에 직접 펜과 연장을 들었던 세대이다. 구태여 비서의 도움 없이 자생적, 자립적 운신이 가능한 첫 세대이다. 아시아금융위기를 현장에서 헤쳐나갔다. 아직 젊었기 때문에 1990년대 초반 시작된 인터넷과 디지털로의 전환에도 상당한 정도 적응이 가능하였다. 그게 큰 자산이었다. 2008년 세계금융위기 당시 45세부터 53세까지로 인생의 가장 왕성한 시기40~55세였다. 그때 2008년 위기 극복의 핵심 세력을 이루었다. 상층부에서 지도력을 발휘할 수 있었다. 이들 세대의 역할에 의해서 현재는 인당 소득 3만 달러로 올라가게 되었다. 적어도 산업화 후반기에서 베이비부머 세대의 역할은 지대했다. 소득 1만 달러부터 3만 달러 시대까지를 관통해 나름대로 전문적인 식견과 기술을 습득하고 있다. 이들 세대는 소득 3만 달러 국가를 만드는데, 가장 주도적인 역할을 했다. 이들의 기여를 인정해 줘야 한다.

베이비부머 인생 후반부의 가장 큰 고민은, 은퇴 후의 준비가 그리 탄탄치만은 않다는 점이다. 아직은 제도적인 설계가 미비하다는 것을 반증하고 있다. 도시에 사는 중산층의 직장인이었다면 집 한 채를 소유한 100만~150만 원의 연금수령자일 가능성이 크다. 한때 "기·승·전·치킨집"이라는 말이 유행한 적이 있다. 많은 은퇴자가 작은 퇴직금으로 치킨집 운영에 몰두한 적이 있었다. 결과는 뻔했다.

사실 베이비부머 세대는 동양적 가족주의에 기초해서 "물질적, 체험적 세대 자산"을 후속 세대에게 이전하고 싶은 욕구가 있다. 사회발전을 위해서 이들의 자산을 이전해야 한다. 물론 후세가 보다 안정적으로 살아가기 위한 미래를 열어준다는 측면에서도 세대자산을 이전해 주는 것이 필요할 것이다. 이는 구태의연한 기득권이나 탐욕의 유지가 아니다. 사회의 안정을 유지한다고 이것이 계층 이동의 역동성을 꼭 해치는 것은 아니다.

한편, 일부, 귀농·귀어를 하고 싶어 하는 사람들도 있다. 제도적으로 주택 역모기지도 있지만, 자식들의 눈총이 따갑다. 이 상태에서 베이비부머 은퇴 세대들은 뭔가의 생업을 해야 한다. 현금 흐름이 그렇게 좋지 않다면 종부세나 재산세 납부의 부담도 만만치 않다. 소일거리를 찾아야 한다. 베이비부머는 20대부터 30대까지에 있는 자식 세대에게 세대간의 연결과 이음매를 희망하면서, 가능하다면 재능기부에 연계한 사회생활을 일정 연령까지 하고 싶어 할 것이다. 이를 구축된 제도에 의해서 실행할 수 있다면, 비교적 마음 편하게 노후를 보낼 수 있을 것이다.

결국, 새로운 상속의 개념을 설계해 전달하자는 것이다. 현재도 일부 좌절한 사람들 가운데 많은 이들이 산이나 당구장을 찾는 것으로 알려져 있다. 이들은 소일거리라도 있으면 체력적으로 일할 능력이 충분히 있다. 소일거리를 할 수 있는 기회가 제도화만 된다면 이들에게는 큰 인센티브가 될 것이다. 우리나라는 상당한 정도 체면 사회이다. 사회 전체가 새로운 제도하에서 운영되어 간다면 자연스럽게 적극적으로 참여할 여지가 훨씬 높아지지 않을까 한다. 군중심리적 사회 분위기가 그렇게 흐르면 제도적으로도 훨씬 쉽게 활용될 수 있을 것이다. 용돈도 중요하지만, 소일거리가 필요할 것이다. 청년 취업자는 늘지 않는데, 이 세대의 취업이 늘고 있다는 보도가 심심치 않게 나오고 있다.

만 55세 이후의 은퇴 세대에게는 희망에 따라서 몇 가지 사회공공서비스 공헌과 기여의 기회를 부여하는 것이다. 국가가 55세 전후부터 1차적으로 최장 70세점진적으로 75세까지 연장까지 15년 기간 중 적어도 5년 정도 동안만이라도 사회공공서비스와 관련된 취업을 알선해 주거나 취업 기회를 보장해 주는 것이다. 일정 기간 의무로 받아들이고 수행하는 경우 확실한 인센티브를 제공하자는 것이다. 그것도 부족하다면 그다음 안전망이 기초생활 보장으로 제3차 사회안정망의 역할을 부여할 수 있을 것이다. 그렇게 되면 사회안정을 위한 국가의 고민이 상당 정도 해소될 수 있을 것이다.

중소·중견·사회적 기업능력 제고

이들은 취약한 중소·중견·사회적 기업에서의 멘토나 기술 상담역으로 활동할 수 있을 것이다. 현재도 사적 비즈니스 측면에서 상당한 정도 이루어지고 있는 현상이다. 주로 대기업이나 금융계 출신 인사들이 유관 중소·중견기업에서 고문직 등을 맡고 있다. 또한 앞에서 거론한 중소·중견기업에 파견할 청년 산업지원군에 대한 현장실습 지도요원으로도 기여할 수 있을 것이다. 대학에서 대거 겸임교원으로 초빙하는 것이다. 이는 2차 취업시장의 자연스러운 현상이다. 여기에 속하는 인력의 규모는 크지 않을 것이다. 제도화한다면 더욱더 많은 인력들이 그 영역에서 활동할 수 있을 것으로 판단된다. 이 영역에서는 정부가 네트워킹을 하는 일 외에는 추가적인 재원을 투입할 필요가 구태여 크게 없을 것이다.

지역사회 공헌

문제는 비즈니스 관계에서 그러한 서비스 기회를 얻기 어려운 인사들이다. 즉 제2차 취업시장에서 직업을 찾기 어려운 인사들이다. 이들에게 정부가 취업 기회를 제도적으로 알선하자는 것이다. 그 첫 번째가 주거지역에서 사회공공서비스가령 보육원, 유아원, 양로원에 참여하게 하는 것이다.

베이비부머 세대는 동양적 전통이 아직 강하게 남아 있다. 여성 인력은 그 당시 사회 분위기가 워낙 고리타분해서 이 분야의 사회적 경험이 일천하다. 소위 "가사독박세대"였다. 산업화 시대 때 여성들은 조직생활의 사각지대에 있었다. 하지만 그들의 경험은 아직 충분히 유용하게 활용할 수 있다. 엄마의 힘이란 조직하기에 따라서 엄청난 폭발력을 갖고 있기 때문이다. 이들 여성 인력을 사회공공서비스 영역에 진출시키는 것이다.

우선 주민센터나 기타 공공시설을 적극적으로 개조해 보다 나은 사회공공시설로 전환시킨다. 사설 시설에 버금가게 구축하는 것이다. 주요하게 공공 보육시설, 어르신 돌봄시설을 갖추는 것이다. 실제, 지방자치 단체별로 시설 개조가 일부 일어나고 있기도 하다. 그런 후에 베이비부머 여성 인력을 여기에 투입해보자. 이미 지역사회마다 "어르신 일자리"를 제공하고 있다. 노인들이 거리 청소지원, 지하철 안내와 같은 교통지원 등에 일정한 사회공공서비스를 하고 있는 것이 관찰되고 있다. 그분들의 눈빛을 보라. 실효성이 있을까? 아침 출퇴근 시 전철을 탈 때마다 느끼는 것이다.

결국 이 분야는 베이비부머 세대의 여성들의 참여를 유도하는 것이 어떨까 한다. 1969년 출범한 "녹색어머니회"가 초등학생의 등하교 도움, 점심급식 등의 형태로 사회공공서비스에 참여하고 있다. 근 86만 명의 회원이 활동하고 있다고 한다. 봉사활동을 그것만으로 그치는 것은 비효율적일 수 있다. 기왕 조직된 만큼 문호를 더욱더 개방해 인원을 더 확충할 수 있을 것이다. 그리고 이들을 좀 더 체계적으로 활용할 수 있어야 한다. 이들의 역할로 젊은 여성층의 결혼 후 육아 때문에 휴직하거나 은퇴하는 등의 경력 단절을 없앨 수 있다면 사회적 경쟁력을 충분히 높일 수 있다. 이를 위해서 베이비부머 여성들을 차출해 공공 영역으로 투입하는 것이다. 일정 보수도 지급할 수 있다. 여기에 청년 세대가 투입된다면 충분히 효율적인 운영이 가능한 제도가 구축될 분야이다.

이 분야에는 재정자금이 상당히 투입되어야 하지 않을까 한다. 일단 시설 구축에 자금이 소요될 것이기 때문이다. 나쁠 게 없다. 사회 기반시설투자의 새로운 영역이 되고 시설 개조에 중소·중견기업의 참여가 기대되는 영역이기 때문이다. 또한 차출될 베이비부머주로 여성에 대한 금전적 보상이 필요한 영역이다.

내 고향 가꾸기 공헌

두 번째가 주중에 귀농·귀어하여 고향, 또는 연고가 있는 농어촌 지역의 균형적인 발전을 위해서 재능을 기부하는 것이다. 주요하게 베이비부머 남성들이 해당될 수 있다. 베이비부머 은퇴 세대들은 상당수가 "이촌향도" 세대이다. 고향에 대한 이해가 높다. 일부는 가난의 경험으로 고향을 극도로 싫어할 수도 있다. 하지만 내가 살고 싶은 지역으로 변모시키는데 기여할 수만 있다면 하는 바람도 있다. 여건이 주어지는 경우 고향을 변모시키는 작업에 참여하고 싶은 인사가 상당수 될 것이다. 이들에게 마지막 봉사의 기회를 제공하자. 이를 좀 더 다원화, 체계화할 수 있다. 수구초심首丘初心이라고나 할까? 물론 도시 출신 중에서도 무연고이지만 기회는 똑같이 부여되어야 할 것이다.

은퇴 세대의 소일거리 찾아주기와 농촌의 계속 발전이 필요한 상태에서 충분히 대안이 될 수 있다. 산업화 후반기 세대인 베이비부머들은 동년배 중 대학 입학률이 10% 정도이다. 학력도 어느 정도 되고, 해외 현지 주재 경험도 있다. 본 것도 많다. 내가 살고 싶은 대한민국 가꾸기의 핵심 중의 하나인 고향사랑 기여, 가능하다면 고향발전 기금투자, 사회적 기업에 경험 기부가 가능할 것이다. 또한 자원봉사의 의지도 충분하다. 특색 있는 고향 만들기, 궁극적으로는 "내가 살고 싶은 동네 만들기"에 참여할 수 있다. 장기적으로는 관광으로도 연결시킬 수 있다. 농촌의 경우 경관이 좋은 지역을 훨씬 세련되게 변모시키는 작업 등도 이들이 적어도 아이디어는 낼 수 있을 것이다. 여건만 주어진다면 그럴 것이다. 결국은 본 게 많아서이다. 백문이 불여일견인 것이다. 4차 산업혁명과 연결시키는 노력이 다각적으로 강구될 수도 있다. 이 과정에서 청년층과 결합, 협력할 수 있는 여지가 충분히 있다.

귀농·귀어·귀촌

아주 단순한 노동력 제공을 하고 싶은 계층도 있다. 영농 가능 인구가 날로 고령화되어 소멸되고 있다. 이촌향도 세대가 주중에 3일 이상 일할 수 있고, 그 기간에 농촌 지역에서 거주할 수 있는 준자가형태의 무상 주거지가 제공된다면 참여자를 모을 수 있지 않을까? 가령 월 100만 원 이내로 보수에다가 교통비를 포함한 경비를 지급할 수만 있다면 말이다. 이는 농협이나, 수협, 축협 등 조합운동에서 주관해 실천할 수 있는 영역이다. 가령 주중에 3일 기여 시 50만 원, 5일 시 100만 원 지급 등 차등제를 실시할 수도 있다. 이 계층은 의외로 숫자가 많을 수도 있겠다. 특히 농업의 혁신을 추구하는 것을 포함한 가칭 "21세기형 성숙한 내 마을 구축운동"을 추구해 볼 수도 있겠다. 이 분야도 실제적으로 정부 자금이 크게 들지 않을 수도 있다. 상당수의 수요자가 비즈니스에 의거해 이미 비용을 지불하고 있기 때문이다. 외국 인력이 농촌에서 "일손"으로 곳곳에서 관찰되고 있다.

보상 방안

연고지 건강보험, 연금연계[7]

은퇴 세대의 사회적 기여에 연계, 일정 수준의 보상을 할 수 있게 하는 것이다. 이러한 제도가 도입, 부부가 동시에 참여하게 된다면 70세 정도까지는 최소한 월 100~150만 원 정도의 추가적인 용돈을 버는 것이 가능할 것이다. 연금과 합쳐 200~300만 원의 현금흐름이 가능할 것이다. 이는 소일거리로서의 사회생활과 금전적 보상을 받는 충분한 인센티브가 될 것이다.

사회공공서비스 기여가 어느 정도의 기간이 필요할까? 앞에서도 얘기한 55~70세 총 15년간이 서비스 가능 기간이 된다. 나중에는 55~75세까지 20년으로 연장할 수도 있겠다. 하지만 정부가 보장해 주는 것을 그렇게 길게 가져갈 수는 없을 것이다. 현실적으로, 약 5년 정도가 충분하지 않을까 한다. 또한 생각할 수 있는 것이 사회공공서비스와 건강보험을 연계시키는 것이다. 사회공공서비스 기간에는 관련 주관 기관, 가령, 중소·중견·사회적 기업, 읍·면·동 사무소나 농·수·축협 사무실, 또는 "21세기형 성숙한 내 마을 구축운동"가칭과 연계해 건강보험료를 지불케 하는 방안을 검토해 볼 수 있다. 국민연금의 추가불입도 검토해 보아야 할 것이다. 이는 국민연금건전성제고 방안과도 연결되는 것이다. 전문가들을 투입해 좀 더 구체적으로 연구해 보아야 할 영역이다.

7 보다 구체적인 설계는 전문가의 참여로 이루어질 수 있을 것이다.

자가전세 입주 제도

또 하나가 1가구 1주택에 한해서 당장 있는 집 한 채를 후속 세대에게 자연스럽게 넘겨주는 것이다. 이 제도는 당장이라도 실시할 수 있을 것이다. 주택문제가 사회적 골칫덩이가 되었기 때문이다. 산업화 시대의 주택은 농경사회 때의 토지 개념과 같다. 그만큼 상징성이 크다. 농지를 후속 세대에 물려주었듯이 주택을 후속 세대에 물려주고 싶은 욕망이 있다. 이것이 사회적 계층 이동이 가능한 역동성을 저해하는 제도가 되는 것은 아니다. 물론 "X수저" 논란이 야기될 수도 있다. 주택 보급률이 100%를 넘어섰지만, 자가 보유율은 60% 전후임에 비추어 볼 때, 무주택자가 아직은 상당한 수준이기 때문이다. 해당 정책이 정착된다면, 베이비부머 주택의 증여 및 청년 세대에 대한 주택 마련의 계기가 주어질 것이다. 결국 기존의 제도를 크게 흔들지 않으면서도 어느 정도는 자가 보유율을 올릴 수 있을 가능성이 있다.

사실 은퇴 후 세대들에게는 가능하면 생을 마감할 때까지 자가주택이 있었으면 하는 욕망도 있다. 가령 이들이 일정 기간 이상 사회공공서비스에 참여한다면, 자가주택을 활용하면서 1주택에 한해서는 자식에게 쉽게 이전시키는 것을 제도화하는 것이다. 사회공공서비스 기여 기간에 따라서 단독, 부부합산에 따라 차등을 두겠지만, 5년 정도 공헌하는 경우 상징적인 증여세만 납입증여세 감면하거나, 또는 지분증여 등으로 자가주택을 조기에 증여해 후속 세대에게 증여의 길을 터 주는 것이다.

돈이 부족하다면 자식에게 조기증여하고, 후속 세대에게 소유권이 넘어간 자가 중 집의 일부에 전세로 입주해 자금의 일부[8]를 후속 세대에게 융통해 주는 방안도 있을 수 있다. 이를 편의상 "자가전세입주제도"가칭라 부르자. 이를 도입·활성화할 수도 있다. 자가전세 입주 시 해당자가 귀농·귀어하는 경우 지자체에서는 LH 공사 장기임대주택 또는 농가 폐교 활용 등 "준자가" 형태의 대체 주거지를 무료로 제공하는 방안도 강구할 수 있다. 현재 전국에는 120만 호 이상의 빈집이 있다고 한다. 이를 활용하는 방안도 검토될 수 있을 것이다. 문제는 이들 중 상당수가 폐가로 변해 있을 수도 있다는 점이다. 따라서 여건이 되는지를 면밀히 검토해 볼 필요가 있다. 결국 지방에서 소일하면서 주말에는 귀가할 수도 있는 은퇴 후의 생활을 영위하게 되는 것이 이 제도의 핵이다.

일부 농촌에 연고가 없는 도시 출신의 베이비부머들에게도 기회를 주어야 한다. 사회공공서비스 참여 시 귀농·귀어에 관심을 보이는 계층도 생길 것이다. 희망한다면 기존 도시주택은 전세나 임대를 줄 수 있는 방안도 강구해야 한다. 물론 귀농·귀어 시에는 준자가형의 주택이 현지에서 제공되는 것은 마찬가지이다.

이러한 "사회공공서비스 의무화" 제도를 우리 베이비부머가 국가정책화하는 데 앞장설 필요가 있을 것이다. 현재 세계적 대전환기에 우리가 개척해 나가는 방향성과도 어느 정도 일치시킬 수 있을 것으로 기대된다. 우리 베이비부머 세대가 시작해 이후 세대들은 자동적으로 편입되게 하자는 것이다. 잃을 게 없다. 당장은 이러한 제도적 발상이 공론화되고 국가정책으로 채택되는 것이 필요하다.

---

8 이는 나중에 상속 시 최종적으로 정리될 수 있을 것이다.

정책 타당성 검토

공공 서비스 대상자 및 가용자원

우리나라의 장기인구 규모의 추세를 2035년까지 연장하면서, 보육 대상자, 어르신 돌보미 대상의 규모를 추계할 수 있을 것이다. 문제는 어디까지를 사회공공서비스에서 부담해 줘야 하는가이다. 앞에서도 얘기했듯이 국가의 목표는 국토 안의 국민을 훨씬 더 풍요롭고 행복하게 해줘야 한다. 그 역할은 정부 및 정치가의 몫이다. 인구절벽 문제의 핵심은 보육에 대한 부담이 너무 크다는 것이다. 초등학생들의 안전한 등교 등을 짊어질 필요도 있다. 공적 영역에서 부담해 주어야 한다. 물론 지금도 "녹색어머니회"가 상당한 기여를 하고 있다. 이를 체계화해 젊은 세대에게 부담을 획기적으로 줄여 주어야 한다.

공공 서비스 대상자를 두 부류로 나눈다. 하나가 보육 대상자이고, 또 하나가 돌봄 대상 어른이다. 일차적으로는 돌봄 대상자를 75세 이상으로 하자. 나중에는 점진적으로 80세 이상으로 옮겨갈 수도 있을 것이다. 결국 공공 서비스 수요자 두 부류를 합한다면, 표에서 "수요자$_{a+b}$"로 나타낼 수 있을 것이다. 2020년 기준 941만 명인데, 이는 997만 명, 1,153만 명, 1,431만 명으로 5년마다 증가해 간다.

한편, 이를 짊어질 실질적인 인력을 계상해 볼 수 있을 것이다. 첫째가 20~24세의 청년으로 2020년의 경우 총 334만 명, 2035년에는 225만 명으로 줄어들고 있다. 반면에 은퇴 초반자와 은퇴 후반자를 전체 포함하는 경우, 은퇴자는 2020년 1,072만 명, 2035년에는 1,244만 명으로 점진적으로 증가하게 된다. 청년과 은퇴자를 단순합산한다면 대략의 구조가 나온다. "공급자$_{c+d}$"를 보면 2020년 1,405만 명에서 2025년 1,474만 명, 2030년 1,498만 명, 2035년 1,468만 명 등이 된다. 바로 10년 후인 2030년까지는 그래도 공급 가능자의 숫자가 수요자를 넘어서고 있다. 2035년에는 공급 가능자가 전부 매달린다고 하더라도, 1:1 서비스를 전제로 한 수요를 감당할 수 없을 정도가 되어 버린다. 물론 현실적으로는 1:1 대응은 항상 불가능한 이상에 그칠 것이다. 이러한 현실을 직시하고 우리는 적어도 청년 세대와 베이비부머 은퇴 세대의 협력적인 역할을 통해서 허리를 보강·재정립하는 것이다. 생애주기 맞춤형 정책을 고안해내어야 할 이유이다. 이를 하루빨리 공론화하고 이를 실행했으면 한다.

〈표〉 사회공공서비스 인력 수급 추이

(단위: 천 명)

구분		연령	2020	2025	2030	2035
공공 서비스 대상	영·유아	0~4세	1,781	1,504	1,741	1,720
	초등학교 돌봄 대상	5~9세	2,274	1,770	1,495	1,730
	보육 대상자(a)	0~9세	4,056	3,274	3,236	3,449
	돌봄 대상	75~79세	1,601	1,818	2,342	3,316
		80세~	3,748	4,882	5,954	7,543
	돌봄 대상 어르신(b)	75세~	5,349	6,700	8,296	10,859
	수요자(a+b)		9,405	9,974	11,532	14,308
서비스 가용 자원	청년(c)	20~24세	3,335	2,521	2,234	2,245
	은퇴 초반자	55~64세	8,056	8,501	8,653	8,240
	은퇴 후반	65~69세	2,660	3,714	4,094	4,198
	은퇴자(d)	55~69세	10,716	12,215	12,747	12,438
	공급자(c+d)		14,051	14,736	14,981	14,683

재원확보

두 번째가 재원 확보 측면이다. 우리나라 예산안은 2021년의 경우 총 558조 원이다. 2017년과 비교했을 때 보건·복지·노동의 비중이 32%에서 35%로 늘어났다. 정부의 복지지향형 예산집행을 나타내주고 있다. 이외에도 총 12개 예산의 대항목 분류 가운데 비중이 늘어난 것이 교육, 환경, 산업·중소기업·에너지 등 4개 분야이다. 반면에 줄어든 분야는 문화·체육·관광, R&D, SOC, 농림·수산·식품, 국방, 공공질서·안전, 일반·지방행정 등 7개 분야이다. 외교·통일만이 그 비중이 똑같다. 특히 사회보장 예산이 1/3 이상을 차지한다는 것은 정부도 그만큼 현안 문제 해결에 노력하고 있다는 뜻이다. 하지만, 그것이 얼마나 유효할까?

청년 세대에 대한 소요 예산을 단순하게 추산해 보자. 복무기간은 2년이라고 전제한다. 현재 20세~25세 남녀 인력 규모가 63만 명~73만 명이다. 중간값 68만 명을 기준으로 하자. 연간 34만 명이 사회공공서비스단에 들어오고 34만 명이 나간다고 가정하자. 사회정착금 5천만 원 지급이 정례화한다는 가정하에 필요금액을 추산한다. 연간 필요한 단순예산 추정치는 총 5천만 원 × 34만 명 = 17조 원이 된다. 엄청난 자금이다. 하지만 우리의 경제 규모나 전체 예산 규모로 보아, 아주 극단적으로 큰 비중은 아니다. 17조 원은 1차적으로 국민기초생활 보장제도에 의한 유사 지원에서 재조정 가능할 것으로 판단한다. 왜냐하면 효율성이 의문시되는 청년 관련 각종 프로그램 예산과 현금 지급성 사회부조기금에서 조달할 수 있을 것으로 판단되기 때문이다. 또한 부분적으로 국방예산의 일부 조정에서도 조달할 수 있을 것이다.

한편, 베이비부머의 차출로 필요한 소요 예산의 조달이다. 이 영역은 상당 부분이 실제 비즈니스와 연계해 생각보다는 재원의 수요가 많지 않을 수도 있다. 또한 민간 영역에서 이미 실행하고 있는 분야도 상당한 정도로 추정되고 있다. 이를 보완하는 것이다. 베이비부머의 소환은 선택적으로 참여할 수밖에 없을 것이다. 정부가 1차적으로 최대 100만 명 정도를 차출한다고 치자. 재원이 제일 많이 투입되어야 할 분야가, 거주지 사회공공복무시설 확충, 그리고 지방의 내 동네 가꾸기 작업에 들어갈 예산이다. 사실 이 단계에서 소요 예산을 추정하는 것은 개인적인 연구자로서 거의 불가능하다. 추후 유관 부처 담당자의 종합적인 추산에 의해 가능할 것이다. 차출 규모를 연차별로 50만 명, 100만 명 등으로 증가시켜 최대 200만 명까지 소환한다고 치자. 그중에서 보상이 필요한 인원을 1차적으로 50~100만 명 정도로 잡자. 이 경우, 단순히 인당 월 100만 원이 필요하다고 가정하면, 연간 인당 1,200만 원이 필요하다. 결국 유급 인원의 규모에 따라서 12~15조 원 등으로 추산한다. 이 또한 단순한 "기초생활보장" 체제에서 생산적 복지로 전환한다면 충분히 조달할 수 있을 것으로 보인다.

결국 청년역량 강화와 베이비부머의 차출에 따른 소요 예산은 초보적으로 29~32조 원으로 시작할 수 있을 것이다. 보도에 따르면 현금 지급성 예산이 근 100조 원에 이른다고 한다. 코로나19 팬데믹 상황으로 우리 국민도 정부예산의 긴급재난기금으로 돈을 단순히 지급 받는 데 어느 정도 익숙해 있다. 그 규모는 수십조 원 단위 이상이다. 하지만 이것이 계속되어서는 안 된다. 국민도 익히 알고 있을 것이다. 결국은 이를 영점기준예산ZBB의 차원에서 재검토해야 한다. 중기지원자금, 창조 단지 예산 등 실효성이 의문시되는 분야에서 옮겨올 수도 있을 것이다. 청년실업자금과 같은 기존 분야의 예산이 얼마나 효율적인지에 대해서는 항상 논쟁인 상태이기 때문이다.

사실 이만한 규모의 예산은 외환위기 당시 우리 사회 전반의 구조조정을 위해서 155조 원의 공적 자금을 지원했었다는 점을 상기해 본다면 충분히 가능성이 있다. 우리의 정책 목표가 "사회 전반의 큰 틀을 바꿀 수 있다"는 측면에서 충분히 고려할 수 있는 대안이다. 그만큼 재원은 결정적으로 큰 문제는 아닐 것이다.

정책 효과

가장 중요한 것이 정책 효과다. 29~30조 원을 써서 경제적 산출 효과가 얼마나 일어날 수 있을지에 대한 의문이다. 앞에서도 많은 정책 효과를 예시했지만, 이를 금전적으로 평가하기는 쉽지 않을 것이다. 청년 세대에게 투자하게 될 17조 원 전후의 자금투입은 적어도 우리 청년 세대의 전반적인 능력·경쟁력을 키우는 원동력이 될 것이다. 당장, 중소·중견·사회적 기업 1만여 개 사에 파견되어서 스마트화 진전이 이루어지고 수출 등에 기여하게 된다면 고스란히 투자가 회수될 수 있을 것이다. 가령, 1개 기업에서 1억 원의 수출 창출이 일어난다면 연간 적어도 1조 원의 효과는 예기할 수 있다. 문제는 돈으로 계산할 수 없는 암묵적인 효과가 될 것이다. 한편, 베이비부머의 차출의 경우 12~15조 원까지 든다고 하더라도 그 효과는 바로 나타날 것이다. 결국 29~32조 원을 투입한다고 치고, 투자승수를 3~4배로 가정한다면 적어도 100조 원 정도의 성과가 기대되는 것이다. 보다 더 큰 성과는 사회적 안정성의 확보이다.

한편, 앞에서 거론했듯이 사회 진입 세대인 청년이 사회공공서비스가 정착되어서 이 프로그램에 참여하게 되면 남녀를 불문하고 청년들은 1억 원 정도의 목돈을 거의 저리로 조달할 수 있을 때의 효과이다. 부모 세대는 후속 세대가 가족 자산을 훼손할까 걱정해서 현실적으로는 자가 주택의 조기증여가 어려울 수도 있다. 그런 차원에서 지분증여를 통해서 주택을 쉽게 처분하지 못하게 할 수도 있다. 물론 부모 세대가 좀 여유가 된다면 자가를 조기증여할 수도 있을 것이다. 이로써 문제가 되고 있는 주택대란·전세대란은 상당한 정도 해소되고 안정화될 소지가 있다. 은퇴 세대에게 자가의 다음 세대 이전이 상당한 정도 보장되기 때문이다.

KB의 2020년 11월 통계[9]에 의하면 전국의 주택거래 가격 평균치가 3억 원을 넘었다고 한다. 이를 기반으로 앞에서 거론한 모델을 좀 더 가시화시켜보자. 현실적으로 부모가 3~5억 원 상당의 주택을 보유하고 있다고 치자. 이를 청년 1인에 국한시켜보는 것이다. 청년의 사회공공서비스를 마치게 되는 경우 적어도 5천만 원 이상의 목돈을 가지게 된다. 청년 세대에게 저당권을 활용할 수 있는 능력도 생긴다. 금융기관에서 청년 세대에게 5천만 원 정도의 자금을 장기저리로 제공할 수 있게 된다고 치자. 여기에다가 베이비부머 세대들이 은퇴자금 가운데, 증여면세 기준인 5천만 원 정도의 조기증여를 하게 한다고 치자. 사회진출 청년 세대는 사회정착자금 5천만 원, 증여 5천만 원, 그리고 금융기관의 장기저리 5천만 원 등 가족 형편에 따라서 1~1.5억 원 정도의 목돈을 운용할 수 있는 여건이 된다. 여성도 마찬가지로 사회공공서비스에 참여했다면, 1~1.5억 원 정도의 자금을 운용할수 있게 된다.

이런 청년들이 결혼하게 된다면, 양쪽 합치면, 최저 2억 원에서 최고 3억 원 정도의 목돈을 손에 쥐게 된다. 이를 정부가 제도적으로 설계하고 제시해 준다 치자. 그렇게 된다면 은퇴 세대의 후속 세대로서 주택·주거자산 상속을 보다 순조롭게 이룰 수 있게 된다. 소위 〈자가전세입주제도〉를 활용한다면 갭투자 개념을 원용해 수도권에서까지도 확장이 가능하게 된다. 이러한 관점에서 앞에서 설계하고 제시했던 “생산적 복지”에 기초한 연령별 정책 도입이 필요한 이유다. 인구절벽도 상당한 정도 해소될

9 2020년 11월 인터넷서치에 근거

여지가 충분히 생기는 것이 아닐까? 탁상공론에 불과할 수도 있다. 하지만 아이디어를 갖고 적극적으로 중지를 모아야 하고 모을 수 있는 것이다. 세대 간 금전적 갈등 또한 해소시킬 여력이 충분히 생기게 될 것이다.

이것이 제도화로 정착해서 유효하게 된다면, 사회적 기업의 활성화뿐 아니라 현장 밀착형 중소·중견기업 규모 확장 모색과 농가 소득 제고도 기대할 수 있을 것이다. 점진적으로 결혼 유도도 가능할 것이다. 인구절벽의 해소도 추구할 수 있지 않을까 한다. 우리가 지향해야 할 국가발전 목표는 궁극적으로 우리 국민에게는 "내가 살고 싶은 대한민국"을, 외국인에 대해서는 "내가 살아보고 싶은 대한민국"을 만드는 것이다. 동네 미관 제고 등에 의해서 자연스럽게 관광 진흥으로도 연결될 수 있을 것이다.

기본소득 제도와의 차별성

Post-국민국가 시대에 대비한 기본소득제가 진지하게 검토되고 있다. 재산, 소득, 고용 여부와 관계 없이 모든 국민에게 최소생활비를 일률적으로 지급하는 것이다. 국민국가 시대에는 상상도 못 할 일이다. 그만큼 부의 불공평의 문제가 심각해지고 쟁점화되고 있기 때문이다. 문제는 기술의 발달로 노동의 역할이 약화됨으로써 노동 소득만으로는 생계 유지가 점점 어려워질 것으로 예측하기 때문일 것이다.

일부 국가에서 시도도 있었다. 2015년 핀란드가, 2016년 스위스가 각각 설문조사를 통해서 기본소득제 도입을 추진한 바 있었다. 재미있게도 스위스에서는 부결된 반면, 판란드에서는 찬성으로 여론이 나왔다. 핀란드는 시범사업 실시를 진행시켰다고 한다. 이외에도 프랑스, 네덜란드, 캐나다 등이 제도 도입을 검토하고 있는 것으로 알려지고 있다.

결국 해당 "최소의무 최저보장 제도"가 기본소득제의 아류가 아니냐는 논란을 불러일으킬 소지가 있다. 결코 아니다. 국내 일부 정치인은 신생아 출산 시 기본자산을 주자는 주장도 하고 있다. 필자가 주장하는 정책은 기왕에 있는 국민개병제를 보다 전향적으로 적용해 독특한 전략적 자산으로 활용하고, 청년 세대에게 사회진입 시 조직생활의 기회를 부여하면서 사회정착자금을 주자는 반대급부형 정책이라는 점에서 엄청난 차이가 있다.

또한 은퇴 세대에게 사회적인 압력에 의해서 처음으로 "어른"의 역할을 제도화하고자 하는 것이다. 앞에서도 거론했지만 인간은 이기적이다. 나태하다. 조건에 따른 기회 부여와 혜택을 주는 경우 더욱더 떳떳해질 수 있다는 점에서 자부심, 자긍심을 심어줄 수 있다. 그 측면에서 훨씬 더 진전되고, 성숙한 제도가 될 수 있다.

보다 중요한 것은 궁극적으로 청년층의 남녀를 불문하고 사회진출 시 적어도 다양한 사회조직의 경험 자산을 쌓아 주자는 것이다. 특히 그 과정에서 무늬만 있는 자격증이 아니라 현장에서 쓸모 있게 될 실질적인 자격증을 몸에 익히게 할 수 있을 것이다. 베이비부머가 이를 주창하고 성사시키자는 것이다.

2장과 3장에서는 왜 최소의무 최저보장제가 필요한지에 대해 좀 더 구체적으로 기술하고자 한다. 우리에게 주어진 대내환경과 대외환경을 중점적으로 살펴보고자 한다.

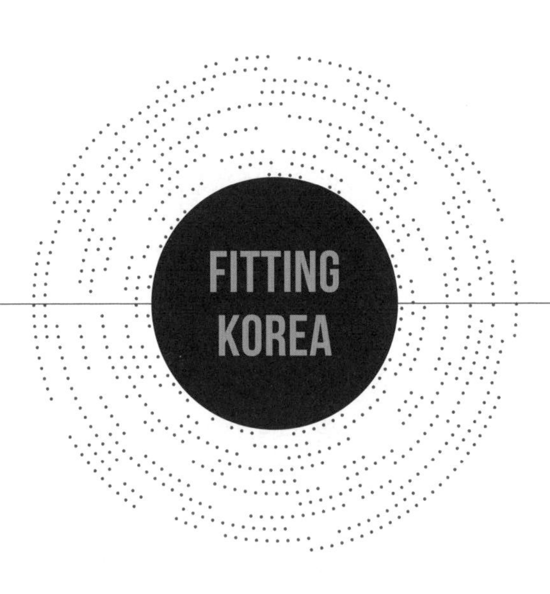
FITTING
KOREA

한국경제의 미래는 전략 자산으로 넘는다

우리에게 주어진 대내환경

1_ 한국경제의 난제
2_ 우리의 전략 자산
3_ 베이비부머 세대의 세대 자산 이전 필요성

최근 10여 년간 언론이나 지식인은 하루가 멀다 하고 국가위기를 거론했다. 인구절벽, 청년실업, 국가경쟁력 상실 등. 기본적으로 10여 년간 경제가 정체하고 있기 때문이다. 또한, 2008년 세계금융위기 발생과 이를 극복하는 과정에서 생겨난 문제가 심각하다고들 난리법석이다. 그럼에도 불구하고 경제는 수치상으로는 발전해 왔다. 아이러니다. 결국 기업 성과의 양극화로 설명할 수 있을 것이다.

일부 우리 기업이 세계적 기업으로 일취월장하고 있다. 반면에 새로운 세계적 추세에 따라가지 못하고 있는 기업들은 역주행하고 있는 것 아닐까? 전체 성장률도 3% 이하다. 이러한 이유는 우선, 경제규모가 커졌기 때문이다. 인당 소득 3만 달러를 넘어선 현재, 성장률이 3% 이하로 움직이는 것은 경제발전사적인 관점에서 자연스러운 현상이다. 결국 받아들여야 한다. 중장기적으로 대대적 구조조정이 이루어져야 한다. 그것이 이루어지지 않음으로써, 사회문제로 번지고 있다. 잘나가는 기업과 좀비기업이 병존하고 있는 것이다.

청년일자리가 없어서, 청년실업 100만 명 시대다. 정부 통계치로는 청년실업자 숫자가 50만 명 이하다. 언론보도의 분석과는 격차가 있다. 또한 세대 간 공감·교감의 부족에 따른 세대 연결도 문제다. 저출산, 연금고갈 등 또한 큰 과제이다. 중소·중견기업 등 독립적 기업이 많지 않다. 왜 중견기업에 찬스가 안 생길까? 독자적인 중소·중견·사회적 기업이란 우리나라 풍토에서는 생각할 수 없는 것인가? 더 중요한 것의 하나가 세계제품 공급 사이클에서 과연 계속해서 살아남을 수 있느냐는 것이다. 현재의 대책으로는 쉽지 않을 것 같다. 아직도 많은 기업들이 국민국가 시대의 행태를 지속하고 있기 때문이다. 지금부터는 가지 않던 길을 추구해야 할지도 모른다.

더욱 심각한 것이 인구구조에 큰 문제가 생겨버렸다는 점이다. 농촌 고령화에 의한 농수산물 보급 사이클이 단절될 위기이다. 이는 농촌인력 문제다. 하지만 현재 농산품을 수입에 의존하기는 어려운 상태가 아닐까? 이러한 점은 식량안보와 직결되기 때문이다.

어느 사회나, 사회 주도 세대는 40~55세다. 이들의 생각과 실천이 중요하다. 우리나라의 경우, 여기까지 오는 데는 산업화 시기와 민주화 시기에 정치적 세력으로서 군부와 관료를 중심으로한 산업화 세력, 586운동권 중심의 민주화 세력이 조직화되어 나름대로 역할을 해왔기 때문이다. 산업화 세대는 어쨌든 인당 소득 3만 달러를 이룩해냈다. 지금은 본무대에서 급격히 퇴장하고 있다. 그중에서도 산업화 세대의 후반기인 베이비부머가 은퇴하고 있다.

지난 10여 년간은 여야를 막론하고 과거 "운동권"에 몸담았던 인사들이 정치의 핵에 섰다. 하지만 정치적 세력으로서의 민주화 세대의 유효성은 끝나가고 있다. 더 이상 시대정신을 반영하지 못하고 있다. 지금은 새롭게 조직화된 주도세력의 순환과 변화가 필요하다. 교육이 새로운 세력의 형성을 자발적으로 일어나게 할 수 있었어야 했는데, 그 역할을 할 수 없게 되어버렸다. 가능하도록 했어야 했는데 실패했다. 산업화 시대 때 교육자를 중시하지 못했던 것에 고스란히 사회가 앙갚음 당하고 있다. 결국 현대화, 국민국가 이후의 시대정신 발굴과 그에 따른 국가발전의 방향 정립이 미비하기 때문일 것이다.

한국경제의 난제

한국경제의 현주소

경제성장률이 왜 이렇게 정체하고 있을까? 당장 핵심 산업이었던 중화학공업 쇠퇴에 따른 구조조정 압력 증가 때문이다. 그 핵심에는 중국이 전통산업에서 약진함에 따른 영향도 있을 것이다. 일자리의 대폭 감소도 나타난다. 조세 기반도, 재정 사정도 악화되기 시작하였다. 적자 재정이 시작되었다. 세수 감소에 따라 구조조정도 필요하다. 제조업은 2009년부터 이미 조선과 기계 산업이 문제점에 직면하였다. 생산 인구 감소와 일부 노후화된 인프라 등으로 성장 동력이 약화되고 있다.

한때 혁신추진위원으로 경제자문을 했던 경상남도를 보면 더욱더 쉽게 다가온다. 우리 경제의 판박이인 경남의 산업구조를 보면, 문제의 심각성이 더해진다. 2017년을 기준으로 산업구조는 1차 산업 4%, 2차 산업 53%, 3차 산업 44% 비중이다. 제조업 중심의 2차 산업 위주다. 제조업 비중이 전국 평균 대비 15%나 높다. 제조업 종사자 수는 43만 명으로 33% 비중이다. 미래 산업으로 선정한 분야도 온통 제조업 위주다. 항공, 지능형 생산기계, 기계소재부품, 풍력부품, 항노화바이오 산업이 주축 산업으로 선정되었다. 경상남도가 이들 분야에 자원을 집중한다는 뜻이다. 과연 가능할까? 협력사업으로 조선해양플랜트 산업, 나노융합소재 산업, 차량부품 산업 등이 선정되었다. 이 역시 제조업 위주의 산업구조 중시이다. 모든 중화학공업 위주의 제조업을 지속하겠다는 의미다. 타성에 젖어서 그런 것이다. 현실적으로 현장에서는 조선·금속·자동차 등 경남 주력 산업이 쇠퇴하고 있는데도 이러한 모습이다.

과거의 성공에 도취해 모든 분야에서 해낼 수 있다는 정신이 과한 것은 아닌지? 지금은 비교우위에 입각한 전문화 시대다. 이를 활용해야 한다. 전통 산업화가 전 세계적으로 이미 포화상태다. 중국이 발전국가로 이행하고 난 현재는 더더욱 그렇다. 우리도 비교우위를 고려해 입지 선정을 잘해야 한다. 중국제조업 발전은 미국마저도 신경을 곤두세우고 있다. 신산업도 규모의 경제, 물량 집중 투입, 실행 인력의 충분한 공급이 핵심이 될 것이다. 신산업의 모든 분야에서 전략적 육성이 가능할지? 선택과 집중이나 협업을 뛰어넘는 모델을 구축할 수 있을지에 대한 우려가 있다. 뼈를 깎는 구조조정산업 및 인력 재배치과 함께 선택과 집중이 필요할 수밖에 없다. 전통적 산업화의 완결에 따른 불가피한 대세이다.

한 가지 대안으로 업계를 수직적으로 분할하여, 개별산업별 정책을 펼칠 것이 아니라, 수평적으로 기능이 같은 유사 분야를 연계해 발전시키는 방안을 제안한 적이 있다. 가령, 자동차의 엔진 부분과, 항공기, 선박까지를 포함한 엔진 산업 부분을 포괄적으로 뭉뚱그려서 엔진 산업만 특화 발전시키자는 것이었다. 전혀 반응이 없었다. 업계 인사들은 아직도 동일 업종 내의 수직적인 사고에 젖어 있는 것 같았다. 안타까웠다. 융합이 필요한 것이 아닐까?

전통 산업화는 더 이상 국가의 과제가 될 수 없다. 오히려 각 국가의 기본 부존자원화된 추세이다. 새로이 제조업에 뛰어들거나, 선불리 지원하는 것은 상대적으로 위험이 크게 내포되어 있다. 국제적으로 본다면 우리나라는 이미 제조업 기반설비가 잘 마련되어 있어 상대적으로 우위에 있다. 그 때문에 세계금융위기에도 이를 극복하고 인당 소득 3만 달러를 달성했는지도 모른다. 문제는 앞으로 4차 산업혁명의 파고로 "규모의 경제"의 규모가 플랫폼 경제와 연계되고, 중국의 제조업 발전에 따라서 더욱더 커질 것이라는 점이다. 이것이 과제다. 특히 이웃인 중국의 과잉 제조업 설비가 문제시되고 있다. 철강의 경우, 중국이 전 세계 공급의 절반 이상을 생산하고 있을 정도이다. 하지만 중국 국내수요는 크게 미치지 못하고 있다. 이러한 상황에 우리 철강 산업도 영향을 받고 있다. 중국 제조업은 우리의 숙명이고 극복해야 할 과제이다. 결국 선진화된 제조업의 구축이 답이 될 수 있을 것이다.

우리 경제발전의 비정통적 해석

우리가 인당 소득 3만 달러를 달성한지도 몇 년이 지났다. 거의 기적에 가깝다. 이에 대해서는 수출 주도형 전략, 교육 집중 투자 등 교과서적인 해석이 있어 왔다. 이는 최소 필요조건이었지 충분조건은 아니었다. 우리나라는 기획재정부와 외교통상부의 주도로 개도국 정부 유관인사들에 대해서 소위 지식공유사업KSP: Knowledge Sharing Program 프로젝트를 수행하고 있다. 우리쪽 강사들은 상당수가 공직에서 은퇴한 산업화 전·후반기 세대들이다. 이들은 수출 주도형 전략, 교육 집중 투자를 강조하고 있다. 자신들의 경험을 전수하는 것이다. 맞는 말이기는 하다. 하지만 시대가 바뀌었다. 세계적 대전환기다. 특히 대학교에서 개도국 학생들을 초청해 이를 강조하는 것을 볼 때마다 내심 우려된다. 이것이 지금도 일반화될 수 있을까? 시대가 바뀌고 있는데도 말이다. 우리도 제조업의 과잉 설비 문제에서 자유로울 수 없다.

한국이 제조업 세계 5위 국가로 성공한 것은 엄청난 성과다. 사실 경공업화에는 비교적 쉽게 성공할 수 있다. 하지만 중화학공업까지 성공한 경우는 2차 대전 이후 경제발전사만 보더라도 흔치 않다. 우리 발전을 비정통적이지만 직관적으로 재해석한다면 다음과 같다.

경제의 도약단계인 1960년대 초부터, 서구미국 중심의 분업구조 속으로 시의적절1960~2008년하게 편입되었다. 타이밍의 문제다. 세계 제조업 생산사슬Global Value Chain의 일원으로 자리 잡았다. 초기에는 정부 역할이 중요하였다. 경제발전에 여간해서는 도약이라는 것은 없다. 하나의 가설은 일본 하청업체론이다. 국민정서나 현재의 집권 세력인 586 민주화 세력에게는 심정적으로는 받아들이기가 쉽지 않을 것이다. 특히 베이비부머 이후 세대에게는 더욱 그럴 것이다. 하지만 냉철하게 판단해 볼 필요가 있다. 2차 세계대전 종전 이후 미국은 아시아 전략에서 일본을 가장 중요한 안보파트너로 삼았다. 일본에 대해 경제적 지원을 아끼지 않았다. 산업화도 적극 지원하였다. 안보기지 활용 및 경제지원의 주고받기였다.

일본은 자체만으로 미국의 막대한 수요를 감당할 수 없었다. 자연스럽게 상당 부분을 아시아의 4마리 용, 한국, 대만, 홍콩, 싱가포르에 하청을 주었다. 일본의 식민지였거나, 2차 세계대전 당시 피점령지였다. 이들은 자연스럽게 하청업체의 역할을 할 수 있었다. 결국 우리의 산업화 초기 단계에서는 일본을 중심으로 한 선진국 업체들의 하청업체로서 어렵지 않게 제조업 발전 기반을 구축하였다. 주로 경공업 분야에서였다. 그 과정에서 산업화를 위한 초기자본을 어느 정도 축적하기 시작하였다. 적어도 인당 소득 1천 달러 달성인 1977년까지는 그것이 주효하였다. 즉 1970년대 중반까지 유효하였다. 이때가 마치 비행기가 이륙할 때처럼 우리 경제의 도약기였다. 힘도 들고, 국민적 에너지 소모도 막대하였다.

한편, 어떻게 규모의 경제가 관건인 중화학공업화에서까지 비교적 성공할 수 있었느냐는 의문이 생긴다. 핵심 산업인 화학, 조선, 자동차, 전자 등이 그렇다. 두 번째 중요한 가설이 남북한 대치론이다. 남북한이 대치함에 따라 정부의 중화학공업 분야의 집중 지원이 가능하였다. 실제로 1973년 중화학공업화 정책의 시작도 정치적으로는 북한을 이기기 위한 안보적 관점에서 출발하였다. 물론 경제발전의 단계를 올리는 것도 중요한 목적이었을 것이다.

1970년대의 베이비부머들에게는 항상 북한의 남침 위협에 시달렸다. 어느 날 가족들이 둘러앉은 자리에서 가장이시던 큰 형님이 "그래도 우린 오래 살았지만…" 하면서 말끄트머리를 흐렸다. 당시 큰형님의 나이가 기껏 마흔도 안 되었던 때였다. 북한의 인당 소득이 남한보다 높았다. 북한이 무장공비를 집단적으로 파견한 것이 1970년대 중반까지였다. 중화학공업화 수행의 대상을 보면 대부분이 군수산업과 관련 있는 분야이다. 이 분야 산업의 정책적 지원은 안보라는 신성불가침한 영역이었다. 중화학공업화 정책은 막대한 재정이 뒷받침되어야 가능하였다. 하지만 앞날이 밝지만은 않았다. 수요에 대한 고려가 미비했기 때문이었다. 경공업의 하청관계나 OEM 체제가 아니었던 것이다. 우리 자체의 수요 창출도 방위 산업만으로는 충분치 않았다. 결국 1980년대 초 중화학공업합리화 조치가 뒤따랐다. 참담한 실패였다. 이 실패는 업계가 비로소 비즈니스 성패의 실상을 처음으로 깨우친 계기가 되었을 것이다. 40년 전이었다. 운 좋게도 중국의 시장경제권 편입이 있었다. 산업화 초반기에 있던 중국으로의 판로 개척이 가능했다. 이는 결국 조선 등 우리의 중화학공업이 체계화되는 데 일조하였다.

시대적 배경도 한몫했다. 우리가 경제개발 5개년 계획에 몰두하고 있을 당시, 중국은 무모한 대약진운동1958~1961년에 이어서 문화대혁명1966~1976년에 시간을 허비했다. 그러했기에 우리에게 기회가 훨씬 컸다. 우리가 경제도약을 하던 인당 소득 1천 달러 달성의 1977년에는 중국이 아직 본격적인 발전에 나서지 못했다. 물론 중국이 1978년 개혁·개방에 나섰지만 정책이 실제로 중국 전역으로 퍼져서 밑바닥까지 먹히기 시작한 것은 10여 년이 지난 1992년부터였다. 그만큼 큰 나라이기 때문이다. 새로운 생각이 밑바닥 계층까지 미치는 데는 10년 이상의 긴 시간이 걸렸던 것이다. 1990년대 초 대사관 근무 때까지만 해도 협상에 나온 중국 관료들은 메모를 읽어 내려가는 데 그치고 있었다. 개인 의견이 전혀 없었다. 경직 그 자체였다.

그 당시는 전 세계적 관점에서 전통 산업화의 완성과는 한참 떨어져 있었다. 1970년대에는 인당 소득 1만 달러를 넘어서는 국민국가가 미국

외에는 전무하였다. 그만큼 공급이 중요했다. 결과적으로 세계 추세 편승과 우리 국민의 대북한 억지 능력 강화 노력, 중국의 발전국가 참여 지연 등이 현재의 종합적, 세계 5위 수준의 전방위적 제조업 설비를 구축하게 된 계기가 되었다. 이는 경제발전 역사상 전쟁이나 식민지화 과정을 거치지 않고 이룩한 대단한 성과이다.

지금 우리나라는 중국의 발전국가로의 복귀에 대한 인식이 아직도 좀 부족하다고 느껴진다. 평균적으로 중국이 우리보다 못사는 것으로만 인식하고 있다. 특히 언론보도에 의존하거나 서구문물에 경사된 인사들의 경향이 좀 더 그런 것 같다. 또한 산업화 세대에게도 그러한 인식이 강한 것 같다. 하지만 보수적으로 추정해도 중국 최고 부유층의 생활은 우리의 생각과 판연히 다르다. 우리 인구에 해당하는 5천만 명의 최고소득계층은 인당 소득이 7만 달러는 훨씬 넘을 것이다. 미국의 현재 인당 소득을 넘어서는 수준이다. 지난 1978년 이후 40년간 생산력을 급격히 올려 세운 결과이다.

지금은 전통적 산업에서 세계적 공급초과로 넘어갔다. 세계경제는 수요 주도 시대로 이행 중이다. 수요, 공급의 비즈니스 사이클 측면에서 수요가 다시 중핵으로 대두되고 있다. 이는 전 세계적인 기준에서 보았을 때, 전통 산업화가 완결된데다 세계화의 급격한 진전으로 필요한 물건을 어디에서든 조달할 수 있게 되었기 때문이다. 결국 다시 수요가 중시되고 있다. 이를 인식해야 한다. 특기할 만한 것은 관광이 신수요의 중요한 분야라고 평가된다. 아직 완전히 발굴되지 않은, 잠재적으로 확충 가능한 분야다. 우리도 인당 소득 3만 달러를 넘어서서 더욱 그렇다. 그 차원에서 우리 주위의 생활 환경을 개선하고 더 나은 미관·경관을 구축해야 하지 않을까 한다.

세대교감의 부족, 인구절벽

인구 문제도 핵심 정책과제로 떠오르고 있다. 1970년대 시행하던 "둘만 낳아 잘키우자"라는 인구·출산 계획은 자연적으로 소멸되었다. 베이비부머 세대들은 2자녀 이상을 갖지 않게 되었다. 그 이후에는 오히려 출산 기피로 이어졌다. 지금은 합계 출산율이 1을 밑돌고 있다. OECD 국가 중 최하위다. 베이비부머들은 자식 결혼이 큰 문제다. 도대체 결혼해서 집을 떠날 기미가 없다. 일부 베이비부머들은 엄마 쪽에서 "결혼 기피"를 부추기고 있기도 하다. 산업화 전반기 세대에 의한 시집 생활에 진저리를 내는 세대도 있다. 가사독박에 대한 트라우마다. 결국 출산 장려는 어렵고도 복합적인 문제다.

통계청 자료에 의거해 우리의 연도별, 연령별 인구를 추정해 보자. 인간의 생애주기와 연계시킨 것이다. 미성년기0~19세는 주로 공공교육 등, 학교에서 사회진출을 준비하는 기간이다. 2020년 기준, 879만 명 수준인데, 2046~50년의 평균은 615만 명으로, 264만 명이 줄어들 것으로 예상되고 있다. 인구절벽의 심각성을 금세 읽을 수 있다. 청·장년기20~34세는 대학 과정 등을 거치고 취업을 준비하는 기간이며, 2020년 기준 1,029만 명으로 집계되고 있다. 하지만 2046~2050년에는 516만 명 수준이다. 513만 명이 줄어든다. 반으로 급감하게 된다. 이게 바로 극도의 문제가 되는 인구절벽이다. 심각한 문제다. 다음은 진로 조정기35~39세인데, 취업에 적응하지 못하거나, 새로운 창업 등을 시작할 수 있는 시기다. 2020년 기준 388만 명이다. 2046~2050년에는 232만 명으로 156만 명이 줄어든다. 다음이 인생의 전성기40~55세로 어느 국가나 사회 주축 세력이다. 2020년 기준 1,264만 명인데, 2046~2050년에는 896만 명 수준으로 줄어든다. 367만 명이 줄어들게 될 것이다.

다음이 은퇴 준비기로, 나이로는 55~59세이며 은퇴 후 생활에 대해서 여러 가지를 모색할 수 있을 것이다. 현재 424만 명이다. 2046~2050년에는 356만 명 수준으로 68만 명이 줄어든다. 마지막으로 은퇴 이후 세대는 두 단계로 나누고자 한다. 60~74세는 제2취업기다. 소일거리 등을 추구할 가능성이 높다. 현재의 846만 명 수준에서 1,127만 명으로, 281만 명 늘어난다. 고령화 진전의 결과이다. 마지막으로 75세 이후 완전 은퇴기이다. 현재 535만 명 수준에서 2046~2050년에는 1,812만 명으로 무려 1,277만 명 늘어난다. 엄청난 수적 증가이다. 이것이 연금제도 위기의 핵심이다.

2021년 현재, 20~34세인 청·장년기의 청년실업자가 100만 명을 넘는 것으로 판단된다. 동년배 세대에서 10% 이상일 것이다. 이러한 실업자들이 문제다. 사회조직 생활경험이나 4차 산업혁명에 살아남을 새로운 기술을 몸에 익히는 것 없이 사회에서 퇴장할 수도 있다. 그대로 버려둔다면 아찔해진다. 장래 젊은 세대에게 큰 짐이다. 일본의 경우, 과거 사회적 은둔자히키코모리가 수백만 명[10]에 이르고 있다는 보도를 본 적이 있다. 1990년 이후 장기침체의 후유증이다. 우리는 단연코 이를 회피해

10 약 160만~300만 명으로 추정

야 한다. 그래야만 일본의 인당 소득을 뛰어넘을 수 있다. 극일 할 수 있는 것이다. 그것이 일본 콤플렉스를 극복하는 지름길이다.

또한 완전 은퇴기 인구가 급격하게 늘어나게 된다. 이들이 자생적으로 살아갈 수 없다면, 젊은 세대에 대한 커다란 부담이다. 이것이 세대 불화의 근본적인 이유이다. 삶의 질도 급격히 악화될 것이다. 사회문제를 야기할 가능성도 크다. 청년실업과 은퇴자에 대한 뚜렷한 해결책이 없다. 현재 기초소득, 청년실업수당, 창업지원금, 귀촌장려금 지급 등을 펼치고 있다. 단순히 돈을 쥐여주는 것이다. 재원을 마련해야 할 정부도, 돈을 받고만 있는 수혜층도 두 쪽 다 마음이 편치만은 않을 것이다. 결국 고기 잡는 법을 가르치는 방향이 필요하다.

한편, 절대인구의 감소로 인해 우리나라의 병역자원 수급에도 구멍이 뻥 뚫리게 된다. 2019년 말 현재, 만 20세 도달 인구수는 남자 31만 명, 여자 29만 명 등 총 60만 명이었다. 우리의 현재 병력 규모는, 병사 38만

〈표〉 연령대별 인구구성 변화추이

(단위: 천 명)

연령	생애주기	2020	21~25	26~30	31~35	36~40	41~45	46~50
0~19세	미성년기	8,788	8,096	7,456	6,911	6,513	6,442	6,148
20~34세	청·장년기	10,291	9,956	8,790	7,511	6,597	5,833	5,159
35~39세	진로 조정기	3,884	3,454	3,531	3,601	2,958	2,338	2,324
40~54세	전성기	12,635	12,507	11,497	11,030	10,628	10,143	8,963
55~59세	은퇴 준비기	4,243	4,189	4,455	4,002	4,023	3,477	3,563
60~74세	제2취업기	8,464	9,759	11,389	12,412	12,257	12,160	11,269
75세~	완전 은퇴기	5,349	6,147	7,542	9,697	12,786	15,768	18,121
총		51,781	51,866	51,933	51,782	51,206	50,128	48,522

* 자료: KOSIS 검색

명, 간부 20만 명 등 총 58만 명이다. 아직은 병사충원에 큰 문제는 없다고 본다. 문제는 미래 세대이다. 지금도 공익요원이나 특례자를 뺀다면 병역 대상자의 여유는 상당히 줄어든다. 현 체제라면 조만간 거의 예외 없이 전 남자가 병역의무에 참여해야 한다. 2022년에는 남자 26만 명, 여자 24만 명으로 50만 명 이하로 떨어진다. 바로 1년 뒤의 일이다. 2025년에는 또 40만 명 초반대로 대상 인력이 줄어든다. 결국 군대도 인력 개편이라는 구조조정에서의 성역이 될 수 없게 된다. 정부는 대안으로 기간 단축과 병사 규모의 축소를 생각하는 것 같다. "국방인력구조설계안"에 따르면, 2024년까지 병사 30만 명, 간부 20만 명, 총 50만 명 규모로 8만 명을 줄인다고 한다. 병력 축소 및 여성 인력 징집 개방 등이 대안으로 거론되고 있다. 선제적 정책 대상의 큰 과제임에 틀림 없다. 그런데 징병 대상자의 학력이 동년배 70% 대학생 시대다. 단순 업무가 주 업무가 될 병사의 직분을 하기에는 대부분이 과잉 학력이다. 이 부분도 고민이다. 병사의 규모를 최소화하고 적어도 부사관으로 대체, 전군이 초급간부화체제로 이전해야 맞을 것이다.

학교도 마찬가지다. 2020년 대학 입학 정원과 대학 입학 희망자의 인원 숫자가 역전되었다. 물론 외국인 유학생으로 학생 수를 일부 보충하고는 있다. 하지만 코로나19 팬데믹 사태 발생 이후 유학생의 유입이 급감하면서 문제는 더욱 심각해지고 있다. 대학 설비가 급격히 유휴화되고 있을 것으로 예상되고 있다. 이미 대학들은 구조조정을 진행하고 있다. 쉽지 않은 문제이다. 10년 이내에 아주 심각한 위기가 도래할 것으로 판단되고 있다.

농촌인구의 소멸과 먹거리 문제

지리산 자락 구례군의 경우, 우리나라 농촌의 전형적인 현상을 그대로 보여주고 있다. 절대인구의 감소다. 20년 전만 해도 구례는 인구가 3.4만 명이었다. 하지만 2010년 2.7만 명, 2020년 2.6만 명으로 줄어들고 있다. 20년 만에 8천 명이 줄었다. 1/4이 줄어든 것이다. 그 이유는 낮아진 신생아 출산과 자연 사망, 또는 외부로의 유출이 있을 것이다.

더 심각한 것은 인구구조의 악화다. 남아 있는 인구군의 급격한 고령화다. 구례군 전체로 본다면, 61세 이상이 2021년 현재, 42%를 차지한다. 농촌 지역만의 경우는 49%로 훨씬 더 올라간다. 2000년의 경우, 이것은 각각 22%와 27%였다. 문제의 심각성을 금세 알 수 있다. 지금의 고령화된 인구가 10년, 20년 후에 과연 어느 인구로 대체될 수 있을까? 고령화 세대들이 아직도 상당수 농업에 종사하고 있다. 이들이 퇴장한다면 우리의 먹거리는? 일부는 다문화 가정에 의해서 이어질 것이다. 구례에서는 국산 라임이 생산되고 있다. 구례로 시집 온 필리핀 신부의 라임 재배술을 통해 라임을 재배하고 이를 판매하기 때문이다.

논두렁에 나가 보면, 현재 농업에 종사하고 있는 연령대가 61세에서 85세까지 정도인 것 같다. 우리의 분류상 제2취업기에 있는 은퇴 이후 세대와 완전 은퇴기 세대들이다. 이들은 한 세대인 30년 후면 현장에서 사라질 것이다. 누가 농업을 이어갈 수 있을지 막막하다. 먹거리를 수입에 의존하거나, 기업농으로 가야 할 것으로 보인다.

청년들이 농촌으로 돌아오는 것은 추세상 쉽지 않다. 영농 후계자 양성부터 상당 기간 정부가 노력했지만, 결실은 크게 없다. 세계적인 공간적 발전의 추세도 계속 도시화이다. 어쩌면 거대도시국가들로 쪼개질 수도 있다. 세계가 더 도시화되는데, 그 도시화에 우리도 활기찬 청년이 투입되어야 한다. 그렇다면 자연히 도시는 청·장년에게 비워[11]주고, 농촌은 은퇴 후 세대들이 채워주어야 하는 것이 아닐까? 청년을 농촌으로 불러들이는 것보다, 55세 이후 은퇴 세대를 활용하는 것이 더 현실적일 수 있다. 인생 2모작을 살게 되는 이들, 특히 남성들을 불러모을 수 있어야 한다. 정책 실효성 측면에서도 그렇다. 은퇴기에 있는 베이비부머들을 소환할 수밖에 없다. 반이상이 "이촌향도 세대"인 베이비부머 산업화 후반기 세대를 다시 소환하는 것이다. 낀 세대이지만, 인생의 마지막 역할을 제도적으로 정립해 주자는 것이다.

베이비부머들은 그래도, 농촌 상황을 이해할 수 있는 세대이다. 55세 이상 인구의 상당수가 40~50년 전 도시로 이주했던 인구들로 이들은 농업을 친숙하게 생각할 가능성이 남아 있다. 이들을 다시 귀농·귀어시켜 활용할 수 있는 방안은 없을까? 베이비부머 이후 세대는 농업에는 전혀 관심이 없을 것이다. 뭔가 세대교감공감에 의한 세대 간 연결이 필요한 상황이다.

꼭 이촌향도 세대가 아니라도 일부 은퇴 세대는 농업에 관심이 있을 것이다. 탈도시화에 주목하는 은퇴 세대들이 상당할 것이다. 외지에서 농촌으로 돌아오게 하자면 농촌 지역 생활 여건을 획기적으로 개선해 주어야 한다. 주거환경 개선, 의료시설 확충 등이 가장 커다란 과제가 될 것이다. 이는 폐교 등 공공건물의 활용, 보건소의 정비 및 확충과 연결될

---

11 마강래 교수의 작업, 『베이비부머가 떠나야 모두가 산다』(2020)는 그런 측면에서 의미 있는 작업이다.

수도 있다. 물론 4차 산업혁명 시대의 농업은 단순한 전통적 농업에서 탈피할 수 있다. 일부에서는 1차, 2차, 3차 산업이 복합된 제6차 산업이라고 부르기까지 한다. 이점 또한 새로운 참여자를 부르고 있다.

독립적 중소·중견기업 생태계의 부재

우리의 전반적인 경쟁력을 강화시키기 위해서는 인적 능력을 향상시키는 것이 필요하다고 주장한 바 있다. 단순히 학력만 올리는 것이 아니다. 더 중요한 것은 이들이 근무하는 각종 조직의 경쟁력을 높이는 것이다. 또한 경험 자산을 확충하는 것이다. 핵심은 부가가치를 직접 생산해내는 기업, 그중에서도 대기업, 중소·중견기업, 그리고 사회적 기업의 능력을 제고하는 것이다. 국가발전 및 유지의 핵심은 국가경쟁력을 좌우하는 기업이기 때문이다. 특히, 독립적 중소·중견기업이 그리 많지 않다는데 주목한다. 이들의 능력을 훨씬 더 키워야 한다. 어떻게 가능할까?

우리나라에는 300만 개가 넘는 중소기업체에 1,400만 명이 종사하고 있다. 특히, 대기업과의 관계에서 납품단가 인하, 기술탈취 위험, 인재부족 등의 문제를 겪고 있는 것으로 알려져 있다. 그런데도 우리는 중소기업에 대한 환상이 있다. 첫 번째는 끊임없는 국가적 콤플렉스 대상인 일본의 강점이 중소·중견기업이라는 인식이 깊다. 실제로 일본은 고도성장기에 중소기업체가 눈에 띄게 늘었다. 일본이 잘나가던 1975~1995년 20년간 기업체 수는 170만 사가 신설되어 증가하였다. 그중 150만 사점유비 88.2%가 종업원 10인 미만의 중소기업이었다. 이후 이들 종업원

10인 미만 중소기업은 그대로 유지되어 왔다고 한다. 그러나 지금은 일본도 중소기업의 구조조정에 골머리를 앓고 있다.

벤처기업체에 대한 환상에도 빠져 있다. 중소기업은 혁신의 아이콘으로, 성공하는 벤처기업의 전신이라고 착각하고 있다. 미국제도의 광신 아닐까? 미국경제는 강하다. 왜 그럴까? 미국은 벤처기업이 강하다. 따라서 우리도 벤처기업을 키워야 한다는 3단 논법이 성행하는 것 같다. 이는 꼭 맞지 않다. 미국은 해외 이민 유입이 현재도 지속적으로 이루어지고 있다. 규제가 상대적으로 작다. 미국 국내에서의 창업 희망자도 많다. 하지만 벤처기업의 반수 이상은 결국 도산하고 만다. 국가가 무한정 벤처기업의 발전에만 매달리며 미래를 맡길 수도 없다. 대기업과 중소·중견기업, 사회적 기업과의 조화로운 균형 성장이 필요하다.

우리 중소·중견기업의 태생은 다양하다. 기본적으로 소상공인에서 성장하거나, 대기업의 하청업체, 협력업체, 대기업이 경영하는 계열회사, 기술력을 가진 벤처비즈니스업체, 벤처캐피탈이 투자하는 걸음마 회사, 외국기업의 국제생산네트워크의 협력업체OEM업체, 그리고 지역사회에서 각종 서비스를 제공하는 지역밀착서비스형 중소기업동네 구멍가게, 소상공인 포함으로 구성된다. 대만이나 중국, 일본의 경우, 전통적으로 상업적 의식과 인식이 강하고 중요하게 여겨진다. 그만큼 가족기업 개념이 강하다. 그 영향으로 가족기업의 중심에 중소기업이 있었다. 즉 사회적 문화 차이에 의해서 중소·중견기업은 국가마다 차이가 있다.

우리나라와 중국의 아파트 건설을 보면 재미있는 차이점이 있다. 우리는 시공사가 실내장식까지 완전히 담당해 중소·중견기업을 고용하고 문제를 해결하는 방식이다. 중국의 아파트 건설에서는 시공사는 아파트의 큰 골조만 지어서, 이를 일반에게 분양한다. 실내장식은 집주인이 독자적으로 책임지는 형식이 성행한다. 이 과정에서 집주인은 나름대로 자신의 수요에 따라서 방의 개수를 정하고, 실내의 색깔을 다양화한다. 개성적인 실내장식을 하게 된다. 결과적으로 중소·중견기업이 훨씬 커갈 수 있는 여지가 많다.

한국형의 경우, 대기업이 중소·중견기업과의 협력관계를 통해서 훨씬 더 표준화된 아파트를 제공할 것이다. 기껏 독자적인 분야는 옵션으로 베란다를 키우느냐 정도이다. 분양까지의 기간이 훨씬 오래 걸릴 것이다. 반면에 중국의 경우, 시행사가 겉모양만 만들어 공급하기 때문에 분양 단계가 단순화되고 기간이 짧게 소요될 것이다. 동시에 아파트의 외관을 제외한 내부의 다양성과 개성은 집주인의 선호와 경제적 능력에 따라서 같은 단지 내 아파트라도 완전히 다르게 장식된다. 천차만별의 아파트가 탄생하는 것이다. 일률적일 것이라고 추측하는 사회주의 국가 중국의 실상이다. 한 가지 중요한 사실은 우리나라의 중소·중견기업이 독자적이라기보다는 대기업과의 하부하청 관계가 더 강할 것이라는 사실이다.

사실, 우리의 중소·중견기업이 독자적인 능력이 부족하다는 지적은 끊임없이 있어 왔다. 중요한 것이 대기업체와의 관계 설정이다. 한 중소기업 대표자와의 인터뷰는 충격적이다. 중소·중견기업의 문제점을 적나라하게 알 수 있었다. 중소·중견기업도 시설장치 산업쪽이 문제가 된다. 투자는 과도한데, 혜택은 별로 없다. 이를 극복하기 위해서 유관협회 주도로 소·부·장소재, 부품, 장비 지원 정책을 만들었다. 하지만 수혜자의 대부분이 대기업 자회사들이다. 일반적으로 대기업의 1차 벤더를 보면, 70%

가 대기업 메이커의 로열패밀리 기업체들이다. 2차 벤더의 70%는 1차 벤더의 친인척 패밀리이다. 1차 벤더 30%, 2차 벤더 각각 30%가 기술을 가진 독립적인 업체들이다. 최근에 정부가 지원해 주고 있는 스마트팩토리는 우선 독립적 중소·중견기업을 지원해 주어야 효과가 있을 것이다. 하지만 수혜자들은 거의 대부분이 상기 70%에 해당하는 대기업 관련 업체들이다. 그들이 독식하고 있다.

업계문화도 개선되었으면 하는 바람이다. 자원이 없는 나라, 쇠젓가락으로 콩을 집는 촉수 섬세한 손끝으로 만든 제품을 수출해서 먹고 사는 나라가 바로 우리나라이다. 지금은 하드웨어와 소프트웨어가 콜라보되어야 하는데, 하드웨어는 전부 경시되고, 소프트웨어만 있으면 되는 줄 착각하고 있다. 이것은 업계 어른의 부재와 교육의 문제라고 생각하고 있다. 여기서 어른이란, 정부에 대해서 권위를 갖고 현상을 설명하고 난관을 타개하려는 어른을 말한다. 즉 업계 원로층의 부재이다. 또한 교육이 현장을 제때 반영하지 못하고 있다. 현장에서 중소기업을 운영하는 대표의 피를 토하는 호소를 접할 수 있었다. 충정이 느껴진다.

중소·중견기업이 생존하기 위해서는 생산성 향상이 관건이다. 가장 큰 줄기는, 여성 활약, 최첨단기술의 도입 등이다. 가령, AI, 로봇 활용 등이 필요하다. 사실 첨단기술 도입을 위한 자금이 달린다. 특히 첨단기술을 사더라도 우수 인력 부족으로 활용도가 훨씬 떨어진다. 지금 실시되고 있는 스마트팩토리 프로젝트가 적나라하게 보여준다. 현재 정부지원하에 스마트팩토리 전환 사업이 한창 진행 중이다. 하지만, 이를 운용할 인력을 구하는 것이 하늘의 별따기다. 이를 잘 활용하기 위해서 인력의 질적 개선이 필요하다. 이를 부분적으로는 여성이 메꿔줄 수 있다. 현실은 그렇지 못하다. 중소기업에는 여성이 활약하기 쉽지 않다. 보육시설 등이 태부족일 것이다. 결국 특단의 조치가 요구되고 있다.

한편, 생산성을 결정하는 중요한 기준은 규모다. 기업규모가 크면 클수록 생산성은 높아진다. 또한 국민경제에서 대기업에서 일하는 인구의 비중이 높을수록 생산성이 높은 것으로 나타난다. 중소기업에 종사하는 자의 비율이 높을수록 그 국가의 잠재력을 발현하지 못할 수 있다는 것이다. 하지만 우리는 기업규모를 키우기가 쉽지 않다. 기업 간의 연합, 특히 우호적인 M&A는 참 힘들게 보인다. 여태까지의 M&A는 거의 대부분이 적대적 M&A였다. 기업사냥꾼만 양산한 상태라고 평해도 지나치지 않을 것이다. 결국은 통폐합이나, 다른 형태의 길을 개척해 나가야 한다. 더 이상 중소기업이라는 성역은 없다. 이를 극복하기 위해서는 중소기업의 통폐합이 필요한 상태이다. 중소·중견기업의 통폐합에 청년층의 새피를 수혈시키고, 지역 단위로 은퇴자를 사회공헌프로그램으로 투입, 경쟁력을 올릴 수는 없을까?

또 하나는 수출에서 활로를 개척하는 것이다. 생산성을 올리기 위해 수출이 중요하고 그러한 인재가 필요하다. 그런데 수출은 대기업이나 중견기업이 되어야 가능한 것이다. 중소기업으로서는 엄두도 내기 어렵다. 그 측면에서도 생애주기를 고려해 중소기업에 수혈할 수 있는 인적자원 배치가 필요하다. 여기서 글을 통해 주장한 "사회공공서비스 의무화" 프로그램이 역할을 할 수 있다.

한때, 외국에 나가 있는 많은 1인 대표사무소오피스 통합 운영을 주창했던 적이 있다. 해외에는 우리 국가기관이나, 연구소가 소장 1인 체제의 대표사무소로 많이 운영되고 있다. 출장자 관리 이외에는 이 조직이 어떤 일을 해낼 수 있을까? 사실 어느 조직에나 조직규모의 경제가 있다. 아무리 작은 조직이라도, 10명은 되어야지 하는 소박한 생각이다. 중소·중견·사회적 기업에도 똑같은 문제가 존재한다.

이를 해결하기 위해서는 활용할 수 있는 인력이 대대적으로 보충되거나, 적어도 다품종 소량생산을 추구할 수 있는 중소·중견기업 고유의 특징이 있어야 한다. 물론 이를 극복하기 위해서 중소기업체들의 연합도 필요하다. 하지만 현실은 그렇지 못하다. 우리나라 관광지로 유명한 통영을 가보면 금세 문제가 보인다. 충무김밥집이 왜 그리 많아야 하는지? 협업해서 좀 더 다양성을 갖추어서 이윤을 나누어야 하는데, 이를 추구하지 못하고 있는 것이다. 국민적인 특징국민성일 수도 있고, 과거 피해 의식콤플렉스의 발로일 수도 있다.

교육개혁의 지지부진

우리나라가 산업화에 매진하면서 교육과 관련해 놓친 것이 두 가지가 있다. 그 첫째가 교육은 중시하면서 교육자를 중시하지 못한 것이다. 초기 산업화 과정에서 산업화 시대에 연관된 분야 이외에서 취직한다는 것이 일종의 금기로 여겨지기도 하였다. 죄악시되었다고나 할까? 자연히 교육계로의 진출이 꺼려졌다. 먹고사는 게 그만큼 큰 과제였다. 또 하나가 교육은 백년대계로 국가의 발전 방향에 따른 인력을 제공해주는 수단이 되어야 한다는 점이다. 동시에 나름의 새로운 국가 정체성의 아이디어를 정립해 나가야 할 것이다. 즉 교육 철학이 중요하고 우리나라 자체의 독립적인 "한국학"을 정립해 나갈 수 있어야 할 것이다. 하지만 우리나라 현재의 교육은 아직도 입시 중시와 "교과서"에만 몰입하는 초원리주의를 노정시키고 있는 것 같아 아쉽다.

그렇다고 교육개혁이 순조롭게 이루어지지도 못하고 있다. 기껏해야, 대학입시제도에 대한 변화가 주류이다. 아직도 대학만 들어가면 끝난다는 인식이 강한 것은 아닌지? 이는 전통 산업화 시대의 관성이다. 고졸의 대학입학률만 올라온 것 아닌가 한다. 한때는 고교 졸업생의 대학 입학률이 80%를 넘어서, OECD 최고라 자랑했던 적이 있다. 최근에야 대졸자가 취업하기 어려워져서 인식이 점차 바뀌고는 있다. 어쨌든, 지금 청년층은 동년배 중 대학생 비율 70% 시대에 살고 있다.

교육개혁은 크게 두 가지로 생각할 수 있다. 먼저 교육방식의 문제로 '주입식 교육이 과연 언제까지 존속되어야 하는 것인가?'이다. 이는 수요자 문제일 뿐 아니라, 교육자를 대폭 교체해야 하는 아주 긴 호흡이 필요한 문제이다. 지금은 정보의 홍수로 단순한 주입식 교육은 의미가 퇴색해 간다. 나이 예순이 넘은 이제서야 교육대계가 100년의 프로젝트라는 것을 체감할 수 있게 되었다.

두 번째는 교육철학의 부재와 교과내용의 개편이다. 우리나라는 1948년 정부를 수립하고 나서 공립학교초등학교 의무교육·제도를 확립하였다. 이는 인당 소득 1만 달러까지를 달성한 산업화 초반기1962~1995년, 그중에서도 인당 소득 1천 달러 달성의 해인 1977년까지 지대한 역할을 했을 것으로 판단한다. 그 이후는 한때 수월성 교육을 도입했다. 이후 사교육인 과외의 성행으로 불공평 측면에서 여론에 굴복했다. 평준화가 도입되어, 수월성 교육이 후퇴하게 되었다. 또한 스펙SPEC 쌓기가 하나의 변별력이 된다. 우리는 최근 일련의 사태로 그 실체가 무엇인지를 익히 알게 되었다. 결국 어떤 교육철학이 필요한지에 대한 준비가 거의 없다. 대학입시의 변별력이 떨어지는 방향으로의 대학입시제도 개혁이 주를 이루었다. 평등의식과 전 과목 중시라는 얼토당토않은 방향으로 흘러가 버렸다. 교육철학은 발전에 따라서 계속해서 진화해야 한다. 이러한 차원에서 교육철학에 대한 거대담론이 활발히 일어났어야 했다.

교육개혁이란 적어도 10년 이상 지속되어야 하고, 한 세대, 즉 30년 정도가 지나야 그 효과가 나타날 수 있다. 장기적인 과제라는 점이다. 현 국내외 상황의 변화에 대응하고 교육에서부터 우리 사회의 수준을 바꾸기에는 너무 긴 시간이 소요된다는 현실적 어려움이 있다. 또한 전교조의 존재감 때문에 이해집단의 이해 조정이 합리적으로 이루어지는 것도 거의 불가능하다. 우리 인구구성의 허리 부분인 청년 세대에게 손을 쓸 수 있다면 하는 발상을 하기 시작하게 된 이유다.

한국 구글의 고위관계자의 발언은 절망적이었다. 고급 이공계 인재의 수급 불균형이 심각하다. 구글이 희망하는 우리나라 컴퓨터 관련 학과의 졸업생이 연간 수백 명에 이른다. 하지만 정작 구글이 필요로 하는 구글 스펙에 맞는 인력은 졸업생 가운데 5%도 채 안 된단다. 결국, 무늬만 번지르르하지, 교과과정이 잘못되었다는 것을 나타낸다. 정말 큰일이다. 그렇다고 교학을 담당한 교직 종사자들이 이를 능동적으로 바꿀 의지도, 능력도 안 되는 것 아닐까?

나이가 들면서 건강의 중요성을 느끼게 된다. 초등학생 때부터라도 일평생 중요한 섭생의 중요성을 가르쳐야 한다. 그래야만 나이가 들어서도 건강한 생활을 하면서 성인병에 시달리지 않게 될 가능성이 크다. 금융교육도 마찬가지다. 장기적으로 생을 어떻게 설계하고 이를 위한 자금 조달을 익히게 하는 것이다. 이를 주장하면 미쳤구나! 하는 반응일 것이다.

베이비부머의 교과 내용은 그래도 수월성에 기초한 것이었다. 미국의 수월성 위주의 새로운 교과과정이 도입되어, 교육을 받은 세대이다. 지금도 이러한 노력은 있어야 한다. 중국은 대학입학고사에서 이과는 국·영·수·과를 위주로, 문과는 국·영·수·사회를 위주로 편성하고 있다. 나머지 과목은 즐기기 위한 것이다. 대신, 상기 4대 입시교과과목은 아주 어렵게 출제된다는 것이 경험자들의 중론이다. 우리도 이를 인식해야 하는데, 중국이 사회주의 계획경제라는 선입관에만 머물러 있는 것 같아서 안타깝다. 이를 인정해야 한다. 만능이 될 수는 없다. 우리가 주장할 다원화 세기에서의 전문화 세대들에게는 더더욱 그렇다.

사회 주도세력의 중요성

각 시대에는 시대정신에 입각한 정치적 주류 세대가 존재했었다. 국가 주도세력은 시대정신을 갖고 국가목표를 설정한 뒤 그의 실천을 위해 최선의 노력을 다하는 구심체로 정의할 수 있다. 전 구성원의 10% 정도의 적극적 지지 세력만 있으면 충분할 것 같다. 국가 간의 관계에서도 G7이나 G20처럼 10% 전후 국가가 중요하다. 한때 "똘똘한 X 3명이면 충분하다"는 얘기가 회자되었던 적이 있었다. 중국이 1978년 이후 개혁·개방을 성공시킨 것은 덩샤오핑의 지도력 덕분이었다. 덩샤오핑은 일차적으로 대장정 시대의 합리적인 혁명 세력, 그중에서도 자신이 익숙한 군부를 업고, 새로운 정책을 추진하였다. 고향인 사천성 지역과 한때 활약했던 지역광서자치주의 인근인 광동성 지역의 인사를 주요 우호 세력으로 삼았다.

우리나라도 예외는 아니다. 정부수립기의 독립운동 세력, 산업화 시기의 군부, 관료, 대기업 복합 세력, 그리고 민주화 시기의 586민주화 세력 등이 그들이다. 우선, 1948년 대한민국 정부 수립 이후부터 1960년대 초까지 약 15년간은 정치적으로 극도로 혼란스러웠던 시기였다. 정부수립기였기 때문이다. 이승만 대통령을 비롯한 해외 독립운동 인사, 임시정부 관계자, 독립군 귀국자 등 이외의 이렇다 할 체계화된 정치적 주도세력은 없었다. 결국 일부 총독부 관료들이 정부수립의 주도세력으로 활용되었을 것이다. 정부 내에서 일한 경험이 조금이라도 있는 인사들을 총망라할 수밖에 없었을 것이다. 이들은 그래도 정규학교라도 다녔을 것이기 때문이다. 극소수의 대학과 사범학교, 상고, 농고 등의 출신일 가능성이 컸다. 그만큼, 나라라고 할 수 없었다. 자연히 경제정책의 설정도 어려웠다.

어느 시대나 사회의 주축 세력은 40~55세이다. 산업화 전반기의 첫 관문이자 소위 도약 단계인 인당 소득 1천 달러를 달성한 1977년의 경우 당시 40~55세는 1922~1937년생들이었다. 지금은 완전히 은퇴한 세대들이다. 두 번째가 1995년 현재 인당 소득 1만 달러를 달성하고 1997년 아시아금융위기를 극복한 세대이다. 이들은 1997년 당시 40세~55세로 24년이 지난 2021년 현재는 63~78세까지로 볼 수 있다. 이들이 우리의 산업화 전반기의 실질적인 주도세력이었다. 또 한 번의 위기가 2008년 세계적인 금융위기였다. 당시의 40~55세는 12년이 지난현재, 52~67세에 해당하는 세대이다. 즉 세계금융위기 극복 세대가 흥미

롭게도 바로 베이비부머 세대를 주축으로 하고 있다.

2021년 현재, 주축 세력은 누구일까? 앞의 논의를 연장 40~55세로 보자. 40세까지는 1980년 이전 생이며, 55세는 1965년생이다. 결국 1965~1980년생이 주축 세력이다. 지금의 주축 세력의 상층부, 특히 정치적 주도세력은 소위 586 운동권 세대로 주로 1960년대생들이다. 이들을 지원하는 1970년대생, 소위 97 세대도 있다. 이들이 이 사회의 주축을 이루고 있다. 1970년대생이 중견간부급으로 1960년대생을 지원하는 형상을 보이고 있을 것이다. 이들은 산업화 세대의 후속 세대로 가정교육에서 배운 것은 거의 산업화 세대 전반기의 행태일 가능성이 크다. 부모 세대들이기 때문이다. 민주화 세대가 말로만 소통을 논하지 결과적으로는 밀어붙이는 방식의 정책 결정을 자주 한다는 평가가 있다. 어쩌면 산업화 전반기 세대를 욕하면서 배운 것일 수도 있다.

이들 586 민주화 세대도 연령적으로 곧 퇴장할 것이다. 이를 누가 이어받고 퇴장시킬 수 있을지? 민주화 세대가 아닌 새로운 세력, 가령 전문화 세대가 이들과 결별해야 한다. 이들을 대체해야 한다. 이와 관련, 향후 주도세력에 대한 재미난 대화를 부록[12]에서 소개한다. 민주화 세대가 산업화 세대를 구축한 것은 사실이다. 그리고 우리나라에서 민주화를 앞당긴 큰 공헌을 인정해야 한다. 하지만, 현시대는 아쉽게도 민주화 세력이 끌어가기에는 너무나 전문화되어 있고 복잡하다. 완장을 찬 민주화 세대로는 국정운영에 분명한 한계가 있다. 민주화 세대가 지향하는 철학이 분명치 않다. 민주화 이후의 국가 목표가 없다. 통일이 가장 커다

---

12 필자가 몇 소그룹과의 SNS를 통해서 얻은 내용을 소개한다.

란 목적인 것 같은 착각을 준다. 친북에 대한 감성론자들도 보이고 있다. 너무 양분법이다. 투쟁일색이다. 자가당착에 빠지는 경우가 많다. 친환경을 얘기하면서 태양광 설비의 무분별한 설치로 국토의 상당 부분을 황폐화시키고 있다. 환경운동을 주창하면서 환경을 파괴하고 있다. 지금은 화해, 타협, 조화가 필요한 융복합의 시대이다. 민주주의의 핵심은 과반수에 의한 권력의 독점이 아니고, 다양성의 존중이다. 하지만 현재는 절대 그렇지 못하다는 평가이다.

이들 정치권의 586 운동권 민주화 세력이 어떻게 조직화에 두각을 나타내게 되었을까? 하나의 가설을 설정해 볼 수 있을 것이다. 1970년대 중반 인당 소득 1천 달러 달성을 계기로 남북한의 지위가 역전된다. 남한에게 경제적 주도권을 뺏긴 북한으로서는 1980년대 학생운동 조직을 우호 세력으로 조직화하려 했던 것은 아니었을까? 이러한 내용이 북한 서적 등을 통해서 운동권으로 유입되었고, 현재의 집권 민주화 세력이 학습했던 것은 아니었을까? 또한 당시 운동권의 또 다른 교과서인 중국의 원전原典들이 문화대혁명 시기의 생각을 담고 있어서가 아니었을까? 정작 중국은 변해버렸다. 이들을 폐기처분했다.

또한 이들 586 운동권 세력이 정치 주도세력에 들어올 때까지 거의 재야에서만 생활해 정규조직생활의 경험이 상대적으로 얕았다. 정규조직경험의 결여이다. 중요한 결정을 해야 할 위치에 있지 않았을 것이다. 더 이상의 발전에 한계를 가질 수밖에 없었을 것으로 추정한다. 한편 책임지지 않으려는 태도도, 문제점으로 지적된다. 학생운동 과정에서 당국에 검거되지 않으려는 발 빼기 전략에서 기인한 것으로도 해석할 수 있다. 그 당시로서는 최선이었을 것이다. 그러나 시대가 바뀌었다. 1970년대 교과서가 지금까지도 유효할 수도 없다. 이는 진정한 자유민주주의 이상과 행태와는 전혀 맞지 않는 것이다. 하지만 이들이 조직화가 능한 정치꾼으로서 권력 유지에만 집착하는 것 같아서 안타깝다. 탐욕이다.

새로운 주도세력은 적어도 세상의 변화를 인지하면서, 4차 산업혁명의 기능을 익히 알아야 할 것이다. 이념적인 문제에만, 몰두해서는 어렵다. 권력 유지에만 집착해서도 안 된다. 미래주도세력은 다원화, 다극화 시기를 헤쳐나갈 수 있는 전문화 세력이어야 한다. 현재는 전문화 세력이 충분히 형성되어 가고 있다. 이들을 어떻게 조직화해서, 세력화하느냐가 관건이다. 정치적으로 정당 차원에서 "정당정치화" 해도 좋다. "전문화 민생정당"의 출현도 기대해 본다. 연대 세력을 구축해도 좋을 것이다. 그 핵심에 누군가가 있어야 한다. 한때, 기업가 출신의 정치인이 각광을 받은 때가 있었다. 하지만 그것만으로는 부족하다. 그때는 시대가 성숙하지 못하였다. 이 차원에서 베이비부머들이 나서서 그들을 발굴하고 전면에 내세워야 한다.

2021년 현재, 40~55세 중에서 40대 후반, 50대 초반인 인사들이 이를 주도해야 하고 연대해야 한다. 정당은 이들을 흡수해야 하며 이들에게 기회를 더욱더 부여해 주어야 할 것이다. 국회의원 중 비례대표의 비중을 획기적으로 늘리는 것이 하나의 대안이 될 수 있다. 한 사회의 주축 세력은 적어도 전국적인 조직에서 전국을 체감했던 경험이 있어야 한다. 우리나라 정치인의 풀이 검사, 판사, 경찰이 되는 이유는 이들이 지방순환 근무를 경험했기 때문일 것이다. 아쉽게도 중앙정부부처 엘리트 관료층은 이런 경험이 일천한 관계로 정치권으로 진출하는 데 한계를 갖고 있다. 아쉬운 측면이다. 하지만 그들은 각 분야의 전문가가 누구인지는 확실하게 파악하고 있다. 계속해서 관료의 중요성을 말해주고 있다.

각 전문화된 단체에서 대표를 내고, 그들이 정치에 참여하게 하는 것이다. 이렇게 된다면 전업의원제를 폐지할 수도 있다. 베이비부머 세대들이 이들 전문화 세대들을 후원해 주고 이들에게 길을 터 줘야 한다. "낀 세대"로 칭해지는 베이비부머와 97 세대가 연합해야 할지도 모른다. 그 측면에서 힘을 발휘해야 한다. 베이비부머가 시대에 순응하면서 단순히 퇴장하는 것은 국가적 손실이다. 이를 살릴 필요가 있다. 산업화 세대 전반기 인사들도 생을 마감하면서, 욕심을 내려놓고 국익이 무엇인지를 인지하고 이들 베이비부머의 혁신적 행동을 후원해 줘야 한다.

우리의 전략 자산

세계 제조업 생산사슬의 일원

인당 소득 1만 달러와 3만 달러 국가와의 차이를 고민해 본 적이 있을까? IMF 관리와 세계금융위기를 경험한 베이비부머 세대는 쉽게 그 차이를 느낄 수 있다. 인당 소득 1만 달러 시대에는 IMF 관리 시대가 보여주었듯이 엄청난 파동을 겪었다. 나라가 곧 무너져내릴 것 같은 위기감이었다. 우리의 노력으로 지켜냈다. 멀쩡했다. 중진국함정에서 우리도 모르게 빠져나온 것이다. 인당 소득 3만 달러 시대에는 경제가 쉽게 무너지지 않는다는 것을 인식하게 되었다.

2차 세계대전 종전 이후 전 세계적으로 산업화의 열풍이 불었다. 우리나라는 후진국에서 인당 소득 1만 달러의 전통 산업화를 완성하였다. 곧이어 인당 소득 3만 달러인 선진국 초입으로 진입하였다. 경제 발전사상 거의 유일한 국가이다. 대중투표로 권력을 잡는 성공적인 민주국가라는 자부심도 있다. 도시화도 사회간접자본의 확충의 일환으로 거의 완성되었다. 그 결과 우리의 현재는 5천 년 역사에서 최전성기를 구가하고 있다. 이제는 정말 과거 타령을 그만두어야 할 이유다. 미래를 보자. 국민들이 더 깨어 있어야 한다.

외교자산도 상당하다. 미국과의 군사동맹, 일본과의 막대한 협력, 세계 10위권 경제력이 그것이었다. 일본을 보자. 미국은 일본을 거의 51번째 주로 생각할 정도이다. 그만큼 유대관계가 강하다. 우리가 세계 제조업 사슬에서 확고한 지위를 차지하게 된 가장 중요한 동인도 미국과의 동맹, 일본과의 관계 강화였다. 물론 지금은 다소 흔들리고 있는 것 같아 안타깝게 보이지만! 다시 복원되어야 하고, 복원될 것이다. 결과적으로 2021년 현재, 세계 제조업 사슬에 편입, 기득권의 자리를 지키고 있다. 제조업만으로 본다면 세계 5위 국가이다.

제2차 세계대전 종전 당시로 거슬러 올라가도, 우리가 미래에 세계 10위권 경제대국이 되어 있으리라고는 전혀 예상 못 했을 것이다. 물론 베이비부머가 취업할 1980년대도 마찬가지일 것이다. 당시 KDI 주도로 세계 10위 경제권 진입을 목표로 제시했을 때, 과연 가능할까 갸우뚱거리기 일쑤였다. 세계적 대전환기에서 세계 10위권 경제대국에, 5천만 명 이상 인구국가 가운데, 인당 소득 3만 달러를 달성한 7번째 국가라는 것은 대단한 자산이다. 이를 발판삼아서, 미래 먹거리 산업에서도 현재의 지위를 계속 유지해서 세계적인 제조업 사슬에서 중요한 일원으로 남아야 한다. 결국 훨씬 선진화된 일류 제조업으로 거듭나야 한다. 삼성, 현대자동차, 포스코, LG, SK 등 우리나라 10대 기업의 역할이 엄청나다. 세계시장에서 더더욱 그렇다. 이들이 더 커가야 한다.

국민개병제

남북한 대치가 근 70년간 지속되고 있다. 지구상에서 거의 유일하다. 1970년대 중반까지는 북한이 인당 소득 면에서 우리보다 앞섰다. 긴장의 연속이었다. 안보 차원에서 병무에 상당한 인력을 배치할 수밖에 없었다. 휴전상태이지 종전상태는 아니었다. 우리는 6.25전쟁의 트라우마 극복을 위해서라도 많은 인력을 병무에 종사하게 해왔다. 일반인들이 안도하게 하는 "물량 투입형 국방"을 구축해 놓고 있다. 6.25전쟁 당시 중공군의 "인해전술"의 트라우마 극복을 위한 일환일 수도 있다.

또한 산업화 시대에는 군 인력의 역할이 컸다. 공병단이 국토건설에 일익을 담당했다든지, 굶주림에 떨던 젊은이들을 입대시켜서 결과적으로는 일시적으로 맡아주는 역할이라든지. 또한, 월남 개발에 우리 기업체들이 참여했을 때, 공사장을 지킨 것이라든지, 군의 개입이 전방위적으로 일어났었다. 경부고속도로 건설에서도 공병단이 큰 역할을 했던 것은 익히 알고 있는 사실이다. 개발도상국으로서 전 세계적 보편적인 현상이다. 또한 산업화 전반기 인력공급의 중요한 통로가 되었다.

한국의 1인당 소득 1만 달러 달성의 전통적 산업화는 1995년 달성된다. 그때까지의 전통 산업화의 주축 세력은 군부, 관료, 대기업 임원진들이라고 해야 할 것이다. 그 당시 관료, 기업에 대한 인재공급원은 상당수가 군부였다. 군대가 그래도 정부 형성 초기에는 어느 분야보다도 조직화를 제일 먼저 제도화했기 때문에 가능하였을 것이다. 6.25사변 등 독립 이후의 특수한 상황이었다.

사실, 20대는 생애 주기상 인생계발의 가장 중요한 시기다. 우리는 신체 건강한 남자의 사회진출을 위한 통과의례를 주로 병역에만 종사하게 하고 있다. 시대가 급변한 지금까지도 꼭 그럴 필요가 있을까? 인적자원 낭비가 아닐까? 미군 병사의 능력이 우리보다 못하다는 얘기가 있다. 선진국에서는 군 관련 직종이 그만큼 일반인의 인기를 끌고 있지 못하다는 반증이다. 시사하는 바가 크다. 이제는 이 제도를 여하히 과학적이고도 합리적으로 개편·재구축할 수 있느냐로 고민해야 한다. 효율적으로 우리가 중지를 모아서 재설계해야 한다. 군 구조 개편을 자주 거론하고, 양심수의 병역 대체, 고급 인력의 산업자원화 등이 극소수로 이루어지고 있기는 하다. 그것만으로는 임시방편이다. 이 시점에서 우리는 다시 한 번 병력 운용과 관련, 전반적이고도 근본적인 재점검이 필요하다고 본다. 그 중요한 시기에 우리의 후속 세대들이 단순히 시간을 썩힌다는 인식을 주어서는 바람직하지 않다.

다문화가정의 한국인화도 관련이 있다. 앞으로 인구가 줄어들 상황에서 더욱더 그들을 받아들여야 한다. 그러려면, 최소의무를 부과해서 "대한민국 국민"으로 전환시킬 수 있는 명쾌한 제도가 있어야 한다. 미국 시민권을 획득하기 위한 첩경으로서, 과거 한때 친구 중의 하나가 미군 복무를 통로로 활용하는 경우를 본 적이 있다. 지금은 없어졌다고 한다. 이것도 하나의 아이디어일 수 있겠다. 북한 주민도 마찬가지이다. 물론 구체적인 제도 성안 과정에서는 다양한 의견과 현실성을 고려한 보다 섬세한 디자인이 요구되는 항목이기는 하다.

국민개병제는 이를 단순히 모병제로 바꾸어서는 안 된다. 오히려 우리의 독특한 전략 자산이다. 현재와 같은 대전환 시대에 보다 적극적으로 활용해야 한다. 이 제도를 얼마나 잘 활용할 수 있을지를 두고 고민해야 한다. 중지를 모아야 한다. 당장 젊은이들의 선택지를 훨씬 더 넓혀 주어야 한다.

세계적 다민족 국가

현재의 사회는 초연결사회다. 우리나라가 과연 단일민족일까 하는 의문을 자주 해 보곤 하였다. 2010년, "종이 바뀌고 있다"란 칼럼을 쓴 적이 있다. 김연아 선수가 밴쿠버 동계올림픽 피겨스케이팅에서 세계를 제패할 때였다. 1990년생 김연아 선수는 나라가 어느 정도 살게 되어 잠재했던 우량 DNA가 발현된 것으로 이해했다. 한반도 내에서 새로운 종이 나타난 것 아닌가?

미국 USC에서 유학하고 있을 당시, 조교로 있을 때였다. "지칼Jekal"이란 이름의 한 학생이 찾아왔다. 워낙 시험을 잘못 보아서 낙제될 수도 있었다. 외모로는 멕시코인이었다. 재시험을 희망하였다. 한국계 브라질 이민 2세로 성이 "제갈"씨였다. 갓 미국에 갔기에 Jekal을 미국식으로만 발음하는 데 급급해 설마 성씨가 "제갈"의 영문 표기라는 것은 인지하지 못하였다. 당시는 단일민족이라는 인식에 꽉 차서 담당 교수를 설득했던 기억이 새롭다. 사람의 외모는 식생에 의해서 엄청나게 변화한다는 것을 처음 인지하였다. 나중에 세계화교학회 활동을 하면서, 이를 더욱더 체감하게 되었다.

우리의 유명 연예인 가운데는 아랍 왕자나 공주를 닮은 얼굴이 흔하게 보여진다. 또한 지금 몽고 초원 위의 말에 앉아 있어도 전혀 어색하지 않을 스포츠 선수들도 다수 보인다. 우리 지폐에 새겨진 전통 여성상이 현대 우리 여성상을 과연 대표하고 있을까? 결국 우리나라는 엄청난 다민족 국가일 수도 있겠다 싶었다. 어쩌면 우리가 다민족 국가로서 유전적으로 복잡하게 얽혀서 우성인자의 발현이 앞으로 더욱 강해지게 될지도 모른다. 그렇다면 이것도 국가 장래에 큰 자산이 될 것이다. 일본 등 다른 국가가 갖고 있지 못한 전략 자산이기도 하다.

전반적인 국가경쟁력을 제고하기 위해서 이러한 조건과 상황을 훨씬 적극적으로 활용할 필요가 있다. 부채로 인식할 것이 아니다. 더 큰 자산이다. 지금의 세계는 "초연결사회"다. 네트워크가 중요하다. 우리나라는 세계적 인적 네트워크를 형성하고 있는 몇 안 되는 국가다. 중국인, 유대인과 함께 세계적으로 교포가 전 세계에 나가 있는 극소수 국가의 하나다. 이를 기반으로 2002년부터 "세계한상대회"도 개최해오고 있다. 동시에 미래는 다원화, 다극화 시대가 될 것이다. 블록체인이 각광받는 것도 무관치 않다. 다원화 시대에는 다민족 국가가 더 큰 힘을 발휘하게 될 것이다.

최근 공사 현장 사고가 보도될 때마다 외국계 근로자가 끼어 있어서 안타깝다. 우리나라에는 현재 250만 명의 외국인이 상주하고 있다. 우리는 국론을 일치시키지 못하는 당파세력을 자주 거론한다. 지방색을 나타내는 것도 합리적 이성으로 판단해 본다면 그 이유가 있을 것이다. 다민족 국가이기에 자연스럽게 생기는 결과일 수도 있다.

다문화 가정도 점점 늘어가고 있는 실정에 단일민족임을 계속 주장하고 끌고 가는 동력은 이제 효력이 없다. 다원화 시대의 다양성을 인정하고 거기에 맞는 정책과 마인드가 필요하다. 그렇다면 결국은 단일민족이라는 허상과 허울을 벗고 다양성을 받아들이는 것이 필요하다. 현실적으로 그렇다. 우리에게 맞는 미래 사회는 다양성, 다품종 소량 개성의 시대일지도 모른다. 그 차원에서 중소·중견기업, 사회적 기업의 존재감이 높아질 수도 있다. 다민족 국가라고 인정하고 사는 게 더 편할 것이다. 미래의 다원화 시기에는 더욱 그렇다.

속국, 조공국, 식민지, 분단국

사람이건, 국가이건 간에 누구나 콤플렉스를 갖고 있다. 사람은 외모, 출신 성분, 학력, 직업 등에 대한 콤플렉스가 있을 수 있다. 특히 우리나라는 반상 관계의 계급의식이 아직도 무의식적으로 남아 있다.

2014년 봄이었다. 우리나라 최고의 호텔에서 발레파킹을 부탁하고자 했다. 고급차가 아니어서였을까? 담당 직원이 눈길을 주지 않았다. 우선순위에서 밀리고 있다는 생각이 금세 들었다. 2년 반 만의 해외 체류를 마치고 귀국하는 터에 기쁜 장면은 아니었다. 계급사회일 것이라는 선입관으로 인식되는 중국에서 돌아온 직후였다. "계급사회로의 귀환"이라는 칼럼을 쓸까 하고도 고민했었다. 반상 인식의 연장이라고 생각되었다. 사회 각층에 뿌리 깊게 무의식적으로 박혀 있구나, 하고 절감하게 되었다.

산업화 전반기 시대에는 그 유습이 좀 더 강할 것이다. 조선시대 당시 20~25%도 안 되었을 상층부, 양반계급을 아직도 흠모하고 있는 것인지? 시대착오적이다. 1894년 계급제가 철폐되고 126년이 지났는데도 말이다. 물론 산업화 전반기 세대 중에는 반상 제도의 흔적을 기억해 내는 사람들이 상당수 생존해 있다. 당시 유쾌하지 못한 지위에 있었던 인사가 아직도 생존해 있기는 마찬가지다. 반상 제도가 없어졌지만, 실제로 생활 여건이 안 되는 경우 계속해서 원래의 주인집에서 주종관계 속에서 어정쩡하게 더불어 살아갔다. 결국, 식민지 시대에도 반상 관계가 상당한 기간 동안 지속되었다고 볼 수 있다. 그 자제들의 일부가 입신출세로 인간승리한 예도 주위에서 볼 수 있다. 지금은 이를 극복해야 한다.

국가도 선도국가인가, 잘사는 국가인가, 가치를 창조하는 국가인가 등에서 나름의 콤플렉스가 있다. 패권국가와 추수국가도 그렇다. 우리도 속국, 조공국, 식민지, 남북한 분단이라는 국가적 콤플렉스를 가지고 있다. 문제는 콤플렉스의 유무가 아니다. 이를 어떻게 잘 극복하느냐의 문제이다. 어떻게 극복해야 인간승리, 국가승리가 될 수 있을까? 콤플렉스는 청산한다는 것이 거의 불가능하다. 다른 영역으로 분출시키는 것이다. 우리의 경우, 그 콤플렉스를 경제발전이라는 것으로 슬기롭게 극복해왔다. 그 과정에서 일본 추격하기가 핵심에 있었던 것이 사실이었다. 결과적으로 이는 대단한 국가자산이 되었다.

우리의 발전은 어두운 시대를 극복해온 산물이라고 본다. 일제 식민지 시대의 불행했던 경험이 우리도 뭔가 해야겠다고 선각자들의 인식을 바꾸었을 것이다. 또한 남북한 냉전 시기가 우리 국민들을 경제발전이라는 한 방향으로 몰고 갈 수 있는 추동력이 되었다. 미국도 한때는 식민지였다. 유럽의 각국들도 물고 물리는 고난의 역사를 거쳐서 지금의 국민국가를 이루었다. 이는 역사적 진실이다.

진정한 독립은 지금부터이다. 우리는 아직 진정한 독립적 국가가 아니다. 하루빨리 속국, 조공국, 식민지국, 분단국이었음을 당당하게 인정해야 한다. 가린다고 없어질 사실이 아니다. 남 탓도 그만두어야 한다. 분단국이라는 것도 인정해야 한다. 단순히 통일에 집착할 것이 아니라 여하히 평화적으로 공존할 수 있을지를 고민해야 한다. 일단은 공생이다. 먼 장래를 위해서 우리의 사고가 독립적이어야 하고, 우리 자체의 발전 모델을 가져야 한다. 어쩌면 미래의 세계가 "탈국민국가"로 이행한다면 완전히 다른 얘기가 될 수도 있다. 국가 고유의 특징이 있어야 한다. 그제야 진정한 독립이 가능하다.

과잉 교육열

사회 주도세력을 분야로 볼 수도 있지만, 세대로도 정의할 수 있을 것이다. 최근 우리나라의 주도세력인 정치권 인사들은 산업화 세대에서 민주화 세대로 교체되었다. 하지만 민주화 세대는 시대정신 결핍으로 삐꺽거리고 있다. 이를 어떻게 극복할 수 있을까? 범국민적 인식능력, 소위 "민도"가 고도화되어야 한다. 민도가 올라가야 한다. 어느 사회나 주도적으로 끌고 가는 것은 상위 10% 정도의 주도세력이다. 그중에서 결국 사회화 과정에서의 경험이 중요한 요소 중의 하나이다.

1948년 대한민국 정부수립 초기, 대학의 문 근처에라도 갔었던 인사의 숫자는 기껏해야 수천 명에 불과했을 것이다. 1948년 당시 문맹률이 80%를 넘었다. 사범학교, 상고·농고 등 전문학교나, 정규 대학 문 가까이에 있었던 이들이 대한민국을 좌지우지했을 것이다. 지금은 국내의 학력이 과도하게 높다. 한때 고교 졸업생의 80% 이상이 대학으로 진학하였던 적도 있다. 지금은 70%대로 낮아지고 있기는 하다. 정말, "소는 누가 키울까?" 하지만 동년배 70% 대학 졸업이라는 인력은 대단한 국가자산이다. 여기에다가 모든 청년에게 현장 활용형 기능 자격증이라도 보유하고 있으면 대단한 생존능력이 될 것이다. 이 점이 앞에서 거론한 사회진출 청년 세대에게 사회공공복무의무제를 도입하자는 주장의 배경이 된다.

또 한편 유학열이다. 2021년 현재 주도 세대인 40~55세의 상당수가 00학번 전후세대로 어학연수나 교환학생으로서 해외문물을 익혔다. 당시, 우리나라는 세계화라는 구호하에 국제대학원이라는 새로운 모델이 도입되기도 하였다. 궁극적으로는 대학 입학 열기와 유학 열기가 큰 자산으로 작용할 것이다. 한때 노조 간부를 해외 근무시키는 일도 있었다. 노동운동을 하는 조합원들도 상당수가 해외 경험을 했다. 노조 문제가 생기면 개인적으로는 상황을 잘 이해하면서도 노조의 조직인으로 돌아가면 강경해진다. 이해하지 못할 일이다. 하지만, 노조의 인력 구조상 변화가 있을 수도 있다. 세대교체가 있을 수 있다. 궁극적으로 미래에는 변할 것이다.

민도의 높낮이는 경제발전과 불가분의 관계가 있다. IMF 관리체제 극복이 이를 잘 말해준다. 1995년 당시, 우리나라 전체 인구 중에서, 근 10%에 해당하는 인구가 대졸이고, 고졸 이상이 30%, 중졸 이상이 50%에 육박했다. 이전 시대에 비해서, 일반인의 지력이 훨씬 올라갔다는 것을 반증한다. 하나의 가설이 가능하다. 1995년 당시, 40세와 55세 사이인 주도세력의 지력이 훨씬 합리적이었고 이성적으로 행동했다. 아시아

금융위기를 극복하는 데 큰 힘을 발휘할 수 있었다.

중국 경제발전도, 1992년부터 본격적으로 시작된다. 그 이면에는 1992년 당시, 중국의 민도가 이전에 비해 더 올라갔기 때문으로 해석할 수 있다. 중국대학교육이 정상화된 것이 1977년이다. 1977년 입학생 이후 세대가 1981년 졸업생 기준으로 1992년이면 10년의 경력을 쌓게 된다. 이들이 문화대혁명 시기 이전보다 훨씬 합리적이고, 개방적으로 활동한 결과가 아닐까 한다. 이들의 노력이 1998년 정도 되면, 40세 전후가 되어 사회 주류 세력이 된다. 조직상층부 인사들이 대졸자로 채워지기 시작한다. 중국 사회가 개혁·개방 채택 20년이 되는 1998년부터는 이전과는 좀 다른 행태를 보이기 시작한다. 이러한 현상은 현장을 뛰면서 훨씬 더 절감하였다. 조직에서 보편적이고 타당한 논리에 의해서 경영에 참가한다. 조직에 대한 강한 애착심으로 소속 기관이나, 회사를 일으켜 세울 수 있는 계기가 되었을 것이다. 한 가지 가설이지만 말이다.

결국 위기도 사람이 만들지만, 그 뒤치다꺼리도, 사람이 하게 되어 있는 이유다. 미국 유학자도 상당한 수준이다. 미국 내의 한인사회와 연결, 미국과는 거의 실시간으로 협력이 이루어져 가고 있다. 중국의 중요성이 커간다고 본다면, 중국인들과의 동창 관계도 중요해질 것이다. 1992년 한·중수교 이후 수십만 명의 중국 유학생 풀이 있다. 큰 세력을 유지할 수 있는 배경이 된다. 이를 우리의 지속 발전에 적극적인 자산으로 활용할 수 있어야 한다. 그만큼 인력의 풀이 넓어지고 있다. 또 하나의 큰 자산이다.

베이비부머 세대의 세대 자산 이전 필요성

생애주기별 세대 구분

언론에서 586, 97, X, MZ 등 암호 같은 숫자나 기호를 자주 거론하며 세대의 특징을 풀어나간다. 인구를 세대로 나누어서 그들의 특징을 기술하는 것이다. 2021년 현재, 우리나라를 구성하고 있는 인구의 각 세대의 특징을 나름대로 분석해 볼 필요가 있다. 출생연도, 사회에 대한 인식이 자리 잡기 시작할 예민할 나이인 청년 시절, 가령 15세 전후의 생활수준인당 소득, 학력, 인상에 각인될 정도의 큰 충격을 주었을 이벤트 등을 고려해 파악해 볼 수 있겠다. 가정 배경, 청년 시기의 경험, 이벤트 쇼크 등, 이러한 요소들은 사람의 인격을 형성하는 중요한 인자들이기 때문이다. 어느 시대에나 나이 40세에서 55세까지가 사회를 주도적으로 이끌어 가게 된다. 그 나이가 되면 세대별, 시대정신과 인식이 거의 고착화된다. '40세가 되면 얼굴에 책임을 지라'는 옛말이 하나도 그르지 않은 것

〈표〉 2020년 기준 우리나라 인구 구조상 세대의 구별

(단위: 만 명, 달러, %)

	인구수(만 명)				15세기 전후(사회화 과정의 이벤트 쇼크)			
출생연도	남	여	총	비율	해당 연도	인당 소득	대학입학률	Event
~29	21	56	77	1.5	~1944			일제식민지
30~39	103	195	298	5.7	1945~54			대한민국출범, 6.25
40~49	161	198	359	6.9	1955~64	~124		4.19, 5.16, 경제개발 계획, 잘살아보세
50~59	316	332	647	12.5	1965~74	109~ 563		월남파병, 김신조, 3선 개헌, 유신, 월남패망, 대학입학 예비고사('68), 새마을운동('70)
60~65	256	257	513	9.9	1975~80			오일쇼크, 인당 소득 1천 달러 달성, 최초 무역흑자
60~69	431	428	859	16.6	1975~84	618~ 2,470	11.4~ 21.2	2차 오일쇼크, 10.26, 12.12, 5.18, 대학 본고사 폐지('81), 학력고사('82), 유학자유화, 졸업정원제
70~79	423	406	829	16.0	1985~94	2,482~ 10,385	22.9~ 31.7	87민주화, 88올림픽, 한·중수교, 구소련 붕괴, 남북한 UN 동시 가입, 인터넷 도입, 수능시험('94)
80~89	378	343	720	13.9	1995~04	12,564~ 16,496	36.0~ 61.4	인터넷 활성화, IMF 관리체제
90~99	370	327	697	13.5	2005~14	19,402~ 29,249	65.2~ 68.2	GFC, G20 출범, 패권국의 강성 지도자 출현 (트럼프, 푸틴, 시진핑), 스마트폰 출시
00~09	245	228	473	9.1	2015~24	28,732~ 31,762	67.5~ 67.8	제4차 산업혁명, 비트코인, 전자화폐, 코로나 팬데믹
10~19	208	198	406	7.8	2020~34			

* 자료: KOSIS 포탈(2020년 9월 22일 검색)에 의거, 필자가 직관적으로 작성함

같다. 이러한 기준으로 주력 세력은 대체로 산업화 전·후반기 세대, 민주화 전·후반기 세대, 아직 개념화되지는 않았지만 아마도 미래의 주력 세력으로 자리매김할 수도 있는 향후 다원화 시기의 전문화 세대신세대: 1970년대생 이후로 나누어 볼 수 있을 것이다. 특히 2개의 "낀 세대"가 있다. 하나가 사회 주도세력의 전환에 의해 주도력을 발휘해 보지도 못하고 끼여버린 낀 세대다. 산업화 전반기 세대와 자녀 세대인 586에 의해 뛰어넘겨진 세대다. 바로 베이비부머 세대이다. 또 하나가 디지털화라는 기술전환에 따라 나타난 낀 세대이다. 97 세대다. 이들 낀 세대들의 능력이 사장된다면 이는 사회 전체적으로 보아서 불공평하다. 이들이 공감을 통해서 무엇인가를 할 수 있다고 본다.

산업화 세대

산업화 전반기 세대

전통적 산업화 완수인당 소득 1만 달러 세대[13]들은 1955년 이전 출생자들이다. 편의상 두 단계로 나누어진다. 첫 단계는, 우리나라가 본격적으로 경제개발 정책을 시작했을 당시, 가령 1962년 제1차 경제개발 5개년계획 시기1962~1966년부터 인당 소득 1천 달러를 달성하던 1977년까지 기간에 40세에서 55세였을 세대를 칭하도록 한다. 우리나라 경제의 이륙단계 시대이다. 1962년 당시 40세는 1922년생이고, 55세는 1911년생이다.

---

13 초기 산업화 완수 세대는 소득 1천 달러에서 1만 달러까지, 후기 산업화 세대는 1만 달러에서 3만 달러까지 달성 세대를 지칭한다.

그리고 인당 소득 1천 달러를 달성했던 해인 1977년 당시, 40세는 1937년생이고, 55세는 1922년생이다. 결국, 인당 소득 1천 달러 달성까지는 1911년생부터 1937년생까지의 한 세대에 걸친 연령층이 주도하였다. 이들이 우리나라 산업화 전반기 중 중요한 시동단계인 이륙단계를 완성하였다. 1962년부터 1977년까지 15년간, 주요 정책을 결정했던 연령층은 결국 일제 식민지 시대에서 적어도 초등학교 과정을 1년이라도 다녔던 세대들이다. 인식 구조상 일본의 영향을 피할 수 없는 세대다. 앞에서 거론한 일본하청업체론이 어느 정도 먹힐 수 있는 배경이다. 또한 6.25, 4.19, 5.16, 경제개발5개년계획 등 격변의 시대를 몸소 거친 세대다.

학력은 가장 젊은 1937년생을 친다면, 학번으로는 56학번이었을 것이다. 6.25전쟁 직후였다. 아마 대학생 비중이 전체인구뿐 아니라, 동년배의 1%에도 미치지 못했을 가능성이 크다. 1937년생보다 나이가 든 세대의 평균적 학력이란 정말로 보잘것없었을 것이다. 워낙 혼란의 시기라서 학력이 없었다고 하더라도, 성실하기만 하면 대부분이 세속적인 성공을 누렸을 것이다. 사회화의 커다란 줄기는 정규 교육보다는 군대 경험이었을 것으로 추정된다. 6.25를 처절하게 겪었을 것이기 때문이다. 당시 "줄을 잘 서야 한다"는 얘기가 있었다. 군대와 관련된 얘기일 것이다. 물론 군대가 학교 대신 조직문화란 사회화의 과정을 거치는 통로였기 때문이기도 하다. 군대가 젊은이의 사회화를 위한 하나의 교육 장소로 역할을 톡톡히 하였을 것이다.

산업화 전반기 세대의 두 번째 단계가 인당 소득 1만 달러 달성1995년 및 IMF 관리 시기1997년 당시 사회 주축 세력인 40~55세 인력이다. 1995년 당시 만 40세는 1955년생이다. 만 55세는 1940년 출생이다. 6.25전쟁 전후 출생으로 뭉뚱그릴 수 있다. 좀 더 포괄적으로 해방둥이 이후 세대로 정의할 수 있다. 15세 전후에 6.25, 4.19, 5.16 등 격변의 시기를 거쳤다. 김신조 사건, 3선 개헌, 유신, 월남파병 및 패망, 대학 입학 예비고사 도입 등의 격동 속에서 살았다. 민감한 나이에 인당 소득은 아직 1천 달러에 미치지 못했고 배고픔 속에서 지냈다. 최전성기인 40~55세 때 87 민주화, 88올림픽, 한·중수교, 구소련 붕괴, 남북한 UN 동시 가입, 인터넷 도입 등을 주도했거나 실현한 세대이다. 당시는 고도성장기로 대학만 나오면 거의 대부분이 자동적으로 취업했고 성공할 수 있었던 세대이다. 북한과의 갈등 관계, 박정희 대통령의 폭압 정치 등의 인상이 강한 세대이다.

해방 후 산업화 전반기 세대 내에서는 독재정치에 반기를 드는 자생적인 민주화 세력들이 생기게 되었다. 상대적으로 북한에 대해 경제적 열세로 인해 남한이 조마조마한 시기를 살아온 세대다. 산업화 전반기 2세대는 해방둥이들이 제일 맏형 역할을 했다. 고생도 많이 했고 누릴 것도 적당히 누렸다. 산업화 전반기의 상징이다. 인당 소득 1만 달러인 전통적 산업화를 완성시켰기 때문이다. 결국, 현재 적폐청산의 대상이 되는 많은 한국사회의 구질서를 창조한 사람들이라는 칭호를 받을 만하다. 그 정도로 중요한 이벤트들이 이들의 손을 거쳐서 추진되거나 극복되었다. 이들은 부모 세대인 이전 세대로부터 세대적 자산을 이어받은 게 거의 없었을 것이다. 그만큼 워낙 못살았다. 탐욕에 빠졌을 가능성이 크다. '나만이라도 가자 주의! 내 가족이라도 살리자 주의!' 이들은 나중에 다룰 586 세대의 부모 세대로서 내 가족 우선이라는 가족이기주의의 특이한 행태를 보인 세대다.

산업화 후반기 세대

산업화 후반기 세대는 인당 소득 3만 달러를 달성했을 때의 주도세력이다. 이들은 산업화 전반기 2세대를 지원해 준 세대다. 이들이 베이비부머 세대다. 인당 소득 3만 달러의 산업화 후반기를 완성한 세대는 2008년 세계금융위기 당시 40~55세가 주축이다. 베이비부머1955~1963년생들은 74학번부터 82학번까지다. 거의 처음으로 고등학교뿐 아니라 대학입학예비고사를 통해서 교육과정을 체계적으로 마친 인력이다. 15세 전후 때가 1970년부터 1978년까지이다. 1970년대를 관통하면서 월남파병, 3선 개헌, 유신, 월남 패망, 오일쇼크 등을 경험하였다. 최초로 무역흑자도 달성했고, 인당 소득 1천 달러를 달성한다. 감수성 민감한 시기에 사회의 급격한 변화를 경험하였다. 2008년 인생의 최전성기에 세계금융위기가 발발했다. 정리해고 등 상당한 어려움도 겪었을 것이다. 또한 전 세계가 또다시 갈등 국면으로 접어드는 "신냉전"이라는 어휘에 익숙하게 되었다. 제2차 세계대전 이후 세대인 1950년대생인 푸틴과 시진핑이 집권하였다. 나중에 트럼프 대통령이 가세해 외관상 패권 각축이라는 국제정세 구도가 형성된다.

이 세대들에게도 대학 입학률은 10% 전후에 머물러 있었다. 대학졸업자에 대한 대우는 특별하였을 것이다. 하지만 대졸자는 수월성에 의한 선발로 동창생 간의 유대관계 등, 그래도 사회의 안정을 이루는 주축으로 작용하고 있었다. 그러나 아쉽게도 명문 고등학교가 폐지되었다. 이는 우리나라 발전의 경로에서 한글 전용화 정책과 함께, 아쉬운 측면이 강하다. 전 세계적으로 전통을 지키는 명문 고등학교가 폐지된 예는 별로 없다. 중국마저도 현재 명문 고등학교는 엄연히 존재하고 있다. 우리처럼 고교 평준화가 과연 가능할까? 기회의 균등이 아닌, 전 사회의 일률적 평등이 과연 가능할까? 하지만, 이미 제도를 도입한 지 한 세대 이상이 경과해버렸다. 고교 평준화를 되돌리기는 시간이 너무 늦었다. 그렇다고 평준화를 성공시킨 것도 아니다. 새로운 명문고가 생겨난 것을 보면 정책의 완전한 실패로 평가할 수 있다.

베이비부머들은 2021년 현재 나이로 58세에서부터 66세까지를 포괄한다. 딱 은퇴를 맞았거나 갓 은퇴한 세대들이다. 베이비부머들은 동년배 100만 명 시대였다. 실제로는 총 713만 명이 생존해 있으며 전체인구 대비 14%다. 이들은 집합적으로 아주 특이한 경험을 공유한 세대이다. 고생도 많이 했다. 베이비부머 가운데 중산층에 속하는 계층은 각 세대와 비교했을 때, 현재 상대적으로 경제력이 괜찮은 편일 것이다. 즉 최소한 먹고사는 데는 지장이 없는 세대일 것으로 판단한다. 그만큼 베이비부머 중 상층부를 이루고 있을 대졸자들이 현재 또 하나의 기득권층을 이루었을 가능성이 높다. 하지만 이 세대는 "낀 세대"라고 평가된다. 우선 부모 세대의 부양과 자식을 챙겨야 하는 쥐어짜이는 세대라는 의미가 있다. 또한 사회지도층에서 산업화 전반기의 2세들인 586 세대에 의해서 건너뛰어지는 서러움을 당한 세대이기도 하다. 선배 산업화 전반기 세대의 행태를 본따 부분적으로는 고도성장의 열매를 "사유화"하는 데만 급급해 미래 세대를 위한 "공적자산"을 축적해 놓지 못했다는 박한 평가도 받고 있다. 세대적 직무유기를 한 세대라고 비난받기도 한다. 뭔가 의미있는 일을 해야할 당위성이 있다.

민주화 세대

민주화 세대는 두 기로 나누어야 한다. 3김 시대의 자생적 민주화 세대와 1980년대 중반 이후의 NL, PD 등의 이념적 민주화 세력이다. 민주화 1세대는 진정하게 남북한 경쟁체제에서 박정희 대통령의 독재정권에 맞섰던 세대다. 생각은 온통 자유민주주의로 뒤덮여 있었던 것 같다. 물론 친북 성향의 민주화 세력이 일부 있었기는 하다. 하지만 주축은 3김 시대까지의 박정희 대통령의 3선 개헌과 유신 등 독재에 항거하는 세력이 주축이었다고 판단된다. 물론 이들이 나중의 후기 민주화 세대에도 영향을 끼치기는 한다. 그렇다고 민주화 세대의 주력으로는 활동하지 못한다. 연령상의 이유 때문일 것이다.

586 세대 중 정치 주도세력인 민주화 2기 세대는 연령상 80학번 이후자로, 편의상 1961년생 이후를 칭하자. 1960년대 출생자가 859만 명으로 현재 우리 인구의 17%, 즉 최다를 구성하고 있다. 이들을 이끌어 가고 있는 지도부에 민주화 2기 세대가 있다.

이들은 몇 가지 특징이 있다. 산업화 전반기 세대의 확실한 2세들이다. 부모 세대로부터 잘된 것, 잘못된 것을 그대로 물려받았다. 특히 부모 세대가 "교육만 받았더라면 나도 저 자리에"라는 인식이 강렬했었다. 그렇기 때문에 어떻게 해서든 자식들을 일류 대학에 입학시켜서 졸업시키려는 세대의 후계 세대라 평가되고 있다. 이들은, 15세 전후이던 1975~1984년에는 인당 소득이 1천 달러를 넘어서서 절대 빈곤에서는 거의 탈피한 나라에서 감수성이 싹트기 시작했다. 배고프지는 않았다.

이후 이들은 고교 평준화 시기를 거친다. 고등학교 시절 과외 금지령이 내려졌다. 잘나가던 산업화 전반기 세대의 일부 가정에서는 불법과외를 위해 술수를 쓰기도 하였다. 숨바꼭질을 하면서, 자식이 좋은 대학에 다니도록 하기 위해서였다. 수단과 방법을 가릴 이유가 없었다. 그게 부분적으로 통했다. 대학본고사도 폐지된다. 일부 탈락자에게는 해외 유학이라는 숨통을 터 주었다. 대학 입학 정원이 졸업 정원제 시행과 맞물려서 획기적으로 늘어났던 시기이다. 대학생 숫자가 급격히 증가해 "X82"라는 별명도 얻었을 정도다. 어느 시기나 세가 늘어난다는 것은 사회에 중요한 세력으로 역할이 주어지게 된다. 대학 입학 후에도 나중에는 흐지부지되지만, 졸업 정원제에 의해서 제대로 된 인간관계 형성의 기회가 박탈된다. 살아남기 위해서 대학 내 과외를 받았던 세대다. 결국 염치도 없고, 양보란 더더욱 없다. 내가 살아남는 것이 최우선 과제였기 때문이다. 구세대가 만들어낸 아름답지 못한 결과다. 어쩌면 탐욕스러운 산업화 전반기 세대로부터 부지불식간에 배운 가정교육의 결과물이기 때문일 것이다.

또한, 10.26과 12.12 사태를 통한 전두환 정부의 탄생을 가장 인상 깊게 인식하였을 것이다. 무력으로 권력을 잡는 게 보였다. 그 이후 가져갈 보상은 천문학적이라는 것을 은연중에 인식하게 된다. 권력에 집착하게 된 이유이다. 이후 1987년 민주화, 88올림픽, 1992년 한·중수교 등을 비교적 젊은 나이에 경험한다. 특히, 대학생 시절인 1987년 6.29에 의해 군사정부가 민주선거로 이행하는 것을 실행한 경험을 커다란 자부심과 자산으로 여기고 있다. 1987년 자신들이 주도해서 소위 화이트 컬러의 시위로 인해서 민주화가 이루어졌다고 자부하는 세대이다. 자연히 정치적 성향이 강했을 수밖에 없을 것이다. 정치적인 지분을 요구하기도 하였다.

특히, 여야를 불문하고 현 정치권에 몸담고 있는 운동권 출신은 더 했을 수도 있다.

학생운동도 그 이전의 민주화 세대와는 달리 전대협 등 전국적 조직으로 옮겨가기 시작하였다. 그만큼 조직화가 생활화되었고 능했다고 할 수 있다. 이들이 전교조나 노동조합 세력과 결합하는 경우, 그 조직력은 가히 짐작할 만하다. 북한과의 연대도 보인다. 상징적인 사건이 1989년 임수경[14]의 방북이다. 586 가운데서는 아무 일도 없었는데, 1987년 민주화의 승리로, 민주화 세대로 무임승차 하는 자도 관찰되고 있다. 유관 인구수가 많아 세가 커졌기 때문이다. 이들은 양보나 희생보다는 실리만을 좇는 너무나 냉철한 현실인식이 있다고 평가된다. 문제는 민주주의를 다수결에 의한 권력집착에만 그친다는 주장에 뚜렷한 반론을 못하고 있다는 점이다.

인생의 황금기인 현재, 4차 산업혁명, 디지털 경제 등을 헤쳐나가야 할 과제가 있다. 하지만 일부 "민주건달"이라는 칭호처럼 콘텐츠가 약하다는 평가를 극복하지 못하고 있다. 특히 주도세력에서 제기된 소득 주도 성장, 태양광, 정치협상 회의, 공수처 등은 중국으로부터 기원한 어휘나 아이디어다. 너무 친중적이지 않은지에 대한 우려가 나오고 있다. 물론 중국이 우리에게 교훈의 대상이 될 수는 있다. 하지만 아쉽게도 사고의 합리적인 한국화 과정이 결여되어 있다. 거론된 중국식 정책들도 중국에서는 한물갔거나, 새로운 개념으로 진화하고 있는 내용들이다. 586 민주화 세력의 중국에 대한 인식이 1970년대식에 머물러 있다면 큰일이

---

14 국회의원을 거쳐 현재는 노무현재단 이사직을 맡고 있다.

다. 특히 현재 중국의 발전이 그 연장선상이었다고 인식한다면 그것은 더 큰 오산이다. 결국 586 민주화 세력은 아직도 초원리주의를 극복하지 못하고 있다는 평가에 귀 기울여야 한다. 586이라고 다 민주화 세력도 아니다. 대체로 586 세대는 고생한 것에 비해 누린 것이 많다고들 얘기된다. 산업화 전반기로부터 자산도 어느 정도 이어받았다. 결국, 권력과 금력을 탐닉한 세대로 평가받고 있기도 하다.

전문화 세대 조직화의 필요성

사실 우리 사회의 가장 체계화된 주도세력은 관료 세력이다. 그중에서도 고시 출신자들로, 사회 각층에서 고급 간부로 충원된다. 하지만, 이들은 대통령제하에서 정치권에 종속당하고 만다. 특히 중앙정부 관료로만 활약해 지방 및 현장에 대한 이해가 상대적으로 약하다는 본질적인 한계를 갖고 있다. 물론 지방순환 근무가 정례화되어 있었을 법관, 검사, 경찰 등의 예외가 있기는 하다. 또한 조직 이기주의가 부처 간뿐 아니라, 부처 내에서도 문제점으로 지적되기도 한다. 칸막이가 높게 쳐져 있다. 아직도 이를 극복하지 못하고 있다. 결국, 영혼이 없다는 얘기를 들을 정도로 자율성이 결여되었다는 단점이 있다. 이들로부터 새 시대를 열어가는 것을 주도하는 것을 기대하기는 어렵다. 하지만, 이들 가운데는 유관 분야에서 누가 그릇이 될 만한 인물인지는 식별해내는 능력은 충분히 있을 것으로 판단된다. 그들을 미래의 더욱 다원화될 시기의 전문화 세대의 주력으로 키워줘야 한다. 그 차원에서 공직자의 유효성은 있다. 하지만 쉽지는 않을 것이다.

이제 새 시대에는 1970년대생 이후이면서 각 분야에서 전문화된 능력을 지닌 전문화 세대가 핵심이 되어야 할 것이다. 이 세대는 동년배 대학생 비율이 30%나 된다. 이 세대들이 우리의 미래를 이끌어 갈 세대들을 키워주는 역할을 할 것이다. 민주화 세대의 주도를 하루빨리 끝내고 전문화 세력이 이어받아야 한다고 주장한다. 이들은 현재, 다양한 배경을 지니고 있다. 문제는 이들이 조직력을 발휘해야 하는데 그 구심점이 아직은 형성되고 있지 못하다는 점이다. 이를 어떻게 극복해야 할지가 가장 중요한 과제이다. 베이비부머들이 이들을 후원해야 할 이유이기도 하다.

97 세대(1970~1980년 출생자)

1970년대생으로 1990년도에 대학을 다닌 세대들이다. 필자의 분석에서 곧 닥칠 다원화 시기의 전문화 세대의 상층부를 이루고 주축이 되어야 할 세대이다. 우선 규모로는 829만 명으로 전체인구의 16%를 차지하고 있다. 15세 전후해서 87 민주화, 88올림픽, 남북한 UN 동시 가입, 인터넷 도입 등이 이루어졌다. 인당 소득이 수천 달러에 달해서 배고픔을 몰랐고, 정치 성향도 싹트고 있었다. 이 세대는 사회적으로 고교평준화의 문제점이 대두되고, 수월성 교육의 중요성이 재인식되기 시작한 시기를 거친다. 결국, 과고, 외고, 예고등 특목고라는 명칭으로 다시 수월성 교육을 받게된 세대로 분류할 수 있다.

전반적으로는 사회화 과정인 15~40세 때 업무처리를 그 이전 세대인 산업화 후반기 세대와 586 민주화 세대로부터 배웠다. 이들이 주력이 되었을 때, 업무처리가 인터넷 보편화 등 디지털 경제가 강화되었다. 최근에는 빅데이터나 AI의 활용이 화두가 되어 직무에서 배운 게 기술적으로 크게 쓸모없어져 버린 상태다. 정신적 공황이 오게 된다. 지위상 586 세대한테 계급으로 눌리고, 아래 세대로부터 디지털 활용을 오히려 배워야 하는 이상한 상황에 처하게 된다. 독립성이 거의 없어져 버렸다. 이처럼 기술 전환에 따라서 이러지도 저러지도 못하게 된다고 여겨진다. 결국, 97 세대는 두 번째 "낀 세대"로도 칭해진다. 하지만 이들은 연령적으로 볼 때 4차 산업혁명의 격랑을 헤쳐나가야 하는 책무가 있다. 일부에서는 문제의식이 결여된 채, 586 세대의 착한 후배로만 만족하고 있다는 평가가 있다. 이를 극복해내야 한다. 전면에 나설 충분한 연령대이다. 나서야 한다.

이들 중에는 독자적 노선을 걸어온 인재풀에 속하는 인사들이 분명히 있을 것이다. 또한 국내파와는 달리 해외근무, 해외연수, 순수 유학생 인력도 상당한 정도 형성되어 있을 것이다. 산업화 전반기 2기 세대의 자제들이기 때문에 해외경험을 쌓은 인재가 상당수 있을 것이기 때문이다.

가능하다면 베이비부머가 이들과 손잡아야 한다. 그리고 보다 더 큰 맥락에서 국가의 발전 청사진을 제시해야 한다. 두 세대의 합이 전체인구의 30%는 된다. 엄청난 파괴력을 낼수 있다. 문제는 있다. 이들은 기존 조직 내에서 주로 기회주의적으로 행동하고 있다는 뼈아픈 평가가 있다. 또한 실무보다는 주로 대외관계를 담당하고 있다고 한다. 전문화에 한계가 있다는 지적이다. 결국, 이율배반적인 인력으로 평가되기도 한다. 이를 어떻게 극복할 수 있을까? 하지만 이들이 전체를 대표할 수는 없다.

항상 새로운 시기에서 필요한 인재는 어디에선가 준비해 오고 있다고 생각한다. 이것이 사회적 이치이다. 누군가가 50대 주도론을 들고 나서야 할 시기이다. 이들을 발굴하고 지원하는 것이 베이비부머의 과제이다. 특히, 베이비부머 세대는 97 세대와 조직생활을 같이 했던 시기가 있어서 다원화되고 전문화된 각 분야에서 97 세대의 누가 지도력을 발휘하고 있는지 가려내는 식별력은 있다. 그들을 발굴할 수 있는 위치에 있다. 결국 주연이 아니라, 97 세대를 발탁해 그들을 키워주는 것이 가능한 것이다. 이것 또한 베이비부머의 자산이다.

1980~1990년대생

1980년대생 이후 출생자를 전반적으로는 정체성 실종 세대로 분류되고 있다. 우선 1980년대생만 보자. 인구 규모는 720만 명으로 전체인구의 14% 정도 된다. 감수성이 예민할 때 인터넷이 활성화되고 IMF 관리를 받았다. 우리 경제의 극한 어려움도 겪었다. 그 당시는 인당 소득이 1만 달러를 넘어서서 기본적으로 우리가 잘사는 국가로 인식하고 있을 것이다. 한편으로는 IMF 관리체제를 통해서 피해를 본 가정에서는 불합리한 사회, 불공정한 사회로 인식하고 있을 것이다. 감수성이 예민할 때부터 양극화의 인식 속에서 사회화를 시작하게 될 것이다. 대학생 입학률이 평균적으로 50%는 되는 세대다.

특히, 1980년대 중후반 이후 세대는 2008년 세계금융위기를 취업적령기에 겪게 된다. 사실상 대규모 청년실업의 시작이라고도 볼 수 있는 시점이다. 일단 취업에 성공한 세대는 정체성이 없고, 안정된 회사에 다니면서, 현실에 안주하고 직장생활을 하는 사람들이 많다. 탈정치, 글로벌화 1세대이기도 하다. 현재 소비문화를 주도하는 주역들로서 구질서의 최대 수혜자이기도 하다. 왜냐하면 이들은 확실한 산업화 세대전반기 및 후반기 포괄의 2세들이기 때문이다. 이들에게도 뭔가 교훈이 되고, 인식을 바꾸는 계기는 있어야 한다.

1991년~현재 세대

1990년대 이후 출생자들은 정체성의 상실뿐 아니라, 짓눌린 세대로 칭해진다. 1990년대 출생자는 1980년대생과 마찬가지로 697만 명 규모로 전체인구 점유 비중이 14% 조금 안 된다. 민감한 감수성 시기인 중고등 학창 시절 인터넷, 중국의 발전국가 등장, 스마트폰 등이 주요 이벤트다. 대학 입학률은 60% 이상이다. 한때는 최고 80%까지 육박했던 세대이다. 하지만 고학력군임에도 불구하고 국가경제의 구조적인 모순에 따라서 본격적으로 청년 대규모 실업이 시작된 세대이다. 취업난이 극심하고 자격증이나 인턴 경험이 해결해 주지도 않으며, 노력해도 경제력이 모이지 않는 세대이다. 극도로 불안정한 세대들이다.

이들은 취업을 위해서 2~3년 이상 취업전문학원을 다니거나 대학원에 적을 걸어두고 있는 경우가 허다하다. 하지만 베이비부머와 586 세대의 2세들인 세대이다. 부모들의 재력에 의해 2~3년간 소위 "캥거루족"으로 생활하는 경우도 흔하게 보인다. 어쩌면 이것은 허송세월일지도 모른다. 이를 여하히 타개할 수 있을지가 사회적으로 큰 과제이다. 인내력 부족, 공주·왕자병에 걸린 세대라는 혹평도 있다. 본격적인 양극화 1세대로 미국문화의 지대한 영향을 받았다. 한국 사회 구질서에 저항하는 동시에 그것을 이해하는 마지막 세대가 될 것이다. 상당수가 해외유학이나 교환학생을 경험하였다. 확실한 글로벌 2세대이다. 하지만 이들이 조직화되었다는 얘기는 별로 없다. 디지털 공간에서 주로 생활하기 때문일 것이다. 최근에 대학교의 학생회 간부진 구성이 아주 어렵다는 얘기가 자주 들린다. 그만큼 조직화나 집단에 대한 이해와 이익이 약화된 모래알 같은 세대인 것 같다. 사회적으로 큰 문제점으로 지적되고 있다.

특히 이 가운데, Z세대, 갈라파고스 세대로 칭해지면서 반권위·반문화적 성향이 매우 강한 세대가 있다. 1997년 IMF 관리체제 이후 출생자들이다. 아마 주로 97 세대의 자제들일 것이다. 인구구성 비중은 10% 미만이다. 사회화되는 15살부터, 스마트폰을 쓰기 시작해서 스마트폰상에서 모든 것이 이루어지는 미디어 종속성이 엄청 심한 세대이다. 586 민주화 세대의 이상과는 절대적으로 불화할 것으로 보인다. 북한을 이상한 비정상의 나라로 인식하고 있기 때문이다. 이들은 태어날 때부터 인당 소득 2만 달러 이상, 3만 달러의 사회에서 살아가게 된다. 자연히 북한의 실상을 보면서 우습다할 정도로 딴 나라로 인식하고 있을 정도이다. 또한, 한국사회의 전통적 족보나 가족관계 등 구질서를 전혀 이해하지 못하고 거부하는 첫 세대이다. 가족관념의 해체도 관찰된다. 하루 종일 스마트폰과 대화하면서 살아가고 있다. 자연에 대해 거의 무지하다고 해야 할 정도이다. 이 세대가 사회인이 될 때, 세대 간 불협화음이 엄청 날 것으로 예상된다. 그만큼, 지금부터라도 이들에게 애정을 보여주어야 한다. 이들을 목표로 해서 미래 세대 정책을 추진해야 한다. 더 이상 〈대한민국〉이 싫어지는 "헬조선"으로 가는 것을 방지해야 한다.

사실은 이 세대들이 우리가 앞장에서 제기한 "사회공공서비스의무" 제도가 채택되었을 당시 적용될 대상이다. 단순한 수혜자가 아니라 우리가 키워줘야 할 미래 주력 세대다. IMF 관리체제 이후 출생자들이 이미 금년에 만 23세로 병역의무를 수행해야 할 가장 중요한 세대이다. 이들과 대화를 시작해 이들의 생각이 무엇인지를 파악하고 대처해야 할 것이다. 이들이 생각하는 행복이란 무엇일까? 이들 세대가 4차 산업혁명의 시대에 어떤 역할을 할 것인지가 우리의 미래를 결정할 것이다. 집중적으로 투자해야 할 이유이다. 이 세대에게 자연과의 유리, 지나친 개인주의를 극복할 수 있는 전환점을 제도적으로 마련해 줄 필요가 있다. 즉 정규조직생활이라는 개념을 어느 정도는 체화해줄 필요가 있는 세대라고 판단한다.

베이비부머 은퇴 세대의 차출

베이비부머들이 대대적으로 은퇴하기 시작한다. 이들은 은퇴 후에 커다란 사회적 부담이 될 수 있다. 베이비부머들은 몇 가지 확실한 특징이 있다. 중산층 이상의 베이비부머들은 나름 자부심이 있다. 이촌향도 세대이다. 또한 주도층의 학력이 대체로 높을 것으로 예상된다. 소위 예비고사 세대로 동년배의 대부분이 고입시험을 거쳤다. 산업화 후반기 세대로 소득 1만 달러에서 3만 달러까지 가는데, 나름대로 일조하였다. 전문적인 식견과 기술을 습득하고 있다. 현재 인당 소득 3만 달러 국가를 만드는데 가장 큰 주력군이었다.

이들 베이비부머의 상당수가 "이촌향도" 세대라는 점을 주목한다. 여건만 된다면 등산이나, 친구들과의 소일을 회피하고 삶의 의미를 찾을 수도 있겠구나, 하는 생각이 있다. 이러한 차원에서 제도적인 설계를 해주는 것이 필요할 것이다. 우리나라는 아직도 체면이 중요하다. 어쩌면 경제개발 5개년 계획에 익숙한 인식이 남아 있다. 사회 전체가 한 방향으로 간다면 참여가 훨씬 적극적일 수 있다. 현지밀착형 중소기업, 현지의 사회적 기업이나, 협동 조합운동 등이 연결될 수 있다면 새로운 일자리의 창출뿐 아니라 현재의 근거지를 둔 채, "준이도향촌"이 가능할 것으로 판단된다.

결국 이들에게 어떤 여건을 만들어 주느냐가 관건이다. 공급 측면에서 보면 소일거리, 준 자가형 주거지, 용돈이 관건이 될 것이다. 꼭 자산을 모으지는 않아도 될 것이다. 수요 측면에서는 아이디어 제공, 자문, 고문, 일손 실제 참여 등일 것이다. 농촌만 보자. 가장 큰 문제는 현 농업 종사인구의 초고령화로 농산물 생산의 지속성 여부가 문제가 된다. 결국 중간 유통 단계 생략을 통한 생산 농산물의 적정한 가격 받기, 그리고 주거 환경의 획기적인 개선, 동네 미관 정비 등으로 기여 가능 분야가 요약될 수 있다. 농촌 소멸을 상당한 정도 억제할 수 있을 것이다. 그런데 4차 산업혁명 시기에는 농업이 6차 산업으로 칭해진다. 1차 산업이면서도 제조업과 서비스업까지 입혀진다면 전혀 새로운 6차 산업이 된다는 것이다. 이를 일궈내는 것은 청년층과 베이비부머의 결합으로 가능할 수도 있다.

지금 대한민국의 지속이 큰 화두로 떠오르고 있다. 인구절벽이 극심하기 때문이다. 저출산과 연금고갈 위기를 방지하기 위해, 범사회적으로 세대 연결을 필사적으로 추구하여야 한다. 베이비부머들이 미래 세대에게 부채를 물려주면서 희생을 강요할 수는 없다. 베이비부머 세대들이 대한민국 처음으로 양보·희생·공헌을 통해서 생애주기를 고려한 삶을 추구해보자. 탐욕이 아니라, 후속 세대에게 뭔가를 물려주면서 은퇴 세대를 돌봐달라고 하는 염치는 있어야 한다. 베이비부머들이 나서서 자리를 맡겠다는 것이 아니다. 오히려 은은한또는 화려하지는 않지만 조연이라도 하고 퇴장해야 한다는 주장이다. 베이비부머의 예지와 경험의 활용을 극대화한다면 세대 단절의 위험을 최소화시킬 수 있을 것이다.

베이비부머들의 헌신과 희생을 통해서 97 "낀 세대"의 인식과 IMF 관리체제 이후 출생자들을 사회발전에 실질적으로 유용한 새로운 인재로 바꾸어야 한다. 그들의 인식을 바꾸기 위해서 베이비부머들의 대의를 위한 희생이 요구되고 있다. 필요하면 그들을 키우기 위한 투자로 국가의 예산을 대거 투자하는데 앞장 서야 한다. 여론을 형성하고 실행할 수 있어야 한다. 두 "낀 세대"가 IMF 관리체제 이후 출생자들부터라도 획기적인 제도하에서 살아갈 수 있도록 제도화하는 것이 이 정책의 목표다. 이렇게 해야만 베이비부머가 사적 자산만이 아니라, 공적 자산도 쌓았다는 평가를 받을 수 있을 것이다. 앞에서 제기한 가칭 "세대 승계 기금" 구좌 갖기 운동도 시작해 볼 수 있다. 안타까워서 하는 고육지책의 얘기다.

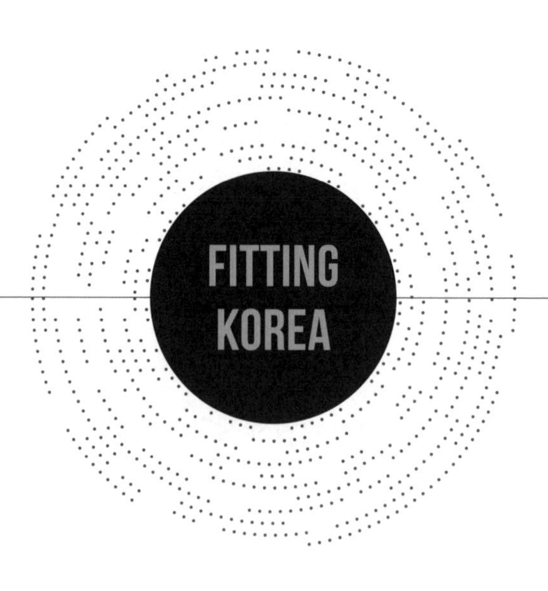
FITTING
KOREA

중국은 미국을 뛰어넘을 수 있을까

우리에게 주어진 대외환경

2021년 현재는 세계적 대전환기Paradigm Shift이다. 대학 시절, 서양사를 수강하면서 패러다임 시프트Paradigm Shift란 낯선 단어를 처음 접했다. 종강 때까지 무슨 뜻인지를 몰랐다. 지금이 딱 패러다임시프트 시기이다. 세계는 지금 단순한 전환기가 아니다. 대전환기를 겪고 있다.

한 세미나에 참가했다. 내로라하는 인사들이 모였다. 질문이 쇄도했다. '중국의 IT업계 선두주자인 화웨이가 미·중 분쟁에서 살아남을 수 있을 것인가? 기술냉전이 심각해지면 우리는 어디를 선택해야 하는가? 북핵문제를 어떻게 해결할 수 있을지? 일본과 중국 사이에서 어떻게 해야 하는지? 속국이 되는 것은 아닌지? 중국의 아프리카 전략은? 쿼드QUAD[15]에 꼭 들어가야 하는가? 우리에게는 전략적 완충자산이 남아 있을까? 전작권 반환이 가능할 것인가?'

우리나라는 연간 국방예산으로 전체 예산의 10%가 넘는 50조 원 이상을 쓰고 있다. 조선업의 강자로서, 해군이 대구함 건조 및 호위구축함 프로젝트3조 2천억 규모를 추진하고 있다. 대구함이 진수된 지, 640일이 지났다. 그중 540일 동안 수리 중이다. 말이 되는가? 3억 원짜리 부품이 말썽을 피우기 때문이란다. 하드웨어는 잘 구비했는데, 소프트웨어가 엉망인 것은 아닌지? 우리 병사의 능력은 뛰어나다. 한미연합작전 중 도상기동훈련war game에서 미국을 상대로 항상 이기고 있다. 미군의 능력이

15 미국, 일본, 호주, 인도

모자란 것일 수도 있다. 아니면 미국사회에서 군경력이 그리 큰 이점이 되지 못한다는 뜻일 것이다. 즉 인재가 몰리지 않는다는 것이다. 그만큼 인기가 없다고도 할 수 있다. 결국 우리 인력은 더 우수한데 3억 원짜리 부품 때문에 곤욕을 치르고 있는 것이 현실이다. 어떻게 그 간극을 메꿀 수 있을까?

국민국가
경쟁 300년

세계적 대전환

인간의 평균 수명은 100년으로 늘어나는 중이다. 자신을 기준으로 할아버지까지 3대, 미래 손자까지 3대, 기껏해야 전후 100년씩 총 200년의 시계視界를 가지고 살아가는 것 같다. 국가는 인간의 세대가 국가의 세기로 연장되어서 100년의 3대인 300년 전후가 되는 것 같다. 과거 300년, 미래 300년 도합 600년이 중요하게 보인다. 역사시대 개시 이후 시대정신의 수명Paradigm도 결국은 300여 년인 것 같다. 그렇다면 과거 300년의 시대적 사명은 무엇이었을까?

과거 300여 년 전후는 한마디로 '국민국가의 확립'이었다. 위키피디아는 국민국가를 '일정한 영토를 기반으로 국민을 통합하는 모든 근대국가'로 정의한다. 국민과 영토의 중요성이 그대로 전해진다. 현대사회에서 사실 한 나라 안에 사는 사람, 소위 국민은 똑같은 지분을 갖는 게 옳다. 과거에는 물리적인 힘이 센 자가 권력자가 되고, 이들의 주위에서 분탕질이 일어났다. 나중에는 이들이 왕이나 황제가 되고 이를 세습하며 왕조를 이루었다. 물론 유럽에서는 한때 종교지도자가 세계를 지배하기도 했다. 그리고 이는 여전히 종교의 교리에 의한 배타적인 측면이 있다. 어쨌든, 종교의 절대적인 힘이 끝나는 시점이 웨스트팔렌조약을 체결한 1648년이라고 할 수 있다. 이 조약은 국민국가의 시발점이 되었으며 이후 입헌국가로 발전하며 나라의 큰 틀을 헌법에 의해 규정하게 된 것이다.

국민국가의 가장 큰 화두는 국민사람과 영토땅이다. 지나고 보니 역사는 계급을 타파하고 모든 구성원들이 동등한 지위를 갖는 방향으로 진전되었다. 바로 민주화였다. 동시에 한편에서는 토지에 대해서도 사유화, 국유화, 또는 공유화 등의 제도를 구축하였다. 아직까지는 정형화된 토지제도는 없다. 어쨌든 국민국가가 형성되면서 국가의 가장 커다란 목표는 더 큰 영역을 확보하고 그 영역 안에 있는 국민을 묶어 두는 것이었다. 이를 위해서 국방, 군수산업의 중요성이 한 축으로 작동한다. 또 하나 중요한 것이 영토 안에 사는 사람을 더 만족스럽게 하는 것이었다. 결국 이는 산업화, 도시화, 세계화로 옮겨가고 있다. 그중에서도 공업화를 주축으로 한 산업화가 핵심이다. 경제력이 그만큼 중요하기 때문이다.

지난 300여 년 동안 결국 세계 패권 역시 어느 나라가 국민국가를 가장 먼저 완성했느냐로 결말지어졌다. 군사력만으로는 국민국가를 완성했다고 말하기 어렵다. 영토 안에 머무르는 사람들의 삶의 질에 따라서 이탈하기도 하고 몰려들기도 한다. 국민국가 초기경쟁에서는 유럽이나 여타지역에서 전쟁이 끊이지 않았다. 영토의 확정을 위한 피 튀기는 경쟁과 전쟁이 있었다. 결국 수차례의 전쟁을 거쳐서 국경이 어느 정도 획정되었다. 자신들이 인식하고 있는 세계에서의 경쟁이었다.

국민국가 경쟁에서 승자는 미국이었다. 미국은 유럽의 이민자가 주축이 된 영국의 식민지였다. 아마 영국 식민지 시대부터 텅 빈 대륙을 새로운 영역으로 간주하고 각종 제도적 실험을 하였다. 그 과정에서 유럽 구제도의 모순을 참작했을 것이다. 특히 인간의 동물적 탐욕을 미끼로 하는 조치[16]들이 제시되었다. 이는 자본주의 시장경제와 민주주의로 포장되었다.

정치적으로 민주주의라는 이념적 신기루, 어쩌면 마약을 통해 국민을 단결시켰다. 미국이라는 영토 내에서 살고 있는 국민들이 지도자를 직접 손으로 뽑게 하였다. 이에 의해 미국이 국민국가의 선두에 서게 된 것 같다. 영국으로부터 독립하고 난 후 봉건제의 부담이 없어졌다. 노예제도라는 신분제만 타파하면 끝이었다. 더 많은 구성원이 국민국가 영토 내에서 희생과 적극성을 발휘하는 것이었다. 영국이나 일본 등은 여전히 국왕또는 천황제을 유지하고 있다. 하지만 실질적으로는 고유의 봉건제는 해체되었다. 일부는 미발달 지역들을 식민지화하는 과정도 거쳤다. 그 속에서 정치적 격동은 일부 남아 있기도 하다. 대체로 제2차 세계대전을 끝으로 70여 년이 지난 현재 국경 획정은 거의 대부분이 종결되었다.

세계 각국은 국민국가의 틀영토 안에서 영토를 지키기 위한 군비경쟁을 했다. 그 연장선상에 있는 것이 군·산 복합체Military Industry Complex 아이디어였다. 단순히 군수산업만 발전시킨다면, 그 영속성이 짧아질 수밖에 없다. 하지만 군·산 복합체는 군수산업을 발전시키는 동시에 이를 민간

---

16 homestead act, 황야의 결투 등

수요와 연결시킬 수 있다. 바로 농경사회의 병농일치제처럼 말이다. 민간수요로 시작된 제품이 군수산업으로 연결되는 것도 있다. 공항이나 항만, 고속도로 등은 군수와 민간수요를 합쳐서 이를 충족하기 위해서 고안된 것들이다. 물론 그 반대일 수도 있겠다. 전시동원이 가능한 자원들이다. 미국이 항공산업을 거의 독점하다시피 했다. 제공권 확보가 그만큼 중요하다고 판단했기 때문이다. 이러한 노력의 핵심은 결국 산업화·상업화와의 연결이다.

또 하나의 축이 국민국가 테두리 안에서 생활하는 국민, 시민, 인민을 우호·충성 세력으로 변화시키는 것이다. 그들을 묶어두기 위해서 나름의 정책을 편다. 우선은 계급사회를 철폐하고 공동체 내의 인사들의 권리를 신장시키는 것이었다. 이것이 바로 민주화일 것이다. 또한 그 핵심에 도시화가 있다. 중국공산당은 국공내전 초기에 농민 세력을 대대적으로 동원하고 활용했다. 일단 국민당을 제압하기 위해서였다. 전술적 선택이였다. 정권이 수립되고 나서는 도시인구를 핵심 우호 세력으로 간주했다. 정권유지를 위한 정책 전환이었다. 인민이 아니라 시민을 우선시하고 그들이 잘살 수 있는 정책을 썼다. 도시화가 지원 세력 확충에 커다란 원군의 역할을 했다. 도시화의 중요성이다. 아이러니다.

정치체제 경쟁도 한 축이다. 먼저 제2차 세계대전 이후 미국을 중심으로 하는 서방권이 있다. 기본적으로 민주주의 정체와 자본주의 시장경제를 추진하는 국가군이다. 이에 맞서 구소련을 중심으로 한 동구권이 있다. 공산당 전제정권과 사회주의 계획경제를 추진하는 국가군이다. 우리 같은 분단국가에서는 사회주의 계획경제를 일고의 가치도 없는 사상으로 치부했다. 베이비부머들에게는 반공의식이 체질화되었다. 하지만 현실적으로 우리도 계획경제 요소를 많이 도입했다. 경제개발 5개년 계획1962~1995년, 정부 자원의 중화학공업 집중 투자 그리고 사회보장제도 도입 등이 그것이다. 인간세상에 한 체제에만 통하는 절대적인 진리란 존재하지 않는다.

사실 공산당 전제에 의한 사회주의 계획경제도 일시적으로는 효능이 있었다. 1935년부터 확실하게 계획경제를 시작한 구소련의 예가 있다. 약 30년간은 효용성이 나타난다. 인간의 노력은 일정 기간, 가령 한세대 이내 동안은 강제와 명령에 의해서 극대화할 수 있다는 점을 보여주고 있다. 압제에 의해서 강제로 통치하는 것의 한계가 한 세대일지? 한때 1950~60년대에는 구소련이 우주경쟁을 선도하는가 하면, 서방세계를 위협하기도 한다. 한국전쟁1950년, 베트남전쟁1960, 쿠바위기1964 등이 1935년부터 기산 시 30년 전후의 일들이다. 이 사건들은 모두 구소련이 직접 일으키거나 배후에서 지원했다는 공통점이 있다.

하지만 미국 역시 만만하게 물러서지 않았다. 미국은 인간의 자율적 의지가 중요하다는 신념으로 무장하였다. 수월성을 강조하는 고난도 교육과정을 도입했다. 동시에 창의교육을 통한 세계 제패를 겨냥했다. 서방세계 최고의 인력을 흡수해 R&D에 집중했다. 2차대전 종전 이후 동구권에서 넘어온 이민자들도 가세했다. 곧 구소련의 반짝했던 우세를 저지한다. 이로써 미국은 성공적인 달 착륙을 시작으로 기술발전 후발주자로서의 열등감을 씻는다.

1990년대 전후로 공산당 전제에 의한 사회주의 계획경제의 한계가 드러났다. 한 세대 존속, 한 세대 방황기라고나 할까? 두 세대 조금 더 되는 것 같다. 구소련 출범과 관련해서 1917년 기산 시 73년, 1935년 기산 시 55년 만에 공산권이 점진적으로 해체되었다.

1990년대부터 지난 한 세대1990~2020년 동안은 전 세계가 시장경제를 무기로 더 잘살아보자는 열망을 실현하기 위해 달려온 시기다. 전 세계가 신자유주의를 내세우며 시장경제의 장점을 입이 닳도록 찬양했다. 시장경제의 장점을 불문율로 받아들였다. 하지만 독점은 문제를 잉태하는 것인지? 아시아 금융위기1997년, 9·11 사태2001년, 세계금융위기2008년가 연이어 발생하고 서구시장경제권도 위기에 봉착하게 되었다. 현재는 국제적으로 국가 간뿐 아니라, 국내적으로도 빈부격차인 양극화가 문제시되고 있다. 1970년대생의 비교적 젊은 경제학자인 피케티와 19세기 후반의 헨리 조지류의 책들이 다시 대중 속으로 파고들고 있다. 또한 전혀 예기치 못한 코로나19 팬데믹이라는 비경제적 요소에 의해 세계가 한바탕 곤욕을 치르고 있다. 미국이 완성한 자본주의 시장경제도 정책 효용의 가용기간을 가지고 있는 것이 아닌지 의문이 든다. 새로운 길을 모색해야 하는 때이다.

문제는 지금부터다. 경제체제 경쟁도 일단락되었다. 아무리 재정정책을 써도, 저금리 금융정책을 써도 정책 효과는 제한적이다. 전통 산업화의 완성에 따라서 산업정책이나 도시화를 중심으로 하는 사회간접자본투자SOC의 효용성이 거의 사라졌기 때문이다. 설비 증설도 효용이 줄어들 수밖에 없다. 재정정책은 선정 과정에서 객관성의 문제가 계속해서 제기되었다. 지금은 경제변화의 예측이 아주 어려운 과제가 되어버렸다.

우리는 이제 새로운 길을 모색해야 할 필요가 있다. 소득주도성장, 기본소득, 안심소득제, 사회보장 강화 등이 강조되었다. 빈부격차를 심각한 문제로 인식하고 있기 때문이다. 최근에는 이익 공유제까지도 거론되고 있다. 하지만 일부 북구국가에서의 실험 결과가 시원치 않았다. 재정압박 문제로 선뜻 나서지 못하고 있다. 또한, 전통적 정책으로는 현상을 유지하기도 어려워졌다. 일본은 1990년대부터 경제적 혼미를 거듭하고 있다. 비정통적 금융정책을 공격적으로 집행하며 아베의 경제정책Abenomics이 출범하였다. 성과의 평가는 속단하기 어렵다. 정부의 부채가 늘어났기 때문이다. 인플레이션이 문제시되지도 않는다. 전 세계 유통망 연결이 완성되고 시차만 두면 어디서든 물품조달이 가능해졌고 범세계적인 전통적 산업화가 완성되었기 때문이다. 그렇다고 무한정적 인플레이션 무풍지대는 아니다. 양적완화와 관련해 자산가격 인플레이션이 일어나고 있다. 뭔가 다른 해법이 있어야 한다. 지금은 세계적 대전환기에 있기 때문이다.

범세계적 전통적 산업화 완성

인류의 발전지표인 인구수, 경제력, 인당 소득, 기대수명, 무역 의존도, 물가, 도시화율 등이 크게 변화했다. 제일 주목되는 것은 범세계적 인당 소득의 1만 달러 도달이다. 베이비부머들은 인당 소득 1천 달러를 경제발전의 본격적인 시작이자 절대빈곤 탈출로 인식했다. 인당 소득 1만 달러는 선진국 초입에 들어가는 것으로 인식하고 있었다. 사실은 통화가치의 변동으로 지금의 1만 달러와 수십 년 전의 1만 달러는 가치가 다를 것이다. 하지만, 단위가 천 단위에서 만 단위로 옮겨가는 단위효과는 상징적으로 있을 것이다. 각 정부가 들어설 때마다 귀가 따가울 정도로 목표달성을 독려하는 선전을 해댔다. 그만큼 인당 소득 1만 달러 달성이 갖는 의미가 크다는 뜻이다.

1970년대까지는 미국의 독점이 지금보다 훨씬 더 강했던 시기였다. 국제조직을 통해서 전 세계를 구조적으로 파악했다. 동시에 세계전략으로는 국제기구의 제도화에 의한 간접통치전략을 구사했다. 당시 2차 세계대전에서 나가사키와 히로시마에 투하된 원자폭탄이 인간을 낙엽처럼 우수수 살생했던 기억은 대단한 공포였다. '미국제품미제'의 위력도 대단했다. 거의 유일하게 미국만이 인당 소득 1만 달러 국가였다. 남북전쟁이 끝난 1865년부터 기산 시 근 100년 만에 전통적 산업화를 제일 먼저 달성했다. 이게 바로 미국의 주도적 힘이었다. 우리나라도 1995년에 인당 소득 1만 달러를 달성하고 전통적 산업화를 완성하게 된다.

전통적 산업화란, 한 시대에 존재하는 대부분의 일상생활과 관련된 제조업 제품의 존재를 알고, 상당 부분을 자국에서 생산해 낼 수 있는 능력을 갖추고 있는 상태라고 정의할 수 있다. 물론 알려지지 않은 많은 신제품들도 출시되지 않은 채 대기하고 있을 수 있다.

2012년을 전후로 전 세계가 인당 소득 1만 달러를 달성한다. 전통적 산업화를 완성한 것이다. 세계금융위기가 발생한 지 4년 만이다. 정말 아이러니다. 이는 미국의 침체가 세계경제에 결정적인 영향을 주지 않는다는 해석이 가능하다. 그만큼 세계가 다극화, 다양화되었다는 것이다. 브레튼우즈체제가 출범한 1945년도부터 만 67년 만이다. 과거 같았으면 어림도 없는 일이었을 것이다. 전 세계의 수요와 공급이 균형을 이루는 시점이다. 세계가 대부분의 일상생활과 관련된 제조업 제품의 존재를 알았고, 거의 상당 부분을 세계 어디에선가 직접 생산해 낼 수 있는 능력을 갖춘 것이다. 그 이후는 질적인 발전이지 새로운 것이 크게 없다.

가령 자동차를 예로 들어보자. 자동차가 초기에는 기계산업으로 수동식이었지만, 이후에 자동식으로 전환되었다. 지금은 다시 구동방식이 가솔린 엔진 방식에서 수소나 전기 자동차 그리고 전자가 입혀진 자율 자동차를 목표로 진화하고 있다. 테슬라의 주가가 천정부지로 가고 있는 것은 말할 것도 없다. 2015년 대기업사장단 회의에서 특강을 한 적이 있다. 전자산업의 거두와 자동차 산업의 거두가 M&A 해야 한다는 충격적 발언을 했다. 세계변화의 파고를 넘자면 발상의 전환과 (초)거대 규모의 경제가 필요하며, 결국 융합이 창조라고 생각했기 때문이다. 민감한 사안이었다. 대외적으로 공표되지 않았다. 지금의 추세는 그렇게 가고 있다. 성능의 진화는 있지만, 제품의 존재 자체가 새로운 것이란 그리 많지 않을 것이다.

인류 기대수명의 연장도 있다. 1970년 59세에서, 2015년 72세로 무려 13세나 연장되었다. 2030년 정도면 인류 기대수명이 거의 80세에 수렴할 것으로 판단된다. 사회보장제도가 도입된 19세기 후반기의 기대수명과 비교하면 큰 격차이다. 그 당시는 환갑을 지내는것조차 어려웠다. 평균적으로 생존이 불가능하다고 판단하기에 충분한 나이가 60세였다. 때문에 60세가 연금제도의 기준이 되었다. 연금제도가 앞으로 크게 위기에 처할 것이라는 사실을 명확하게 보여주고 있다. 인류의 발전이 환경파괴 등과 같은 여러 측면에 의해 스스로의 발등을 찍는 것은 아닐까 한다.

또 하나가 전 세계의 도시화다. 도시는 국민국가 내의 성공이라는 신기루를 좇는 자들의 집합소이다. 또한 승자에게 혜택을 부여하는 곳이다. 기본적으로 이러한 효과를 위해 점진적으로 영토 안의 인구를 도시화로 포섭하곤 한다. 도시인구비율이 1970년 당시, 37%였으나, 2015년에는 54%로 상승했다. 선진국 경제권에서는 69%에서 82%로 상승하다가 지금은 정체 중이다. 도시화가 정부의 토목·건축정책의 활용이라는 쉬운 정책도구로 활용되었다. 하지만 이러한 경향은 이제 점차 사라지고 있다. 추세는 도시의 재개발과 재건축으로 넘어가고 있다. 이는 인류의 보편적 생활이 편리해졌으며, 인간의 생활 목표와 양식도 변화할 것이라고 예기해준다. 그만큼 국민국가 내의 도시인구시민가 정치 권력을 결정하는 중요한 부분이 된 것을 나타낸다.

마지막으로 세계화다. 양방향 무역 규모가 세계경제 규모에서 차지하는 비중이 50%를 넘었다. 1990년대까지만 하더라도 30% 정도로 안정화되어 있었다. 하지만 1995년 WTO 출범 이후 급격하게 상승하기 시작했다. 2012년에 들어서면서 50%를 넘어섰다. 이후 세계화에 대한 반성과 반세계화의 물결로 주춤거리고 있다. 최근의 코로나19 팬데믹 사태 이후는 세계화율을 당분간 정체시킬 것으로 판단된다. 결론적으로 현재 구축된 세계적 공급사슬에 의해 인류는 평균적으로 이전에 비해 훨씬 물질적인 풍요를 누리고 있다. 물론 아직도 세계인구의 10% 정도인 7억 명의 사람이 절대빈곤에 허덕이고 있는 것 또한 사실이다.

국민국가 체제 이후의 향방

미래세계의 향방은 발전된 선도국가들이 방향을 어떻게 잡느냐가 관건이다. 현재는 미국과 중국이 그 핵심에 있다. 물론 러시아도 있다. 미국이든 중국이든 러시아든 모두 정부 주도다. 그래서 정치가 중요하며, 그만큼 지도자의 중요성을 대변해 주고 있다.

정치적으로 민주주의의 위기이다. 전 세계적으로 왕조는 거의 다 사라졌다. 있다손 치더라도 그 영향력은 상징적이고 제한적이다. 트럼프 대통령 시절의 미국은 민주주의의 난관에 봉착했다. 민의의 왜곡과 이벤트에 의해서 민주주의가 다수결로 권력을 잡는 수단으로 변질되었다. 새로운 정치체제를 모색해야 할 이유이기도 하다. 인터넷 시대에는 정보나 학문이 더 이상 지배 국가들의 독점이 아니다. 범인류의 지적 자산으로 변환되었다. 전통적 분규는 지금도 실시간으로 진행형이다. 하지만 세계 패권을 놓고 무력으로 겨룬다는 것은 인류멸망과 직결된다. 핵무기의 가공할 능력으로 강대국 간의 전쟁 가능성은 거의 사라졌다.

그렇다면 '국민국가'를 위해 내달렸던 제도가 바뀔 수밖에 없지 않을까? 극적으로 지구촌이라는 하나의 세계에서 각 국가의 영역 획정도 옅어지면서 도시권역 간의 뽐내기 경쟁으로 가지 않을까? 어쩌면 더 완벽한 스마트도시 구축 경쟁으로 가지 않을까 한다. ICBM으로 약칭되는 사물인터넷, 클라우드, 블록체인 그리고 모바일이 실제로 작동하려면, 지금 존재하고 있는 도시가 대대적으로 스마트화되어야 한다. 지금도 부지불식간에 각국에서 진행되고 있다. 어쩌면 무정부주의가 필요한 것인가? 그것은 아닐 것이다. 인간세계는 어쨌든, 질서유지 장치가 필요하다. 역사 발전의 경험상, 국가 간 위계질서는 세계질서 안정성을 확보하기 위한 필요악이었다. 이는 너무 이상적인 생각일까?

사실 이러한 변화가 인류에 꼭 좋은 것만은 아니다. 경제적인 어려움이 예기되고 있다. 전통 제조업의 포화, 과잉산업화는 세계적 차원에서의 구조조정을 요청하고 있다. 구조조정이 가능한 국가도 있지만 계속 뒤처지는 국가도 생길 것이다. 정부의 조정 기능은 계속해서 중요한 영역이다. 문제는 인간의 생애주기와 세상에 존재하는 물품들의 생산주기의 불일치다. 이러한 문제는 항상 존재했다. 하지만 농경사회의 경우, 씨를 뿌리고 이를 수확하는 시간의 소요 등으로 느린 조화와 적응이 가능했다. 전통적 산업화도 어느 정도 적응 가능했다. 하지만 Post-전통 산업화, 디지털화 사회에서는 주기의 불일치가 커다란 문제로 등장하고 있다.

산업화 사회에서의 인간은 사회에 나아가기까지 10~20년의 사회화 기간이 필요하였다. 하지만 디지털 경제로의 전환에서 제품주기, 기술주기는 5년, 아니 1년이 채 걸리지 않는다. 최근 디지털화 사회에서는 몇 개월 단위로 주기가 더욱 짧아졌다. 인간으로서는 적응하기가 거의 불가능하다. 결국 AI, Alpha-go가 활동하는 시대에는 단순노동력의 바로 상위계층인 중간층 노동력은 없어질 것으로 예상한다. 끔찍하고도 아찔한 얘기다. 규모의 경제 극대화에 의한 초연결 사회에서는 플랫폼 비즈니스Platform Business만이 성할 것으로 보인다. 그 마지막 아랫단은 정말 필요한 필수 노동력만이 남게 될 것이다. 하지만 그 노동력은 양질의 직업이 꼭 아니다. 그렇다면 사회에 첫 진출하는 청년에게는 생존을 위한 현장형 전문 기능사 자격증이라도 있어야 하지 않을까 생각된다.

사회적으로도, 단순한 도시화의 추구나, 서구화의 추수가 최선은 아닐 것이다. 지나친 디지털화와 자연으로부터의 괴리가 우리 인류 운명을 해칠 가능성도 있다. 준비는 눈에 잘 띄지 않는다. 장수 시대에 따라 연금 재정은 엄청난 문제에 직면하게 될 것이다. 또한, 정보가격의 몰락,

유튜브의 활성화, 온라인, 체험자산의 중요성도 대두되고 있다. 서구화의 추수가 아닌, 다원화된 개성이 강조된다. 서양 할리우드 주의의 상대적 쇠퇴, 동양의 재대두도 관찰된다. 혼합과 융합의 중요성이 더욱더 중요해질 것이다. 결과적으로 발전모델의 전환[17]은 이미 진행되고 있다.

구 발전은 선진국의 기존기술모방, 표준화된 제품의 대량생산과 대량소비, 규모의 경제와 대기업의 주도, 장기 고용과 내부 노동시장, 반숙련 노동과 거대 노조의 위세, 중앙집권적 국가운영, 정부 주도 수출지향, 관치금융과 정경유착, 암기 위주의 보편 대량 교육이 그 핵심이었다. 그렇기 때문에 교과서가 중요했다. 하지만 미래 세기의 새로운 발전은 기술창조형 성장, 유연기술의 다품종 소량생산과 맞춤형 상품, 혁신 지향형 중소기업, 단기 및 비정규 고용과 외부 노동시장, 숙련 및 지식노동과 노조 다양화, 광역형 지방분권, 내수·수출 균형의 민간 주도, 금융 자율화와 투명화, 창의성 위주의 교육 다양화가 그 핵심이다. 이제 틀에 갇힌 교과서는 탈피해야 한다. 냉전 논리와 서방 주도 산업구조 속에서의 구조적 하청업체론도 운명이 다한 것이다.

전통적 산업화 시대에서는 에너지 확보가 제일 중요했다. 발전할수록 에너지가 비례적으로 필요했기 때문이다. 초거대 석유회사Oil Major들이 그 수단이 되었다. 21세기 들어서도 셰일가스 혁명에 의한 미국 주도의 세계 패권 지속론이 여러 경로를 통해서 주장되고 있는 이유이다. 미국 일방·일극주의의 우위성이 지속될 것이라는 의견도 있다. 결국 패권에서는 2등이란 의미가 없다. 2020년 11월 미국 대선에서 트럼프 대통령이

17 고인이 되신 박세일 교수의 저서, 『대한민국국가전략』(2008)에서 재인용했다.

패했다. 그러나 승복에는 상당한 시간이 걸렸다. 이는 사실 전혀 예상치 못한 행태였으며 세계에 의미하는 바가 크다.

중국의 발전국가로의 복귀

국민국가의 완성이 경제영역에서 빠르게 이루어진 데에는 중국의 역할이 컸다. 전 세계적으로 전통적 산업화가 완성된 것은 아니러니하게도 2008년 세계금융위기가 터지고 나서 4년 후의 일이다. 세계인구의 20%나 되는 중국인구 규모의 비중이 말해준다. 중국발전이 세계에 끼칠 영향은 금세 알 수 있다. 가중치가 그만큼 높기 때문이다. 중국 하면 긴 역사와 큰 규모가 특징이다. 중국은 인류 역사 과정에서 항상 세계의 한 축을 이루고 있었다. 세계 유명박물관의 전시물 중 상당수가 중국 농경사회 최고의 상태에서 이루어진 유물들이다. 19세기 후반, 20세기 초반에 중국에서 유출된 것들이다.

중국은 19세기 초반까지도 농경사회에서 세계국가의 면모를 유지하고 있었다. 세계 경제의 1/3 이상이 중국에 의해 지탱되었다. 한때 다우존스 지수 계산의 핵심 기업이었던 AIG, citi 은행도 중국에서 성장했거나 기반을 닦았다. 하지만 중국은 완성된 농경사회에서 즐기고만 있었다. 국민은 안중에도 없었고 청나라 왕조를 유지하는 데만 힘을 쏟아부었다. 국가적 차원의 미래 대비가 전혀 없었다. 농경사회 성공의 끝판 이후 구체제의 관성으로 새로운 대전환 적응이 이루어지지 않았기 때문이다. 중국 밖의 세계가 어떻게 변화하고 있는지에 대한 정보가 국가정책입안 당국에 전혀 전해지지 못했다. 아니, 당시는 국가정책이 아예 없고 왕조 유지정책에 불과했을 것이다.

중국의 지난 150년은 아편전쟁 패배1840년 이후 몰락의 길을 걸었던 시간으로서, 국가 체면이 말이 아니었다. 서구열강의 제국주의 침략으로 중국의 상당한 영토가 할양되거나 점령되었다. 아시아 전체가 서구에 비해 열등 지역으로 바뀌어 버렸다. 아시아인 자체가 열등한 것은 아니다. 지금 미국에서 활약하는 일류 기술인력의 상당수가 아시아계이며, 인구가 많은 중국계나 인도계가 주를 이룬다. 사람 속에서 사람이 나는 것이다.

하지만 일본은 아시아의 몰락에서 예외였다. 1868년, 메이지 유신을 통해 개화파가 천황제를 업고 거의 250년 가까이 유지되어온 막부제1600~1868를 대체했다. 제국주의의 일원이 된 것이다. 이로써 일본은 서구 주도의 산업화에 동조할 수 있었다. 도시화에도 보조를 함께했다. 도쿄나 오사카가 눈부시게 발전했다. 세계대전에도 참여(?)해 아시아에서 중국과 함께, 또는 중국을 제치고 세계역학상 일정 지분을 확보했다.

반면 중국은 20세기 들어서야 변화의 조짐을 보인다. 신해혁명을 통해 청왕조를 붕괴시킨다. 이후 한 세대 이상의 급격한 혼란을 거친다. 또한 2차 세계대전 이후에는 격심한 국공내전을 거쳤다. 1949년이 되어서야 비로소 모택동의 주도로 중화인민공화국이 탄생한다. 아편전쟁 이후 100년 분열의 종지부를 찍은 것이다. 하지만 어설픈 계획경제와 문화대혁명의 대규모 실패를 겪었으며, 구소련과의 이념분쟁으로 한때 극심한 위기에 빠지기도 했다. 이후 중국은 1972년 미국과 화해하고 1978년 덩샤오핑의 주도로 개혁개방정책을 채택한다. 산업화를 중심으로 세계적인 현대화 물결에 가세한 것이다. 1978년 개혁개방정책을 채택한 이후 중국의 성과는 모방의 연속이었고 결국 이를 완성했다. 지금은 모방에 이어 경제발전의 두 번째 단계인 관리·체계화를 진행 중에 있다. 물론 창조와 혁신도 강조되고 있다. 21세기 들어서 정상적인 국가로 회귀하는 과정에 있다고 해야 한다. 하나의 정치체제하에서 통치되고 있다. 자각을 통한 발전 우선 국가로 되돌아오고 있다. 과거의 영광을 기억하며 다시 발전국가의 길을 걷고 있다.

2019년 현재 중국은 GDP 14.3조 달러, 인구 14억 명, 인당 GDP 10,000달러를 상회하고 있다. 덩샤오핑이 대외적으로 제시한 중화인민공화국 발족 100주년이 되는 2049년까지 도달하려는 목표를 30년이나 앞당겼다. '앞당겨졌다'는 표현이 더 맞을 것이다. 해외자산이 적어도 2조 달러 규모 이상으로 추정된다. 현재까지 무역수지흑자 누계치가 4.5조 달러를 상회하고 있다. 세계 성장률 기여도[18]가 2008년 이후 20%대에서 30%대까지 확장되고 있다. 세계 경제 전체에서 차지하는 비중도 상승하고 있다. 현재는 15% 조금 더 넘고 있다. 10~20년 후면 25~30%까지 될 것이다. 당연한 수순이다. 3조 달러 이상의 외환보유고도 축적하고 있다. 중국은 부담스러워서 원치 않지만, 벌써 G2로 거론되고 있다. 무역의 경우, 중국이 2013년부터 계속해서 세계 1위를 차지하고 있다. 수출에서는 2009년부터이다.

중국발전 성과의 배경에는 여러 가지 요소가 작용하고 있다. 그 첫째

---

18 이는 전 세계 성장률에 중국이 얼마나 기여했는지를 나타낸 것이다. 이는 가중평균치에 의해서 결정되는데, 세계 성장률이 3%라 치자. 중국의 세계 비중이 15% 정도, 성장률이 5% 정도이니, 가중치는 15%×5%=0.75%이다. 결국 3% 가운데 0.75%는 중국의 기여분인 만큼, 0.75/3=0.25(=25%)의 세계 경제성장 기여율이 되는 것이다.

가 미국의 산업화 완성 이후 정책실패에 있다. 과거 농경사회에서 중국처럼 미국은 산업화 완성 이후를 극복하지 못했다. 세계전략에서 정책적으로 실수, 실패하게 된다. 이는 중국발전의 가속화로 연결된다. 우선, 1990년대 인터넷을 상용화시킨 것이다. 인터넷은 보안시스템으로 주로 군사 영역에서 내부망으로 쓰던 것이 진화된 것이다. 정보교류의 대중화를 이끌게 된다. 세계통치 수단이던 미국의 정보독점이 해체된다. 예상치 못한 결과다.

두 번째는 2008년을 기점으로 미국 주도의 금융공학이 물거품이라는 것을 확인한 것이다. 중국에 투자했던 많은 다국적 기업들이 손을 털고 탈출하였다. 중간급 기술이 중국인 손으로 고스란히 이전됐다. 이는 중국의 전통적 산업화 완성 시기를 훨씬 앞당겼다. 혹시라도 나중에 세계경제주도권이 중국으로 넘어간다면 2008년이 그 분기점일 것이다. 비트코인의 약진, 블록체인의 진화, 전자화폐의 태동 등이 이 시기와 연관성 있다. 미국의 체면이 크게 손상되었다.

정치적으로 중국은 공산당의 전제·독재로 정치·사회적 안정을 찾았다. 민주주의의 이념과는 배치되더라도 새로운 정치운영 방식을 대대적으로 실험한다. 그 핵심에 시장경제의 장점을 차용하는 노력이 있었다. 인간의 본성은 탐욕을 극대화하는 것이다. 중국은 이를 인정하고 있다. 제도나 정책실패의 허용이 가능한 실험국가 측면이다. 이는 인사정책과 연결된다. 당내 경쟁은 성과지표에 근거해 5년마다 차상위 계급으로의 승진을 위해 성과경쟁이 치열하게 일어난다. 성과지표 중 가중치가 높은 것이 제도적 실험의 성공이다. 물론 고위층으로 갈수록 지방에서의 현장지휘 경험도 강조된다. 무늬만 간부가 아니다. 북한정권의 하향식 인사

방식에 익숙한 우리들의 의식 속에서는 이해하기 어렵다.

발전의 추세를 연장해보자. 한 세대 뒤인 2050년 중국의 GDP 규모를 추정할 수 있다. 향후 누적 평균 성장률이 관건이다. 과거처럼 연 6~9% 고도 성장률을 기대하기는 어렵다. 인당 소득 1만 달러를 넘어선 만큼 3만 달러를 달성할 때까지는 연평균 3~6%가 최적일 것이다. 연 4%로 가정했을 때, 한 세대인 30년 후에는 대체로 40조 달러, 연 5% 정도일 때, 60조 달러 상당이 될 것이다. 평균적으로 45~50조 달러는 될 것이다. 확실히 현재 미국의 GDP 20조 달러 수준은 훨씬 넘어설 것이다. 인당 소득도 결국 2.5~3만 달러 수준이 아닐까 한다. 과거 농경시대처럼, 적어도 경제적인 영역에서는 정상적인 국가로 완전히 돌아오는 것이다.

합리적 이성, 비교우위, 규모의 경제, 시장경제

300여 년간의 정신적·철학적 지주는 무엇이었을까? 철학적으로 합리적 이성이 한축이었다. 경제적으로 비교우위에 입각한 규모의 경제가 가장 커다란 지주였다. 합리적 이성을 통해서 비교우위, 시장경제를 적극적으로 운용했다고 할 수 있다. 합리적 이성에 근거한 논리성이었다.

제조 과정에서만 적용되는 것이 아니다. 사회간접자본을 구축하는 것도 마찬가지다. 최근 들어, 도시 규모가 더욱더 확대되고 있다. 초거대도시가 탄생하고 있다. 사회간접자본 투입에서 규모의 경제를 더욱더 활용하기 때문일 것이다. 미국이 지난 70년간 월등히 우세했던 이유 중 하나가 규모의 경제를 확실하게 활용했기 때문이다. 중국은 1978년 이후 개혁과 개방정책을 시행하는 과정에서 국내수요뿐 아니라, 해외수요까지 적극적으로 활용한 것으로 유명하다. 미국은 제품생산의 규모의 경제, 중국은 공간 활용의 규모의 경제를 극대화하는 것 아닐까?

한 국가에 인구가 많다는 것은 한때 잘살았을 수도 있다는 뜻이다. 물론 인구밀도도 높은 지역이다. 인도와 중국이 그 예이다. 잘 못살 때는 국가가 먹여 살려야 하는 부담이 크다. 당연히 인구가 빠져 나간다. 산업화에서 인구가 많다는 것은 방향만 잘 잡으면 큰 이점이 된다. 노동집약형 산업화에서는 싼 노동력의 공급원이 된다. 나중에 잘살게 된다면 거대수요처로서 역할을 하게 된다. 인당 소득 1만 달러를 넘긴 중국의 현재가 아닐까 한다. 중국이 수요처로서의 중요성이 더 커가고 있다. 사람이 자연스럽게 모인다. 역할이 계속 바뀔 수 있다.

거대 국가의 이점은 규모의 경제다. 전 세계 개별 국가의 인구규모는 평균 3,500만 명 정도이다. 개별 국가로서 규모의 경제를 달성하기는 쉽지 않다. 현재, 전 세계는 전통 산업화가 완성되었는데도 불구하고 국가 간 빈부격차가 존재한다. 200여 개 국가 가운데, 자체적인 인구나 경제규모로 자립할 수 있는 국가는 그렇게 많지 않다. 단일국가가 규모의 경제를 단독으로 도달하는 것은 쉽지 않다. 국제경제협력의 중요성이 자연히 자리 잡게 된다. 우리나라가 대표적인 수혜자이다.

인구 1억 명 이상 국가, GDP 규모 1조 달러 이상이 되는 경우 경제자립이 가능하다는 가설이 존재하였다. 2019년 현재까지도, 인구 1억 명 이상의 국가는 중국, 인도, 미국, 인도네시아, 브라질, 파키스탄, 나이지리아, 방글라데시, 러시아, 멕시코, 일본, 에티오피아 등 12개 국가에 불과하다. 이들 국가의 빈부격차는 상당하다. 인당 소득 최고 국가는 2019년 기준 미국으로 6.5만 달러이다. 이어서, 일본이 4.1만 달러, 나머지 국가 가운데 인당 소득 1만 달러를 넘는 국가는 중국1만 달러, 브라질1.1만 달러, 러시아1.2만 달러, 멕시코1.1만 달러 등 4개국이다. 인당 소득 1만 달러 이상 국가는 6개다. 딱 반이다. 최빈국가는 에티오피아로 인당 소득 300달러에 불과하다. 미국의 1/220이다.

총량 규모로 GDP 1조 달러를 넘는 국가는 16개다. 미국, 중국, 일본, 독일, 프랑스, 영국, 인도, 브라질, 이탈리아, 캐나다, 한국, 러시아, 호주, 스페인, 멕시코, 인도네시아가 이에 해당한다. 인도와 인도네시아 2개 국가 만이 인당 소득 1만 달러 미만의 국가다. 나머지 14개국은 모두 인당 소득 1만 달러를 넘는다. 인구 1억 명보다 GDP 1조 달러를 넘는 국가가 자립경제를 운용할 가능성이 높다는 것을 시사해주고 있다. 그만큼 인구수보다는 경제력 자체가 중요하다. 인위적으로 인구수만 늘리는 것이 능사가 아니라는 것을 잘 보여준다.[19] 우리도 GDP 1조 달러 클럽에 들어 있다. 대단한 것이다.

미국의 세기

국민국가 완성의 최종적 단계에서는 미국의 역할이 매우 컸다. 특히, 2차 세계대전 이후 70년간은 미국이 세계를 선도했다. 이 의미는 무엇일까? 미국경제가 세계를 이끈 원동력은 무엇인가? 사실, 발전에서 세계

19 참고로 인구 1억 명 이상이면서, GDP 1조 달러 이상의 국가는 중국, 인도, 미국, 인도네시아, 브라질, 러시아, 멕시코, 일본 등 총 8개 국가이다.

적인 두각을 나타내기 위해서는 월등하거나 뛰어난 부존자원, 독점적 기술력, 문화 우위성, 제도의 선진성 등이 복합적으로 작용해야 한다. 특히 이러한 요소들은 상호연관성이 아주 높다.

미국 발전의 경우, 기본적으로는 유럽의 성과를 모방하고 이를 체계화하고 완성시키면서, 관리·제도화시켰다. 동시에 산업화 과정에서 새로운 창조에 성공하였다. 유럽의 발전이 마치 로마의 복사판이라는 인상과 같은 것 아닐까? 한 가지 큰 차이는 있다. 유럽은 꽉 짜여진 기득권 세력을 설득해야 했지만, 미국은 자기들만의 신세계에서 부담 없이 자유롭게 그려내는 것이다.

국민국가의 중요한 부존자원의 두 요소는 영토땅와 국민사람이었다. 이 두 가지 요소가 어떻게 진화하느냐가 중요하다. 물론 이는 인류 역사 이후의 지속적인 과제이기도 하다. 미국은 계급제 타파에 대한 부담이 없었다. 근본적으로 이민국가였기 때문이다. 하지만 나중에는 부족한 노동력 때문에 흑인과 아시아인주로 중국인을 노예무역으로 충당하는 죄를 짓고 만다. 노예 신분이 아닌 다음에야, 미국에 발을 들여놓으면 완전히 일반 자유민이다. 출발점이 같은 인간 공동체였다. 영토 문제도 거의 없었다. 무기력한 인디언만 제압하면 되었다. 결국 백인이 주축을 이룬 이민자들만의 리그였다. 그들 사이에서만 평등을 갖고 시작하였다. 그들이 자연스럽게 미국 설계의 주도세력이 되었다. 소위 WASPWhite Anglo-Saxon Protestant라는 세력이 된 것이다.

또 하나가 제도의 선진성이었다. 미국은 약 150년 전에 치른 남북전쟁1861~1865년 이후부터 본격적으로 미국적 발전을 시작했다. 더 넓어진 영토 기반하에서 국민국가 경쟁에 뛰어들게 된다. 근대화된 국가관리 체계의 확립이 가능하였다. 행정관리 체계의 과학화·합리화가 있었다. 국민국가의 목표는 영토 확대와 국민생활 향상에 있었다. 행정 조직이 군사 조직의 연장 적용일 수밖에 없게 된다. 독립전쟁과 남북전쟁을 거치면서 군사조직이 상당히 체계화되었을 것이다. 이상적인 행정이란, 국가적으로 민의가 반영된 정부의 정책결정이 최말단까지 효율적으로 닿아야 한다. 일사불란한 군대 조직과 일맥상통하는 측면이다. 유럽이란 구질서에서는 행정이 왕조 중심이었기 때문에 사각지대가 발생할 수 있었다. 미국은 신생국가로서, 정착에 가장 중요한 토지 획득이 무한히 가능한 상태였다. 그만큼, 행정 조직이 말단까지 쉽게 도달할 수 있었다.

1930년대 발생한 대공황을 극복하는 과정에서 미국 정부는 국민들의 경제활동에 적극적으로 개입하게 된다. 정부가 경제에 적극 개입함으로 정부기능의 창출이 가능하였다. 이 또한 전쟁 시, 군대 행정의 연장이다. 결과적으로 루즈벨트 대통령의 설득과 행정부의 균형이 있었다. 케인지안의 대두에 의한 정부의 적극적인 개입이 정당화되었다. 사실 경제활동에 정부가 적극적으로 개입하는 것은 구소련의 사회주의 계획경제가 딱이었다. 두 나라 모두 인류 역사에서 거의 최초로 전 영토에 중앙정부의 행정력이 체계적으로 미치는 경험을 하게 된다. 이 또한 국민국가 시대의 선진적인 제도로 자리 잡게 된다.

또한, 미국은 강력한 달러 경제권을 구축하였다. 특히, 2차 세계대전 승리 이후에는 브레튼우즈 체제를 통해서 달러는 세계통화로 통용되었다. 핵 위력을 보인 가공할 만한 막강한 군사력과 경제력이 바탕이 되었다. 외환위기 부담이 전혀 없었다. 미국은 적자재정을 통해서 해외로부터 물자를 수입, 소비의 대중화에 성공하였다. 수요 창출 면에서 세계 최대의 수요처 역할을 해 온 동인이 된다. 결국 "규모의 경제"의 최적화 달성을 위해 제조업의 세계적인 네트워크화에도 성공하게 된다.

또 중요한 것이 문화적 우위성이다. 문화를 형성한다는 것은 종교 등 복잡한 요인에 의해서 이루어질 것이다. 그중 중요한 것의 하나가 학문·이론적 정립이다. 바로 "미국적 학문체계"의 수립이다. 세계역사는 결국 소수의 엘리트층에 의해서 주도된다. 학문은 엘리트층 공명심의 산물일 것이다. 학문의 사회적 역할은 동서고금을 막론하고 오랜 논쟁거리다. 동양권에서는 상아탑, 관변학자, 곡학아세라는 다양한 평가가 있다. 식객이라는 이야기도 있다. 능력을 갖춘 인사들이 당시의 세도가 주위에서 기식하였다. 사회진출소위 출세의 기회를 엿보는 것이다. 미국은 2차 세계대전 후 박해로부터 탈출한 동구권 인사들부터, 유럽은 물론이고, 아시아의 인재를 모이게 하였다. 이들을 기반으로 최첨단의 학문적 성과를 이루어냈다. 세계 최고 대학의 양성을 통해서 세계적 인재의 집중적인 흡수가 있었다. 1970년대 한때, 우리나라에서도 해외 유학주로 미국을 두고, 두뇌유출이라는 비난이 심심치 않게 들렸었다.

또 하나는, 독점적 기술력의 우위성이다. 그 차원에서 미국은 논리적 구성의 중요성을 최적화했다는 점이 돋보인다. 미국은 합리적 이성을 현실적으로 실천했다. 새로운 도전을 확률적으로 시도하게 되는 것이다. 미국은 과학개념의 보편화에 성공한 국가였으며, 이에 따라 세계의 지력을 최대화·집약화하였다. 결국 미국은 정보 및 지식의 전 세계적인 독점화에 성공하였다. 이는 아메리칸드림의 전선을 세계 범위로 넓히는 결과를 가져왔다. 실질적인 산·관·학 협력 체계의 구축이었다. 업계와 정부는 필요한 R&D를 국내에 있는 세계 최첨단 대학이나 연구소에 위탁한다. 그 결과를 실용화하는 체계를 구축한 것이다. 상당한 정도의 기초연구자금은 정부자금인 국가과학기금NSF에서 나왔다. 그만큼 기술적 우위를 확보할 수 있었다.

서구미국 주도 주요 제품의 대중적인 보급 확산과 직결된다. 고가의 제품은 과거 귀족 계급의 독점 품목이었다. 하지만 미국에서는 그 대신에 중산층이라는 새로운 개념을 정립한다. 이들을 후원층으로 포섭한다. 이들을 중심으로 한 대중적인 소비문화가 가능하였다. 이 핵심에는 도시화가 자리 잡고 있다. 많은 소비문화가 뉴욕의 맨해튼이나 로스엔젤레스의 할리우드에서 출발한다. 현재의 미국은 인당 소득 6만 달러 이상의 대량소비사회이다. 현재까지도 가장 중요한 자동차의 대중화도 미국이 시동을 걸었다. 자동차는 성인 장난감으로서 현재도 가장 중요한 문명의 이기다. 120년 전인 1900년, 미국에서 포드 자동차의 대중화가 시작된다. 산업화에서 미국의 압도적인 주도성을 읽을 수 있다.

우리는 아파트 문화에 익숙해 있다. 사실, 생활의 편의를 제공하는 5대 주거 인프라 보급도 미국이 선도하였다. 전기, 가스, 전화, 상수도, 하수도 설치 등이 이에 해당한다. 특히, 수세식 화장실 혁명은 대단한 것이었다. 도시화와 인프라 구축과 규모의 경제의 합작품은 결국 거대 도시화의 탄생으로 이어진다.

1970년대, 우리 세대는 미국제품을 "미제"라 불렀다. 유럽제품은 "구歐제품"이라 했다. 이 제품들의 위력에 대한 향수가 있다. 형수님이 운영하던 약국에서였다. 그때 약국 운영은 에리스로마이신이라는 미국제 항생제를 얼마나 확보하느냐가 관건이었다. 당시는 약국이 자체 조제를 할 수 있는 시절이었다. 지금은 감기약 처방에 항생제를 쓴다고 하면 펄쩍

뛰겠지만, 당시는 그랬다. 감기 특효 항생제를 얼마나 확보하느냐가 약국 운영 성패의 핵심이었다. 미국제 약을 얼마나 확보하느냐가 사업의 성패를 가를 정도의 위력을 가진 시대였다.

이외에도 미국은 교통 혁신 등 문명의 이기를 속속 대중화시켰다. 음속 돌파 항공기의 일반 민간 상용화1958년, 컴퓨터 상용화1960년, 인터넷 PC1990년대, 스마트폰2007년 등 문명의 이기를 지속적으로 출시, 대중화하는 데 큰 공헌을 한다. 미국 제품을 세계시장에 계속해서 출시해온 것이다. 이들 제품의 대다수가 기본적으로는 군·산 합작품이다.

이러한 요소를 배경으로 미국은 한때 세계적으로 거의 독점적·독보적 우위를 유지했다. 이를 기본으로 세계를 좌지우지한 바 있었다. 세계발전 기여도를 보자. 2차 세계대전 이후 상당 기간 발전의 50% 이상을 담당하였다. 2차 세계대전 후 미국의 경제적 지분은 압도적이었다. 반 이상이었다. 하지만 지금은 1/4로 줄어들었다. 21세기에도 2008년 세계 금융위기 발발 직전까지는 적어도 두 자릿수의 세계발전 기여를 지속하고 있었다. 미국경제는 25%나 되는 세계경제 지분율에다, 3% 정도의 성장세에 기인한 것이다. 결국 미국은 전통적인 산업화의 전 세계적인 이식에 성공하였다.

물론 대가도 만만치 않았다. 부의 편중에 의한 사회적인 문제가 노출되고 있다. 소위 20:80 법칙의 고착화이다. 20%의 상층부가 80% 이상의 국부를 독점하고 있다는 주장이다. 일부에서는 상위 1% 인구가 99%를 독점하고 있다는 극단적인 상황까지 거론하고 있다. 최근 피케티의 주장이 각광받는 이유이기도 하다.

1980년대 중반 미국 유학 시절, 가장 큰 문화적 충격은 두 가지였다.

한 가지는 인간이 이렇게 잘살 수 있냐는 것이었다. 유학생 시절 1달러를 쓰는데도 벌벌 떨었다. 지금은 우리나라에서도 어디에나 볼 수 있는 베스킨라빈스 아이스크림 가게를 나는 아직도 잊지 못한다. 애들이 먹고 싶어 했지만, 손이 나가지 못했다. 가슴이 찡했던 순간이었다. 자동차가 쌩쌩 달리는 도로, 백화점의 넘쳐나는 물건, 널찍한 수영장이 딸린 일반 민간인의 주택까지. 하지만, 도심의 뒷골목을 가면 그 잘사는 나라의 한 복판에 마구잡이로 형성된 빈민들의 집거촌소위 슬럼가이 있다는 사실이었다. 정말 요지경이었다. 이게 두 번째 충격이었다. 최근 〈청년마르크스〉라는 영화를 보았다. 200여 년 전, 마르크스 시대에도 별로 다르지 않았나 보다.

세계패권 순환의 여지

1980년대 한때, 칼 세이건이라는 과학자의 저작인 『코스모스』가 선풍적인 인기를 끌었다. 기본적으로 지구를 포함한 우주의 탄생과 미래에 대한 내용이었다. 우주적 관점에서 지구는 미물에 불과하다는 점과 세계가 분쟁에 휩쓸려 자멸하지 말았으면 하는 대목이 인상적이었다. 하지만, 현실은 엄연히 패권국이 존재한다. 국제적 분쟁도 끊이지 않는다. 1극 체제는 최선이 아닌 것 같다. 독재체제가 비난을 받는 이유도 마찬가지다.

미·중갈등의 원인은 세계 질서가 미국 뜻대로 운행되지 않기 때문이다. 부자 3대 가기 어렵다는 말같이. 미국은 2차 대전 후 원자폭탄이란 월등한 문명의 발명품으로 일본을 내려앉혔다. 이후 전 세계를 좌지우지해 왔다. 한때는 구소련을 중심으로 한 사회주의권의 저항에 미국의 독주는 어느 정도 견제되었다. 하지만 1990년대 초 구소련을 비롯한 사회주의권이 몰락하자, 미국의 영향력은 극에 달했다. 하지만, 과유불급이랄까? 한 시대정신Paradigm의 완성이랄까? 2008년 세계금융위기를 통해서 미국의 문제점이 나타났다. 그 이후 미국 민주주의마저도 위기에 처해 있다.

정치적으로도 미국 트럼프 대통령이 전 세계적으로 희화화되는 경우가 많았다. 과거 고어와 부시 주니어의 대선 때도 표 집계로 혼란이 있었다. 그 당시는 고어의 총 유권자 득표수가 많았으나 선거인단 확보가 모자랐다. 제도의 모순이 문제시 될 수 있었지만 고어가 깨끗이 승복, 미국 선거제도의 권위가 유지되었다. 하지만, 지금은 세계지도국가의 역할을 하던 시절에서 거꾸로 가고 있는 것은 아닐까? 권위가 훨씬 떨어져 버렸다.

과거 500년간의 패권은 네덜란드, 영국, 미국으로 이전되었다. 이를 관통하는 요소는 결국 경제력, 과학·기술력, 그리고 국방력이었다. 세계 첨단의 지력, 돈, 규모의 경제 등이다. 미국이 어떻게 2차 대전 이후 세계를 통치해 왔는지 보자. 지금의 미국의 상태가 경제적으로 도달할 수 있는 최고치라고 가정하자. 성숙한 선진국이 완성되는 것은 소득 6만 달러 정도로 상정할 수 있다. 50년 전 전통 산업화 시대의 목표치가 인당 소득 1만 달러 달성이었다.

성숙한 선진국을 향해 가는 과정에서 1차 관문이 인당 소득 1만 달러, 2차 관문이 소득 3만 달러, 그리고 마지막 단계가 소득 6만 달러 달성이라고 상정해 볼 수 있다. 미국 주도 세계질서의 이면에는 많은 국가들이 국민국가를 구축하기 위해서 그 윗단계의 국가들과 끊임없이 협력한다. 물론 극소수의 국가는 저항한다. 저개발국들은 인당 소득 1만 달러를 달성하기 위해서 현실적으로 대안이 없다는 것을 인지하고 그 윗단계의 인당 소득 3만 달러 국가들과 협력한다. 주로 단순 제조업에 매진하게 된다. 소득 3만 달러 국가들은 최종적으로 성숙한 선진국들과 협력하게 된다. 자연히 세계제조업 사슬이 형성된다. 그렇게 국가 간의 계층체계가 형성되었다.

1970년대만 하더라도 일부 소규모 도시 국가를 제외하면 미국이 유일하게 인당 소득 1만 달러를 넘어선 국가였다. 원천 기술을 가지고, 19세기 후반까지 노예를 활용했던 방식을 간접적으로 원용하였다. 대신 전 세계에 저임금을 활용한 무역을 통해서 제조업의 설비를 팔고, 이를 통해서 제조된 상품을 사들이는 것이다. 다시 말해 돈을 빌려주고, 설비를 사도록 유도하며, 그 설비로 제조된 싼 임금 바탕의 제품을 미국이 사는 것이다. 본질적으로는 노예체제의 대체라고도 이해할 수 있다. 노예를 데려오는 대신, 현지 공장에서 싼 임금을 활용해 물건을 만들어서 가져온다. 유식한 말로 국제분업의 활용이라고 할 수 있고, 좀 더 직설적으로는 노동 착취라고 할 수도 있다. 이는 중상주의의 전형이다.

2단계로 1980년대, 기술을 지닌 미국회사들이 전 세계를 상대로 직접투자를 하게 되고, 현지인을 고용, 이를 관리하는 형태의 세계경영을 통해서 자신의 이익을 지켰다. 자연히 어깨 너머로 기술이전이 일어나기 시작하였다. 인당 소득이 3만 달러를 넘어서자, 미국은 이런 모델로는 세계경영이 어렵다는 것을 알게 되었다. 여기서 한발 나아가서, 금융업으로 전 세계를 통치하게 되는 것이 아니었을까? 3단계로 새로운 세계금융제도의 설계를 통해서 이익을 극대화하고자 하였다. 그런데 아뿔싸! 그 믿던 투자 은행들이 우수수 날아가 버렸다.

사실, 미국 출장 때마다 느끼는 것이지만, 생필품 가격이 그렇게 싼 지역이 또 어디 있을까 싶을 정도다. 미국 내 제품 가격은 싸다. 이게 과연 어떻게 가능할까? 미국은, 무역→투자→금융의 적절한 전략적 자산의 동태적인 활용을 최적화시켰다. 시간적으로 점진적으로 이동, 이를 통해서 전 세계를 하나로 묶어낼 수 있었다. 세계생산 네트워크 안에서 가장 저렴하게 물건을 제공 받을 수 있었다. 그것이 미국의 힘이었다. 그렇다면 이것이 계속 이어질 수 있을까? 금융 다음 단계는 뭘로 세계를 꾸려나갈 수 있을까?

세계 통치란 계속 돌고 도는 것일지도 모른다. 경제, 과학·기술, 국방 가운데 패권경쟁에서 아직도 명시적 수단으로 쓰지 않은 영역이 과학·기술일지도 모른다. 국방은 상호치명성이 너무 크다. 경제 또한 궁극적으로는 자국의 경제규모에 따르게 된다. 하지만, 과학·기술은 사회분위기, 문화, 학술연구의 제도 등 다양한 요인이 결정 요소로 작용하고 있다. 사회발전 정도에 따라 더욱 발전할 소지가 있을 수 있다.

앞으로는 기술독점에 의한 기술패권일 가능성이 크다. 미국이 중국의 전자업체인 화웨이에 신경을 곤두세우고 있다. 그 이유가 바로 여기에 있는 것 아닐까? 쉽지 않은 과제다. 기술은 사람이 제일 중요하고 경험·축적·개념화가 중요한 요소들이기 때문이다. 끊임없는 도전과 실패에 의한 결실이다. 연구형 대학이 필요한 이유이기도 한다. 결국 앞으로의 세계 주도는 기술패권의 연장선상에서 이해할 수 있지 않을까 한다.

02

새로운 도전

미·중무역 쟁패

미·중갈등관계가 세계를 불안하게 하고 있다. 하루가 멀다 하고 미·중 무역 쟁패가 패권전쟁과 연계, 보도되고 있다. 과연 중국의 세기는 올 것인가? 미국이 느끼는 위기감은 상당한 것 같다. 당장 한 가지만 보자. 전통산업의 꽃이라고 할 수 있는 항공사업에서 Air Bus와의 준 독점적 위상의 상실이다. 중국은 2021년부터 자체 개발한 150인승의 C919 항공기를 국내 노선에 배치한다. 연간 수백 대를 미국과 유럽으로부터 수입해 오던 물품이었다.

또한 FANG[20]에 대비, BAT[21]기업의 활약도 만만치 않다. 이 영역에서 미국은 당초 확실한 기술독점을 통한 세계제패를 추구한 것이 아닐까

20 facebook, amazon, netflix, google

21 baidu, alibaba, tencent

한다. 중국이 숟가락을 놓은 정도가 아니라, 밥을 만들어서 자기들만이 먹고 있다고 느끼는 것이다. 미국은 인터넷 산업을 열고, 중국에게 동참을 권유했다. 산업기술을 이전했다. 하지만 이는 오히려 뒷덜미를 잡힌 꼴이 된 것은 아닐까? 미국은 지키려 할 것이고 중국은 뛰어넘으려 할 것이다. 현재 중국 성장세의 상당 부분이 미국 자체의 효율적 정책 부재로부터 이루어졌다는 것을 뼈저리게 느끼고 있다. 과연 미국은 이를 통제할 수 있을까? 앞으로 10년이 관건이 될 것이다. 확실한 것은 아직도 미국의 세기라는 것이다. 중국의 세기는 오지 않았다.

누차 얘기하지만, 미·중무역 쟁패의 커다란 원인 제공자는 미국이다. 현 중국의 생성발전은, 미국의 산물로서 1970년대 시작된 동·서화해 détente가 기원이다. 이는 미국의 구소련 견제 목적하에 필요에 의해 시작되었다. 이전에는 미국으로부터 경제교류마저도 거부당하였다. 미국은 현재 중국의 최대 무역상대국이다. 이것이 배경으로 작용, 세계적 무역 불균형으로 귀착된다. 미국업체를 선두로 해서 많은 다국적 업체들이 중국에 투자하고 이를 바탕으로 생산해 상당 부분 미국이나 유럽으로 재수출한다. 이것이 현재의 세계적인 공급사슬의 핵심이다. 지난 40년간 중국의 대미 무역수지 누적 흑자액은 3.6조 달러다. 2019년 말 현재 중국 전체 외환보유고 3.1조 달러와 거의 일치한다. 우연이 아니다.

일본을 포함, 아시아 네 마리 용은 중국에 투자, 제조업체를 설립해서 미국이나 유럽의 수입선에 물품을 공급하고 있다. 세계 제조업 가치사슬의 또 다른 핵심 부분이다. 2001년 중국이 WTO에 가입하자, 중국의 투자유치 및 교역이 급신장한다. 1979년부터 기산해 2019년 말까지 41년간 2.2조 달러의 외국인 투자를 유치하였다. 이를 통해서 총 56.6조 달러의 무역을 창출하였다. 최근 4년간만 해도 연평균 1,318억 달러 상당의 외국인 투자를 유치하고 있다. 누적 기준으로 2.2조 달러 이상의 외국인 투자에다가 연간 1천억 달러 이상의 투자유입이 진행되고 있다. 외국인 투자영역에 연간 5% 정도의 신규투입이 꾸준히 이루어지고 있다고 평가할 수 있다. 이는 중국의 실질성장률에는 약간 밑돌지만, 의미 있는 지속 증가세이다. 중국은 이를 기반으로 연간 4조 달러 이상의 무역을 창출하고 있다. 세계 최대 교역국이다. 미국에게 최종제품을 공급하는 세계 공급사슬에서 중국은 필수지역이 되어버렸다.

미국의 트럼프 정부는 중국을 대대적으로 압박했다. 기업들도 신중한 자세를 취하고 있다. 아시아 기업들은 대체지를 찾고는 있다. 그러나 중국이 포함된 현 세계 공급사슬을 이탈하는 경우, 다가올 대가를 우려하고 있다. 어정쩡한 상태일 수밖에 없다. 워낙 중국 자체의 시장규모가 크기에 미세한 조정으로는 불가능하기 때문이다.

중국은 무역선 다변화에 성공한 국가다. 세계적 인적·물적 네트워크와 규모의 경제를 최적화했기에 가능했다. 개혁·개방 초기에는 무역을 몇 개 국가에 과도하게 의존했다. 한·중수교 다음 해인 1993년의 경우, 중국 교역의 거의 절반이 중화권 및 동북아권과의 거래였다. 이후 중국은 의도적이었든, 자연스러운 조정이었든 무역선 다변화를 추구했다. 중국은 중화권과 동북아시아권과의 교역 비중을 반으로 줄이고 있으며, 대신 ASEAN 지역과의 비중을 꾸준히 늘리고 있다. ASEAN 중시는 화교가 성한 지역이기 때문일 것이다. 15세기 명나라 초기, 정화鄭和가 씨를 뿌린 지역으로 600여 년의 역사가 있다. 2019년이 되면 중화권, ASEAN, 동북아지역, EU, 미국 등 지역당 15% 정도의 비중을 가지게 된다. 권역별 교역 비중이 거의 균등하다. 무역선 다변화에 성공한 것이다. 미국이 강하게 압박한다 하더라도, 상당한 정도 감내할 수 있다.

결국 트럼프의 대외통상 정책은 그리 성공적이지 못했다. 집권 4년간, 대외성적표의 하나로 불릴 수 있는 무역수지 적자 폭 관리에 실패했다. 2020년은 코로나19 팬데믹이라는 변수가 있긴 했다. 트럼프 대통령은 해외투자기업의 국내복귀를 종용하였다. 동시에 미국 국내 제조업 활성화를 위한 다각적인 조치를 취했다. 그런데도 대외무역 수지 적자 폭이 눈에 띌 만큼 줄어들고 있지 않다. 수지 적자에서 중국 비중은 35% 전후로 거의 고정되어 있다. 이는 과거 40년 이상 구축된 미·중 간의 경제적 연계관계가 단기간에 쉽게 해체되기는 어려울 것을 나타내고 있다. 그만큼 구조적인 어려움이 있다.

관건은 미·중 간의 갈등구조의 결말인데, 결국은 타협하지 않을까 한다. 일단은 중국이 수세적 양보를 취할 가능성이 크다. 시간을 버는 것이다. 향후 가변적인 요소가 충분히 많기 때문이다. 그렇지 않으면 세계경제가 파국으로 갈 수밖에 없을 것이다. 미국 국내 이익 집단 간의 이해 상충도 있다. 수입 억제는 소비자 효용의 희생을 야기하게 된다. 생산자 이익의 보호는 어느 정도 가능하겠지만 말이다. 어느 쪽이 투표에 더 중요한 변수인지에 의해서 여론은 바뀔 것이다.

그렇다면 우리는 중국과의 관계를 어떻게 국익에 맞게 설정할 수 있을까? 중국과의 경제적 협력을 지속적으로 넓혀가면서, 독특한 전략적 가치를 높이는 방법밖에 없다. 자꾸 얘기하지만, 한국이 동북아시아 지역에서 한·중·일 전역 가운데 가장 매력적인 동네로 탈바꿈할 수 있느냐에 달려 있다. 동북아의 싱가포르를 주창하는 이유이기도 하다. 필요하다면 일본과의 FTA를 전격적으로 체결해 중국을 압박하는 방법까지도 선택지로 남겨 두어야 할 것이다. 그 차원에서 2020년 11월 우리나라가 RCEP 체결에 동참한 것은 의미가 있다. 간접적으로 일본과 한국이 같은 관세 영역권으로 전환된 것은 의미가 있다.

동북아시아 지역의 소비지화

동북아시아한-중-일 벨트지역이 점차적으로 소비지화하고 있다. 고무적인 일이다. 현재 전 세계의 경제는 다시 수요부족에 빠져 있다. 일시적인 공급과잉의 시대가 아니다. 세계경제는 수요 주도의 시대로 이행 중이다. 전통적 산업화의 완결로, 다시 수요가 중시되는 경향이 커가기 때문이다.

중국이 개혁·개방에 막 나선 1978년만 하더라도 세계경제 규모는 지금의 1/10이었다. 1978년의 세계경제 규모는 8.4조 달러였고, 40년이 지난 2018년에는 84.8조 달러로 확대되고 있다. 1978년 당시, 동북아시아 지역의 경제규모는 미국의 딱 반이었다. 이후 중국이 개혁·개방정책으로 급격히 성장, 2000년에 이미 미국의 2/3수준에 접근하였다. 2015년 이후부터는 미국경제규모와 거의 같은 규모이다.

동북아시아는 아주 최근까지 주로 생산지였다. 하지만 최근 들어 소비지로서의 중요성도 늘어나고 있다. 한편, 미국의 중국 압박 일환으로 세계무역사슬, 또는 세계 제조업 가치사슬이 붕괴될지도 모른다는 우려가 있다. 동북아 역내 교역 의존도가 20% 전후로 EU나 NAFTA지금은 USMCA에 비해서 월등히 낮다. 그만큼 역내만으로는 취약한 무역구조이다. 결과적으로 동북아시아 지역만으로 지역공급사슬RVC: Regional Value Chain의 형성으로 이행하는데 상당한 시간이 걸릴 것을 암시하고 있다.

물론, 역내 제조업 사슬을 점진적으로 확대할 수 있는 계기는 마련되고 있다. 동북아시아 지역이 세계 공급사슬의 한축이라는 사실이 그렇다. 역설적으로 역내 자체 공급사슬로의 이전이 가능하다는 뜻이다. 특히, 역내 최대 경제국인 중국이 역내 제조업 생산 부분의 상당 부분을 소비로 흡수해 줄 경우에 가능하다. 최근 변화의 조짐도 감지되고 있다. 중국의 내수소비 중시 국가정책의 영향이다. 또한 중국이 2018년부터 수출 주도국가에서 수입 우선주의로 선회한다는 대외적인 천명도 있었다. 2018년부터 매년 상하이에서 "국제수입품 박람회"를 개최해오고 있다. 액면 그대로 가지는 않겠지만, 적어도 선언적인 의미는 크다.

국제관광에 있어서도 동북아시아 지역의 중요성이 점차 높아지고 있다. 전 세계적으로 2010년부터 2030년까지 관광수요가 연평균 3.3% 정도씩 증가될 것으로 예측되고 있다. 2030년에는 연간 이동 관광객이 약 18억 명에 이를 것으로 추정된다. 이 가운데, 경제성장이 현저하게 두드러지는 아시아에 걸친 관광·여행시장이 급속하게 확대되고 있다. 세계 2대 국제관광시장으로 확대될 것으로 전망되고 있다. 중국은 세계 관광 시장에서 이미 큰손이다. 연간 1억 5천만번 해외여행을 기록2019년 기준하고 있다. 국가적으로도 '신실크로드프로젝트' 추진으로 동아시아와 유럽과의 육로·해운 연결이 이루어지고 있다. 실제 운영되고 있기도 하다. 우리도 미래에는 더욱더 비즈니스에 강한 실속 있고 실리적인 "대한민국"이 되어야 할 이유이다.

스마트도시화의 중요성

전 세계적 추세 중 하나는 도시화가 지속해서 진행·진화하고 있다는 것이다. 비도시 지역의 지방경제는 상대적으로 약화될 수밖에 없다. 아무리 지역균형 발전에 투자해도 마찬가지다. 미래는 스마트도시 간 경쟁이 될 수도 있다. 우리는 4차 산업혁명의 시대에 살고 있다. 4차 산업혁명은 말만 무성하다. 결말이 어떻게 될지는 아무도 모른다. 어쩌면 공상과학 만화나, 영화에 나오는 장면처럼 하늘을 나는 자동차가 있을 수도 있다. 드론이 택배의 최전선에 있을 수도 있다. 원격조종이 가능해지거나, 운전이 필요 없는 자율주행 자동차도 있을 수 있겠다. 실용화된 환자 도우미 로봇 등 그야말로 새로운 상상력에 의해서 문명의 이기는 무한하게 발전해 나갈 수 있다. 4차 산업혁명의 완결판은 공간적으로 스마트도시일 것이다. 스마트도시 안에 거주하는 모든 인간은 4차 산업혁명의 여러 성과를 확실하게 감지할 수 있게 될 것이다.

세계적으로 비도시 지역의 상대적 약화추세는 훨씬 더 심각해질 수 있다. 물론 코로나19 팬데믹 사태로 속도가 느려지기는 했다. 하지만 큰 흐름은 거스를 수 없다. 스마트도시화가 진전될 때 더욱더 그럴 것이다. 지금도 고속철도권에 의해서 도시권이 광역화되고 있는 추세다. 이러한 현상은 대표적으로 중국에서 나타나고 있다. 과거 중국 도시화는 1990년대 중반부터 시작된다. 10년 이상 준비를 거쳤다. 1996년부터 매년 총 인구의 1.2~1.4%를 수용하는 도시가 생성되고 있다. 이를 통해 매년 2% 전후의 성장률을 보이고 있다. 고속철도 건설과 연계는 중국 경제성장의 핵심적인 축을 담당하고 있다.

중국의 거대 도시화 추세는 엄청나다. 1998년 당시 1급 도시는 281개였다. 50만~100만 명 도시 48개, 100만~200만 명 도시 24개, 200만 명 이상 수용의 도시 13개 등이었다. 85개만이 인구규모 50만 명 이상이었다. 전체 도시 수의 30%이다. 20년이 지난 2018년, 인구 50만 명 이상 도시 비중은 84%로 급격히 상승했다. 웬만한 도시는 인구 50만 명 이상이다. 전체 297개 1급 도시 가운데, 인구 100만 명 이상 도시 161개, 천만 명 이상 도시가 13개[22]다. 초거대 도시들의 규모가 인구 50만에서 100만, 400만, 1,000만 명 규모로 계속해서 진화 중이다. 초거대 도시들은 주로 고속철도평균 시속 300~350Km로 연결되어 중국 수요창출의 중핵으로 자리 잡고 있다. 우리도 그 추세를 거스르기는 어려울 것이다. 고속철도 건설을 통한 국토의 연결을 추구해야 할 것이다. 우리처럼 좁은 국토에 공항을 신설한다는 논의가 나올 때마다 갸우뚱 거려진다. 거의 운영 중단 상태인 지방공항을 몇 개나 두고서도 지방공항 신설이 아직까지도 국책으로 거론되고 있다. 너무 무책임한 정치적인 행태다.

일본 상황도 흡사하다. 최근 도쿄와 오사카 지역의 광역화가 한층 추진되고 있다. 결국 동북아시아만 한정한다면, 중국 5~6개 거대 도시권, 일본 2개 정도, 우리도 결국은 서울을 중심으로 한 1개 거대 도시권으로 정착될 수 있지 않을까? 궁극적으로 미래 도시의 경쟁력은 스마트도시로 이행이전하는 정도와 연결될 가능성이 높다. 더욱더 철저한 대비가 필요한 것이 아닐까? ICBM의 발전도 스마트시티의 발전 범주 이내에서 이

22 충칭(2,884만 명), 상하이(2,301만 명), 베이징(1,961만 명), 청두(1,401만 명), 텐진(1,293만 명), 광저우(1,270만 명), 바오딩(1,119만 명), 하얼빈(1,063만 명), 쑤저우(1,046만 명), 선전(1,035만 명), 난양(1,026만 명), 스좌장(1,016만 명), 린이(1,003만 명)

루어질 것이다. 어쩌면 최근의 도시주택 가격의 상승은 인구감소 추세에도 불구하고 궁극적으로는 모든 시설이나, 편익이 거대도시 중심으로 이루어질 것이라는 인식의 결과일 수도 있다. 일반 국민이 훨씬 더 영특한 것일 수도 있다. 그만큼 국민의 인지력, 민도가 올라간 이유이기도 하다.

한 나라가 세계국가가 되기 위해서는 고유의 제품이 있어야 한다. 미국이 그랬다. 그렇다면 중국 고유의 제품이 출시되고 있는가? 가장 가까운 것 중 하나가 스마트시티의 표준화가 될 수 있다. 중국은 도시화율이 2019년으로 60%를 넘어섰다. 그래도 계획 도시화는 진행 중이다. 그 과정에서 스마트시티 시범단지를 실험하고 있다. 반면에 선진국은 인구증가의 정체로 스마트시티를 실험할 여지가 상대적으로 약하다. 4차 산업혁명의 각종 성과물을 적용하는 스마트시티 프로젝트가 중국 내에서 성공시키기에는 안성맞춤이다. 우리도 스마트시티 진전대열에 적극 참여해야 한다. 인구가 늘어나지 않는다는 전제하에 현재의 공간을 재설계해야 한다.

디지털 경제와 제조업

디지털 경제가 도대체 무엇일까? 제4차 산업혁명이란 무엇일까? 세기가 바뀌면서, 한때 걱정했던 Y2K 소동처럼 일과성으로 끝나는 것은 아닐까? 4차 산업혁명이란 어휘가 등장아마 2013년 전후[23]하고 나서 7여 년이

23 다보스 포럼

지난 현재, 조금씩 베일이 벗겨지고 있다. 금번 코로나19 팬데믹 현상에 의해서 피부에 와닿는 결과도 나오고 있다. 코로나19 팬데믹 사태에 의해서 향후 세계의 변환을 조금은 예측할 수 있게 되었다. 해외직구 등이 직·간접적으로 많은 것을 시사해준다.

의, 식, 주, 행行은 인류의 행복과 직결되는 최소한의 수요다. 이를 만족시키기 위해서 농·수산업, 제조업, 서비스업이 중요한 산업으로 위치한다. 최초의 생산자와 최종 소비자 가운데는 가공을 위한 제조업이 있고, 이를 연결시키는 유통업이 중요한 지위를 차지하게 된다. 전 세계가 전통적인 산업화를 완성한 현재, 필요한 물건의 조달이 어디에서나 가능해졌다. 일상생활과 관련된 제품생산은 세계 어디에서인가 이루어지고 있다. 제품기능을 더욱 소비자에게 맞춰야 한다. 그것이 꼭 능사는 아니다. 전통 제조업은 기반 시설화해버린 측면이 있다. 전통 제조업에 신규로 뛰어들어서 이익을 얻기란 쉽지 않다. 또한 좋은 제품을 만든다고 꼭 최종 소비자에게 팔린다는 보장도 없다. 결국 현재 우리가 세계공급사슬의 일원이라는 것을 큰 자산으로 아주 중요하게 여겨야 한다.

현재 가장 주목되는 몇 가지 사항을 거론해보자. 먼저 신제품 출시로 인한 사회생활 패턴의 변화다. 2007년 스마트폰이 탄생했다. 애플의 스마트폰이 가장 영향력 있는 발명품이다. 기능적으로는 완전한 새로운 제품의 탄생은 아니다. 고정 장소에 설치되어 있던 전화기가 무선전화기로 바뀐 후 스마트폰으로 진화한 것이다. 이는 세계적 대전환Paradigm shift과 직결되었다. 전기자동차 업체인 테슬라의 경우 지능형 운전을 혁신하고 있다. 연료공급에서도 전기를 이용한다. 이외에도 드론, 3D 프린터 등이 의미 있는 제품이다.

두 번째가 데이터의 중요성이다. AI 데이터를 이용한 활용도 중요하다. 마이크로소프트의 인터넷 구동, 구글의 검색엔진 플랫폼, 아마존의 전자상거래 플랫폼, 페이스북의 사람 간의 연결 플랫폼이다. 페이스북은 조만간 전자화폐 Diem 발행을 계획하고 있다. 중국에서도 마찬가지다. 알리바바의 모바일 뱅킹 결제, 텐센트의 검색엔진 및 플랫폼이 중요하다. 현재 금융거래의 90% 이상을 핀테크 등 비대면 거래가 주도하고 있다. 금융시장의 판도를 바꿔 나가는 중이다. 사실 중국이 주목되고 있는 것은 인구가 많기 때문에 전 세계에서 데이터 축적이 가장 큰 국가라는 점이다. 2000년대까지만 하더라도 미국이 데이터 축적 최고의 국가였다. 그러나 2015년부터는 중국이 미국의 데이터 축적을 크게 앞서고 있다. 앞으로는 데이터가 돈이 될 것이다.

유통혁신도 중요하다. 거의 모든 업종이 전통적 산업화의 완성과 세계화로 물건을 어디에선가 구할 수 있다. 그 아랫단에는 제품생산이 있다. 제품생산이 이루어지지 않는다면 플랫폼 비즈니스platform business 자체가 성립하기 어렵다. 그만큼 제조업의 중요성이 확고하게 자리 잡고 있다.

인재양성 방향도 완전히 새롭게 설계하고 재고해야 할 것이다. 과거에는 무역과 투자를 통해서 전통 산업화를 지속시키거나 연장했다. 하지만 지금은 네트워킹으로 부가가치를 올리는 상태다. 독점은 큰 문제가 되지 않을지도 모른다. 플랫폼 비즈니스는 독점이 어렵다고들 한다. 플랫폼이 갑질을 하는 순간, 팬덤이 떠나갈 것이기 때문이다. 또한 유통이 전 세계를 실시간으로 연결시키기 때문이고, 그만큼 대체재가 흔하기 때문이다.

GE는 세계 최고의 기술을 가졌지만, 세계경제를 제패하지 못하고 있다. 다우존스 지수 계산 기업명부에서 이미 탈락하는 수모를 겪었다. 이는 팬덤이 없기 때문이다. 특히, 젊은 신세대는 단순히 광고로 구매하지 않는다. 가령 BTS의 경우, 소비자가 권력을 유지한다. 권력은 ARMY라고 하는 팬덤에 의해서 이루어지는 것이다. 일반 기업체나 조직에서 경영자는 직원부터 챙겨서 내부적인 팬덤을 형성해야 한다. 결국 사람이 답이다. 진실, 성실, 겸손이 중요한 미덕일 수 있다. 그렇게 되어야 한다. 결국 국민국가형 교육은 한계를 가질 수밖에 없다. 친구를 배려하고 따뜻하게 대해줘야 한다는 진실을 학교가 가르치고 있는가? 이게 현재 학교의 위기이고 현 교육 제도의 결함이다.

또 하나의 현상은 공유다. 이것도 네트워크, 플랫폼의 응용·연장이다. 반찬가게도 공유해서 임대로 쓴다. 과거에는 한 개의 반찬가게를 내더라도 5천만 원에서 1억 원 정도가 소요되었다. 공공설비를 공유한다면 1천만 원에서 2천만 원으로 운영이 가능하다. 과거의 경험칙으로는 소상공인이 새로운 사업에서 5년 이상 성공할 확률이 겨우 8% 정도라고 한다. 우리나라에서도 현재, 하루에 영세 사업장이 1,100개씩 사라진다고 한다. 시설의 공유는 실패 시 손실이 작다는 이점이 있다.

이 변화의 종착역은 어디일까? 어떻게 플랫폼 비즈니스의 수백억 원 투자에, 수조 원의 주가가치를 가지게 되는 것일까? 정말 모를 일이다. 우리는 어느 단에서 최고의 경쟁력을 가지게 될까? 우리나라는 세계 제조업 5위 국가다. 이것이 분명히 미래발전의 긍정적인 기반으로 작용할 수 있을 것이다. 그래야 한다. 관건은 우리가 선진 제조업 국가로 거듭날 수 있느냐에 달려 있다.

사회가 또다시 계층으로 분화될 가능성이 있다. 맨 윗단에 극소수의 플랫폼 기업과 이를 운영하는 운영자 또는 기술자, 그 아랫단에 플랫폼을 누비는 스타들주로 연예인, 정치가, 스포츠 운영자 다음 단계에 AI, 그리고 마지막으로 저숙련, 저임금의 불안한 노동계급이 있다. 결국 확연하게 일자리가 줄어들 것이다. 중간 단계에서 활약하던 거간들이 대규모로 사라질 것이다. 수요자와 공급자를 직접 연결시키는 형태가 보편화될 것이기 때문이다. 결국은 필수 노동력만 남게 될 것이다. 그 노동력의 질이란 그리 높지 않을지도 모른다. 물론 손맛을 거쳐야 하는 분야는 손재주가 중요한 부분으로 남을 것이다. 분명한 것은 디지털 경제에서도 경쟁력 있는 제조업이 계속해서 필요하다는 것이다. 우리가 세계적 강점을 갖고 있는 영역이다. 그러한 차원에서 우리가 제조업 경쟁력을 계속 제고시켜야 할 이유이기도 하다.

어쩌면 현재는 탈 국민국가로 이행하는 과도기인지도 모른다. 앞으로는 교육 자체가 중요한 것이 아니라, 학습하는 신시대적인 의식과 능동적 자세가 중요하다. 우리는 교육 분야에서도 아직도 국민국가의 의식에 너무 강하게 얽매여 있다. 단일민족, 식민지 시대 혐오, 일본 때리기 등이 과하게 일어나고 있다.

또한 수동적으로 매뉴얼만 배우는 데 몰두하고 있지는 않은지? 단순한 공부로는 디지털 경제의 새 사회를 헤쳐나가기 어렵다. 더욱이 학계가 초원리주의에만 갇혀 있는 것 아닌지? 더욱 고민하고, 변화를 모색해야 한다. 공부가 아니라 학문을 중시해야 할 이유다. 동시에 현장에서 쓸 수 있는 현장형 자격증을 보유, 최악의 상황에도 생존할 수 있는 능력을 보유해 미래에 대비해야 한다. 적어도 청년 세대로부터 모두가 기능인이 되어 있는 시대를 준비해야 할지도 모른다.

고령화 사회와 정부

대전환의 시대는 불확실하고 고위험에 노출된 시대다. 위기의 시대이다. 위험 속에 기회가 있다. 개인으로서의 민간은 불안함에 위축될 것이다. 분산투입portfolio이 가능한 정부와 대기업만이 역할이 주어질 것이다. 아니면 집합투자도 가능성이 있다. 국민국가 시대에는 전통적 산업화에 의한 군·산 복합체의 무기 선진화 및 유관 기술의 상용화, 그리고 SOC 투자에 의한 대대적인 도시화가 정부 역할의 큰 축이었다. 핵무기 발명과 실제 사용 이후 인류 지성은 핵무기의 치명성을 인지했다. 그만큼 군·산 복합체 모델도 수명에 한계를 가질 수밖에 없다. 도시화도 전 세계가 60% 이상을 진전시켰다. 선진국의 경우 80%를 넘어섰다. 문제는 관성이다. 필요 없는데도 관성으로 신규 사업이나 유지 보수 등으로 지출이 계속 일어난다. 군·산 복합체도 마찬가지다. 일부 재래·전통적인 무기를 사용하게 한다. SOC 투자도 여러 가지 명분으로 과거의 지출을 그대로 유지하고자 한다. 이미 팽창된 경제를 지속시키기 위한 필요불가결한 조치일 수도 있다. 확실한 것은 정부 역할의 변환이 요구되고 있다는 것이다.

결국 국가 재정은 어떠한 명목으로든 계속해서 늘어난다. 전 세계적으로 사회보장의 확충 쪽으로 정부 역할이 재조정되고 있다. 사회보장 관련 지출이 새로운 분야로서 상당한 크기를 차지하게 된다. 자본주의 자체의 문제에서 승자독식에 의한 빈부격차가 문제가 되기 때문일 것이다. 이는 사회주의 체제와의 체제경쟁에서 국민을 잡아두기 위한 하나의 방편으로도 활용되었다. 사회주의 제도 중에서 의미 있는 것을 받아들이는 포용적인 조치에서도 그 연원을 따질 수 있다.

정부 역할은 최근 들어 최소정부가 아니라, 오히려 거대확대정부로 나아가고 있다. 코로나19 팬데믹을 극복하는 과정에서 정부 역할이 더 중요해지고 있다. 정부의 조정 역할이 지속적으로 필요하기 때문이다. 정부 역할이 계속해서 확장되어오고 있고 앞으로도 그렇게 될 것이다. 결국 정치가 더욱더 중요한 요소로 자리 잡고 있다. 일부에서는 조지 오웰식의 빅브라더의 출현을 걱정하는 이유이기도 하다. 푸틴의 러시아나 시진핑의 중국을 거론하며 파시즘이 재등장하는 것 아닌가 하는 우려도 나오고 있다.

정부 역할 확대 핵심 중의 하나가 연금제도 개혁 문제이다. 전 세계적인 문제로서, 시한폭탄적인 성격을 띨 소지가 있다. 공적연금은, 19세기 말 인류 최초 연금제도 설계 시 평균 수명 50세 전후, 기껏 60세가 기준이 되었다. 실제로 연금이 도입·실시되고 피부에 와닿게 되는 대공황 시기인 1930년대만 해도 평균 수명은 60세 이전을 맴돌았다. 대부분의 제도가 당시 평균 수명 최대 예측치인 60세에 기초해 설계되었다. 하지만 현재는 이미 평균 수명 80세 시대로 진입하고 있다. 100년 전보다 기대 수명이 거의 배가 되었다. 고령화 시대는 전 세계적 연금고갈의 문제에 직면하게 될 것이다.

연금제도의 핵심은 현재 일하는 세대가 이미 은퇴한 세대를 부양하는 구조이다. 일반적으로 은퇴를 65세로 가정하자. 실제로는 55세 이후부터 시작된다. 최근에는 명퇴 유도자를 40대로 낮췄다는 얘기마저도 보도된다. 하여튼, 일하는 경제활동인구15~65세가 이미 은퇴한 65~100세의 인구를 부양한다고 치자. 경제활동인구가 많다면 큰 문제는 없을 것이다. 그런데 현대에 올수록 취업 시작 연도가 늦어진다. 선진국에서는 청년인구도 줄어든다. 현역 세대의 감소로, 많은 은퇴자들을 머리에 이고 사는 형국이 된다. 이를 상기한다면 연금제도의 존속과 관련해 아찔해진다. 과연 우리는 전통 산업화 이후 새로운 시대를 얼마나 착실하게 준비하고 있을까?

정부의 재정적자가 눈덩이처럼 늘어난다. 재정준칙이라는 것을 도입하였다. 제일 절실하게는 EU가 출범되면서 각 회원국들이 이것만은 지켜야 한다는 뜻으로 시작되었다. 정부부채의 대 GDP 비율을 연 3%, 누적 60%를 하나의 가이드라인으로 설정하였다. 현실은 확연히 다르다. 일본의 경우 정부부채가 GDP의 250%나 된다. 민주주의 시대라고 정부가 재정건전성을 담보하지도 않는다. 수건돌리기 게임을 하고 있다. 누군가는 건전재정을 지켜나가야 한다. 쌓기는 어려워도 허투루 쓰기는 하루아침이다.

중국은 미국을 대체할 수 있을까?

중국발전의 해석

과연 중국이 미국을 대체할 수 있을까? 패권이 중국으로 넘어갈 수 있을까? 이 질문에 답하는 것은 정말 어려운 과제다. 누군가는 중화문명론적 시각으로 미국을 대체할 수 있을 것이라는 막연하고도 단순한 평가를 내리기도 한다. 미국이 패권을 쥔 것은 1894년 이후 전 세계 최대의 제조업 국가가 되었기 때문이라는 주장도 있다. 이는 영국이 1850년대 세계 제조업의 50% 이상을 담당, 네덜란드로부터 세계패권을 이어받았다는 논리와 일맥상통하는 것이기도 하다. 중국도 현재 세계 최대 제조업 국가가 되었다. 이게 세계패권으로 바로 이어질까? 미국의 세기를 평가했던 기준에서 중국의 미래를 한 가지 가설 수준에서 평가해 보고자 한다. 즉 앞에서 제시했던 엄청난 부존자원, 독점적 기술력 유무, 문화적 우위성, 제도의 선진성 측면이다.

우선 제도적 측면을 보자. 그중에서도 제일 우선시되는 것이 주도세력의 건전성과 안정성이다. 중국은 공산당 주도의 정치체제다. 이것은 세계적으로 비판받고 있다. 그러나 중국 자체만의 국가 운영체계, 즉 정치체제의 안정성 측면에서 본다면 다른 해석이 가능하다. 중국은 현재, 중국공산당 1당에 의한 통치가 지속되고 있다. 국가 운영은 몇 가지 점에서 독특하다. 긴 역사와 대규모 국가 운영 경험에 기인하는 것 같다. 1978년 개혁·개방 이후 경쟁 도입, 확실한 인센티브 부여, 실패를 용인하는 정책실험의 용인, 지도자 양성에서 지방과 중앙정부의 순환근무, 그리고 업무수행 과정에서 칸막이가 비교적 엷다는 등 5개의 정신이 가장 중요하다고 평가된다.

중국의 공산당원은 근 1억 명에 달한다. 이들이 확실한 주도세력을 형성하고 있다. 실제 사회생활을 하는 경제활동 인구15~65세로 대체로 10억 명 상당의 10% 전후다. 대표성이 충분한 규모다. 주류 세력을 확실하게 형성하고 있다. 선순환만 된다면 엄청난 저력이다. 결국 사회는 아무리 일반대중이 중요하다 해도 엘리트층, 10%의 인식이 어떠한지에 의해서 미래가 결정되기 때문이다. 국가 간의 관계에서도 마찬가지다. 실제 200여 개국 가운데, 세계를 주도하는 국가는 10% 전후의 국가인 G7이나 G20 들이다.

중국은 미국식 민주주의 국가가 아니다. 물론 민주주의가 고정된 개념은 아니다. 중국은 최고지도자를 보통선거로 뽑아야 한다는 데는 동의하지 않는다. 최고지도자급으로 가는 데는 치열한 경쟁을 내재화하고 있다. 가령 간부급의 시작인 사무관급에서 총리급 이상의 최고지도자로 가는 데는 5년마다, 최소 5번 이상의 경쟁을 거친다. 짧아도 25년간 성과평가를 받는다. 후보자 간의 성과경쟁은 치열하다. 물론 파벌이 있을 수 있고, 주류 세력도 있었다. 사천지역과 산동지역 인사들의 경쟁, 또 북경파와 상해파의 경쟁, 광둥성과 양자강 이북 지역의 경쟁 등이 특기할 만하다. 장쩌민 주석 이후 기업인사에게도 공산당원이 되는 문호가 개방되었다. 이들은 공산당원의 주류가 될 수도 있다. 특히 이들이 주창하는 실험을 허용하고 있다. 일단, 중앙정부 국장급 이상의 고위직이 되면 국가가 은퇴 이후의 노후를 거의 평생 책임져 준다. 공산당원제 안정화의 핵심적인 근간이다. 제도적으로 경쟁의 도입이 기본이다. 실질적으로 정치체제만의 우열을 가리기는 쉽지 않다. 인간의 자율성을 얼마나 확보해 주느냐는 아주 중요한 요소이다. 하지만, 정치제도적으로 꼭 그렇지만은 않을 수 있다. 어쨌든 지금의 중국은 정치·사회적으로 상당히 안정화되어 있다고 판단된다.

또 하나는 문화적 측면이다. 그 핵심이 미국처럼 자체적 학문체계, '중국학이 있는가?'가 중요하다. 이는 엘리트층의 국가정책을 최적화하는 방향으로 움직이고 있는가와 결부된다. 미국의 세기가 온 것은 미국 자체의 학문체계를 정립하였기 때문이라는 가설을 주장한 바 있다. 산-관-학이 연합해 국가경쟁력 강화와 각종 연구성과의 상용화에 성공하였다. 그 결과, 미국적인 독특한 제품을 출시, 전 세계를 선도하고 있다. 중국에서 과연 이것이 가능할지가 향후 중국이 세계를 선도할 수 있는 역량이 발현되느냐와 직결되고 있다. 가능성은 상당히 있을 것으로 판단되고 있다. 아직은 미지수이지만 이와 관련해 현재 중국이 실험하고 있는 스마트시티의 진전이 주목되고 있다.

물론 삼국지를 필두로 수많은 역사서에 대한 평가가 동·서양을 망라하는 새로운 철학의 길잡이가 되고 있다. 적어도 문화, 역사, 철학소위 문사철 분야의 측면에서 중국학은 분명히 존재한다. 이를 미래 기술의 시대에 여하히 자연과학 분야까지 확장시킬 수 있을지가 관건이다. 대학, 연구소, 해외유학 인력풀 등에 비추어 볼 때 가능성이 상당히 높다고 판단되고 있다. 최근 들어 경제의 디지털화와 함께 인문학의 중요성이 강조되고 있는 점도 주목되고 있다.

한편, 부존자원의 큰 축인 인적요소이다. 사실 덩샤오핑 시대의 인재우선정책은 유명하다. 중국이 지난 40년간 이렇게 성장한 배경에는 문화대혁명 트라우마에 대한 반면교사가 자리 잡고 있다. 덩샤오핑이 정국을 주도하기 시작하면서 문화대혁명을 주도했던 세대를 배제시킨다. 또한 문화대혁명으로 정규교육과정을 마치지 못한 세대를 중국의 미래장기 발전 측면에서 고스란히 들어낸 것이다. 즉, 사회의 주도적 지위를 맡지못하게 한 것이다. 1942년생인 후진타오 주석이 16년을 훌쩍 뛰어넘어 1926년생인 장쩌민 주석을 승계한다. 이것도 후주석이 문화대혁명의 영향을 받지않고 대학을 졸업한 마지막 세대였다는 점이 배경이 되었다. 다시는 불행한 시기를 반복하지 않겠다는 결의가 큰 역할을 했다.

한편 사람이 몰리느냐도 중요하다. 우선, 세계 인재가 중국으로 몰리고 있을까? 중국 내 외국인 유학생 수는 2017년 말 기준, 49만 명으로 집계된다. 석사 및 박사생이 8만 명, 일반 및 어학연수생 41만 명과 대별된다. 어학연수생이 대부분으로 85%를 차지하고 있다. 이는 일단 세계적으로 중국에 대한 관심이 높다는 반증이다. 그중에는 중국 정부 초청 장학생 6만 명이 포함되어 있었다. 미국의 1970년대 이후처럼 세계적 인재들을 초청하는 프로그램이 이미 시작되었다. 하지만 개별 학문 자체의 수준이 높지 않다고 판단하는 것은 아닐까? 석·박사생의 연구 분야가 중요하다. 우리나라의 중국 유학생 통계에 비추어 판단해 본다면 거의 대부분의 학생이 문과이다. 기술력이 국가경쟁력의 핵심이 되는 현시대와는 잘 맞지 않는다. 어찌 됐건, 세계청년층의 중국에 대한 관심은 상당한 정도이다. 하지만 미국에 대해서보다는 아직 약한 것으로 결론지을 수 있다. 그렇다고 향후에도 그럴 것이라는 얘기는 아니다. 중국의 대학이 급변하고 있다. 이들은 모방의 달인이기 때문에 혁신을 향한 다양한 노력을 기울이고 있다. 가까운 장래에 중국 대학들이 세계 최고 수준을 구축해내지 말라는 법은 없다.

중국에 "중국의 꿈"을 좇아 세계 각국에서 사람이 몰리는지도 중요하다. 물론 미국과 중국은 본원적으로 차이가 있다. 미국에서의 아메리칸 드림American Dream이란 이민자가 각고의 어려움을 버텨내고 성공을 거머쥐는 것이다. 하지만, 중국은 유럽처럼 이미 꽉 짜여진 기존의 틀 안에서 운신해야 한다. 큰 차이다. 물론 중국에서도 개혁·개방 초기 진입자들은 나름대로의 성공을 거두었다. 한국 업체인 'Lock and Lock'이 큰 성공을 거두었고, 소위 China Dream을 이루었다. 다른 임가공 업체들도 성공하는 경우가 있었다. 진웅텐트라든가, e-land 등이 그 예이다. 중국에서 제조해 제3국으로 수출하는 형식이었다. 하지만 경제발전이 내수 중심으로 전환되면서 이들의 입지는 상대적으로 약화될 수밖에 없다. 미국처럼 실제로 China Dream이 이루어지려면, 중국 내에 준 이민자들이 많이 존재해야 할 것이다. 하지만 그런 체제는 구축되기가 어렵게 되어 있다. 자주 거론되듯이 과실송금을 못 하게 해서가 아니다. 중국에서는 외국인이 중국대학을 졸업하더라도 곧바로 귀국해야 한다. 2년의 취업 경력이 없으면 중국 내에서 취업하기란 거의 불가능하다. 중국은 이민을 받아들이지 않는 대표적 국가이다. 기껏 대만인, 홍콩인, 기타 화교계 등 100만 명 정도가 외국인 집단주거community의 큰 축을 이루고 있다. 이들은 기본적으로 화교계다. 반면에 순수 외국계는 유학생까지 포함하더라도 전국을 합쳐 기껏해야 100만 명 전후일 것이다, 우리나라만 하더라도 상주 외국인이 250만 명이다. 이와는 대조적이다.

중국 학생들의 해외유학이 줄어드는가도 관심이다. 더 이상 해외에서 배울 것이 없을 것이라는 가설을 검증해 보기 위한 것이다. 아직은 중국의 유학생 유출 풀이 더 크다. 지속적으로 증가세연간 60만 명 수준를 유지하고 있다. 중국은 2019년 말까지 전 세계에 641만 명누계 기준의 유학생을 내보낸 바 있다. 이들은 무역의 다변화처럼 전 세계로 퍼져 있다. 대단한 자산이다. 귀국유학생은 420만 명에 이르고 있다. 누적 귀국률 비중 66%다. 이러한 현상은 2008년의 세계금융위기가 분수령이 되었다. 그 이전에는 귀국률이 30% 미만으로 그리 높지 않았다. 그러나 세계금융위기 발생 이후 유학국에 머물기보다 중국에서의 기회와 성장 가능성을 높이 보게 된 것이다. 2019년 한 해의 경우, 70만 명이 출국하였다. 그 중 정부파견이 4만 명5%, 직장파견 5만 명5%, 자비유학 61만 명90%으로 집계되고 있다. 자비유학생이 절대적이다. 아직 중국인들은 해외유학을 선호하고 있다. 계속해서 해외 선진국가들로부터 모방을 해야 한다는 인식이 강하다.

또 다른 제도적인 측면에서 중국 화폐인 위안화의 위력·성가를 보자. 미국은 1980년대 이후1972년 금태환을 정지하고 나서도 국방력과 경제력을 바탕으로 달러패권으로 전 세계 경제를 실질적으로 움직여왔다. 환전과 관련해 뉴욕NY이나 런던LD을 중심으로 하루 5조 달러 이상의 외환거래를 독점하고 있다. 0.05%의 수수료만 챙긴다 하더라도 하루 25억 달러 정도, 연간으로는 6,000억 달러 내외의 성가불로소득이 생기는 것이다.

중국도 2009년 이후 과다한 달러 표시 외환보유고가 꼭 좋을수만은 없다고 인식하게 된다. 중국은 자금조달체계에서 자국 화폐인 위안화의 독자노선을 추구하기 시작했다. 그 한축이 위안화 국제화다. 구태여 미국이나 영국의 금융 중심 도시를 거치지 않더라도 외국환이 중국 화폐와 거래될 수 있는 길을 열어 두는 것이다. 동시에, 위안화 중심의 외환직거래 시스템인 CIPS독자적인 국제결제 제도도 2015년 말을 계기로 1차적으로 구축한 바 있다. 이어서 2020년에는 5년 만에 2단계 CIPS 체계를 더욱 정치하게 구축하였다. 아직 큰 성과는 없다. 단지 준비는 해두고 있다. 최근에는 G7 국가 중에서는 최초로 중앙은행이 직접 전자화폐의 운용을 실험하고 있다. 즉 블록체인block chain까지를 활용한 국제 간 거래까지도 염두에 두고 있다. 달러 주도 체제의 불안정성을 인지하고 있다는 뜻이다. 중국은 세계변화의 최첨단에서 나름대로 고군분투하고 있다.

마지막으로 압도적 기술력의 보유 가능성 문제이다. 사실 중국은 1998년 이미 경제발전의 방향으로 과교흥국科教興國을 제시하고 과학기술의 중요성을 강조하기 시작하였다. 아시아의 여타 국가들처럼 단순한 모방만으로는 일류 국가가 되기 어렵다고 인식하기 시작한 것이다. 2012년 말, 시진핑이 집권하면서 내걸었던 경제정책의 3대 방향도, 친환경, 친서민, 기술혁신이었다. 기술력의 중요성을 강조하고 있다.

제조업에서의 중간급 기술이전은 2008년 세계금융위기 발발 이후 예상치 않게 우연히 이루어졌다. 중국에 투자했던 많은 다국적 업체들이 설비를 매각한 채 철수하였다. 이때의 중간급 기술은 대부분이 중국인의 손으로 고스란히 넘어갔다. 그 이후 중국은 자체적인 수출입을 통해 외환보유고를 급격하게 쌓게 된다. 이후 이 China Money로 많은 세계적인 기업들을 인수해 선진기술의 상당 부분을 확보했을 것으로 판단한다. 문제는 첨단기술 영역이다. 사실 중국이 산업혁명의 동인이 되는 기술개발에 서방국가들에게 완전히 뒤처진 것은 아직까지도 불가사의로 해석된다. 하지만 중국이 원천적으로 첨단과학 방면에서 꼭 뒤떨어지는 것은 아니다. 1980년대 중반 한때 첨단 영역이었던 컴퓨터 산업과 관련해 미국 내에서도 Wang 컴퓨터가 IBM, Apple 등과 각축을 벌였던 적이 있었다. 중국인의 DNA에 창의성이 모자라지 않다는 것을 읽을 수 있는 대목이다.

이를 감안하고, 현재의 상황을 연장해보면 첨단과학기술 방면에서의 진전을 예기할 수 있다. 중국에 사람이 많다는 것은 장점으로 작용할 수 있다. 우선 개혁·개방 이후 40여 년간 진행되어 온 중국 인력의 고도화가 큰 힘을 발휘할 수 있을 것이다. 지금은 동년배의 근 50% 정도가 대학에 입학하는 것으로 추산되고 있다. 그만큼 인력의 질적인 고도화를 추구하고 있다. 두 번째로 중국인이 과거 화약, 나침반, 종이를 발명한 것은 기술의 세기에 중국의 역할이 있을 수 있다는 것을 암시해 주기도 한다. 셋째는 인터넷의 보편화로 전 세계의 기술적 변화의 흐름을 거의 실시간으로 파악하고 있다는 점이다. 중국의 인적·물적 네트워크는 새로운 기술을 만들어 낼 수 있는 하드웨어로 충분히 작용할 수 있을 것이다. 그만큼, 신기술을 만들어 낼 수 있는 여지가 커진다고도 볼 수 있다. 사람 속에 사람이 나는 것일지도 모른다. 지켜볼 일이다.

한편 시장경제의 가장 커다란 이점 중의 하나가 비교우위에 입각한 규모의 경제 달성이다. 중국은 단순한 규모의 경제를 떠나서 플랫폼 비즈니스로 진화·확산 중에 있다. 소위 "Internet +"라는 개념을 통해서 "초규모의 경제"로 진화하고 있다. 앞으로 전 세계는 몇 개의 포털이 경제 흐름을 장악하는 형태로 흘러갈 가능성도 있다. 그렇게 되면 포털이 수요, 공급을 좌지우지하는 것과 같이 주객이 전도되지 말라는 법도 없다. 그 차원에서 중국의 포털은 이미 세계적으로 자리를 잡고 있다.

한편, 미국처럼 전 세계 물건을 사줄 수 있을 것인가도 중요한 변수이다. 중국의 연간 수입액은 통계상 2조 달러 이상이다. 상당한 수준이다. 하지만 미국과 근본적인 차이는 있다. 미국은 달러를 찍어서 거의 외상으로 해외물건을 샀다고도 볼 수 있다. 이것이 중국에게도 가능할 것이냐? 현재로서는 불가능하다. 패권국과 추수국가의 차이다. 아주 복합적인 문제이다.

미국 대체 가능성

중국의 미국 대체 가능성을 평가한다는 것은 쉽지 않다. 어정쩡한 결론이기는 하지만, 좀 더 지켜보아야 한다. 특히, 향후 10년의 행보가 아주 중요하다. 한 국가의 종합적 발전경로를 예측·예단 한다는 것은 쉬운 일이 아니다. 국가의 발전경로를 종합적으로 해석할 학문적인 체계도 없다. 따라서 직관에 의한 가설 수준에서 평가해 볼 수밖에 없다.

필자는 한 국가의 체제수명이 있다고 신봉하고 있다. 그 차원에서 우선, 중국의 통일왕조를 비교해 보면, 통일왕조 평균 수명이 220년 정도이다. 한 시대정신Paradigm을 300년으로 잡은 것과 비교해 볼 때 좀 짧기는 하다. 대체로 70년, 100년, 50~60년의 3단계이다. 첫 70년이 국가 정립기, 100년이 안정기, 나머지 50~60년이 쇠퇴기다. 현재는 중화인민공화국 건국 70년째다. 정립기의 마지막 단이다. 결국 향후 10년의 경과가 결정적인 시기가 될 것이다. 중국도 이를 인지하고 있다. 시진핑 주석이 국가주석을 3연임 이상 할 수 있도록 길을 터놓고 있다. 언론의 보도처럼 단순히 독재로 가기 위한 수순만은 아닐 수 있다. 현시점이 절대적으로 중요하다고 인식, 위기관리 차원에서의 예비조치라고 판단된다. 여기서는 원론적으로 몇 가지 의미 있는 변화의 측면을 지적하고자 한다.

우선, 중국의 경제규모이다. 일부에서는 부동산 버블붕괴, 그림자 금융 등 부실한 금융자산 폭증, 지방정부 과다차입 등을 중국의 아킬레스건으로 지적, 중국의 미래가 밝지 않다고 주장해 왔다. 그러한 기우에도 불구하고 중국이 2019년을 기점으로 인당 소득 1만 달러를 돌파하였다. 중진국 함정 위기를 어느 정도 탈출했다고 판단할 수 있다. 결국 경제규모가 10년 뒤인 2030년 정도면, 20조 달러 이상이 될 것이다. 세계경제에서 차지할 비중이 20%를 넘어설 것이다. 30년 뒤인 2050년 정도면 45~50조 달러가 될 것이다. 총량 규모로 미국을 훨씬 뛰어넘을 것이다. 새로운 경제규모에 의해 운신할 수 있는 여지가 지금보다 훨씬 더 커질 것이다. 〈중국제조 2025〉가 추구하는 에너지, 차세대 정보기술, 바이오, 첨단장비, 신소재, 신에너지, 친환경 자동차 등에서 세계적 성과를 거둘 수도 있다. 특히 도시화가 스마트화한다면 파급력은 대단할 것이다. 이게 전 세계의 이목을 끌 수 있을 것이다.

또한 아시아적인 유교국가에서 고위지도자의 비전과 인식체계도 중요하다. 발전국가 지도자의 중요성은 기성 선진국에 비해서 훨씬 높다. 중국은 1949년 중화인민공화국이 출범한 이후 현재는 제3세대 지도자가 통치하고 있다. 마오쩌뚱에 이어서 덩샤오핑, 후야오방으로 이어지는 1세대 통치1949~1987; 38년간 1세대 조금 더가 있었다. 이어서 자오즈양, 장쩌민, 후진타오로 이어지는 제2세대1987~2012; 25년으로 1세대 약간 못미침도 있었다. 지금은 1, 2세대의 후세인 3세대이다.

당과 정부에서 현역의 중요성은 막강하다. 이들의 행위와 인식이 무척 중요하다. 중국 내 최고위층을 이루는 주도세력은 계급 정년제에 따른다. 현역 은퇴 시 최고위급인사의 나이가 대체로 만 72세를 넘지 않는다. 이미 생애주기를 고려한 인력 운용 정책을 실행하고 있다. 최고위층 지도자의 세대 간 순환이 중요하다고 인식하고 있다. 현재 최고위지도층은 1950년대 이후 출생자들로 채워져 있다. 2차대전 종전은 물론이고 중화인민공화국이 탄생한 1949년 출생 이후 세대이다. 감수성이 예민할 10대와 20대 때 문화대혁명 시기1966~1976년 극도의 혼란을 경험했다. 직접 참여하기도 했다. 시진핑 주석처럼 박해를 받은 자들도 있다. 어쨌든 이들은 잠재의식 속에 문화대혁명의 잔상이 남아 있는 마지막 세대가 될 것이다. 세련되지 못한 언사나 행동이 관찰되는 이유일 것이다.

1980년대 중반, 필자가 미국유학을 하던 시절, 당시로서는 선풍적 인기가 있었던 영화 〈마지막 황제Last Emperor〉가 상영되었다. 죽의 장막이 걷히는 순간이기도 하였다. 중국 학생들이 대거 관람했다. 청나라 마지막 황제에 관한 얘기지만 그들이 10년 전 청년 시절에 겪었던 문화대혁명이 내용에 포함되어 있었기 때문이었다. 서양이 문화대혁명을 어떻게 평가하는지에 제일 큰 관심을 보였다. 물론, 당시의 울분과 향수도 얘기하곤 했었다.

현 지도층 인사들은 대부분이 대학부터는 정규교육을 받았다. 해외연수를 거친 지도자들도 부지기수다. 그만큼 세계의 변화와 흐름에 대해 거의 실시간으로 알고 있다. 고위층이 집단적으로 새로운 세계의 흐름에 대해 학습하고 있다. 시진핑 주석을 포함한 고위 지도자들이 팔을 걷어붙이고 진지하게 토론하는 장면이 언론에 간혹 노출된다. 이 지도자들이 얼마나 혁신적인 새로운 제도정립에 성공할 것인지가 중요하다. 물론 지향하는 이념의 폭이 얼마나 수용적포용적인지도 중요할 것이다. 결국 제일 중요한 축의 하나가 중국이 민주주의 제도를 어떻게 수용할지의 문제로 귀결될 것이다. 하지만 대외관계에서 중화민족주의가 너무 강한 것은 아닌가 하는 평가도 있다. 은연중에 문화대혁명 시기의 인식이 아직도 남아 있는 이유에서인지도 모른다. 이들도 곧 퇴장해야 할 것이다.

친구들과 만나면 빠지지 않는 화두가 있다. 중국 독재론이다. 중국은 민주주의가 아니다. 어찌 세계국가가 될 수 있느냐? 난감하다. 얼마 전에도 그런 논쟁이 있었다. 민주주의가 과연 뭘까? 우리는 생활인으로서 민주주의를 얼마나 체감하고 있을까? 밥 먹여 주는데 필수 불가결할까? 민주주의가 민의를 가장해, 독재로 가는 것은 옳은 일일까? 미국이 그렇고 한국도 그렇게 흘러간다는 지적이 많다. 사실 대통령도 국민의 입장에서 본다면 반장일 뿐이지 선생은 아니다. 그런데도 민주주의가 다수결로 권력을 잡는 수단으로만 흐르지 않았는지? 권력을 잡고나서는 제왕적 국가통치를 하고 있다. 민주주의의 본래 가장 큰 기능은 다양성을 흡수하는 것 아닐지? 다양한 시각에서 판단해야 할 것 같다. 과연 중국의 대체 이념은 무엇일까? 사회주의 시장경제란 무엇일까? 지금 중국은 인본주의라는 추상적인 개념을 발전시키는 데에 진력하고 있는 것 같다. 사람이 중요하다는 데는 공감하고 있다. 또한 다양한 의견을 수렴하려는 노력은 나름대로 관찰되고 있다. 아직 정치체제의 궁극적인 향배는 미지수이다.

현재 세계는 대전환의 시대다. 세계가 전통적 산업화국민국가 이후 시대의 설계에는 경쟁의 출발점이 같다. 인류 발전은 대체로 모방에서 시작되고, 모방의 완성에 의한 관리의 최적화, 그리고 이를 바탕으로 한 창조가 전형적인 경과이다. 중국의 경우, 한자 문화를 통해서 세계에서도 가장 오랜 역사와 규모를 가진 문명을 유지하고 있다. 모방의 대가이자, 융합의 대가이다. 여기에 한자의 우월성이 있다. 문화적으로 상형문자가 문자 자체의 우위성이 있는 것이다. 단순한 표음문자와는 차원이 다르다. 개인적으로 한글 전용 정책의 채택은 우리의 큰 실수였다고 판단하고 있다. 국가의 정체성이 아니라, 사고에 있어서 개념화의 폭에서 표음문자인 한글만으로는 한계가 있다. 중국은 한자에 의해서 각종 영역에서 새로운 개념화에 성공할 수 있을 것으로 판단한다. 중국에서 활발히 이루어지는 서양의학과 동양의학의 융합 및 협진이 한 가지 간단한 예이다. 또한 미래가 플랫폼 비즈니스로 갈 때 소비자 주도권과 시장의 크기가 중요하다. 이는 향후 경제발전을 결정한다. 그 차원에서 중국처럼 인구가 많다는 것이 큰 장점이 될 것이다.

한편, 학력으로 본 중국인의 민도가 꾸준히 올라가고 있다. 중국도 2019년부터 이미 인당 소득이 1만 달러 시대에 살고 있다. 2020년 기준으로 중국인의 학력 구성은 중졸 49%, 고졸 23%, 대졸 8%이다. 우리나라의 인당 소득 1만 달러 달성의 해인 1995년과 비교하면 중졸 이상의 비중을 제외하고는 아직도 낮은 상태[24]다. 산업화 초기 시대는 단순인력이 중요했기에 중졸 정도면 충분했을 것이다. 인당 소득 1만 달러를 달성한 이후에는 전 사회의 요구와 욕구 수준이 올라간다.

중견간부급 이상 인력의 수준민도도 지속적으로 제고되고 있다. 이것이 중요하다. 2021년 현재 주도세력인 40~55세의 경우 1965~1980년생이다. 문화대혁명을 전혀 모르는 세대다. 이들이 10대에 들어섰을 때는 개혁·개방 의식이 사회화의 전 과정을 지배하고 있었다. 인식은 훨씬 개혁·개방적이다. 1965년생이 대학에 들어간 연도인 1983년의 경우 동년배 2,500만 명 시대였다. 중국통계연감이 1985년부터 대학 입학 정원을 집계하고 있다. 그해의 대학 입학 정원이 62만 명이었으니, 1983년의 경우 60만 명 전후였을 것으로 추정된다. 결국 중견 이상의 간부진인 40~55세의 대학생 비율은 동년배의 2~3% 전후일 것으로 추정된다. 대학졸업자는 최고 엘리트층으로 바로 편입되었다. 대학 입학 정원 100만 명 시대가 1997년이다. 1980년생이 대학에 들어갈 때인 1998년의 경우, 중국이 GDP 1조 달러를 달성했었다. 동년배 2,200만 명 시대로 대학

24 그러나 절대인력규모에서는 고졸 이상이 3억 명 이상, 대졸 이상이 1억 명을 넘어서서 우리나라 절대인구의 근 2배에 해당하여 우리와의 경쟁에서 이들이 큰 역할을 하는 경우, 나이 구조면에서 우리보다 청년층의 학력이 높을 개연성이 있다.

입학 정원이 108만 명 시대였다. 그래도 동년배 5%가 대학생 비율이다. 대학 졸업생의 특권은 예상할 수 있다. 특히 1998년은 교과과정이 훨씬 세계적 추세에 접근해 교과에 혁신적인 내용이 들어가게 된 해이기도 하다. 그만큼 중국인의 학력이 계속해서 전반적으로 올라가고 있다. 한 가지 주목되는 것은 공산당원 가운데, 학력이 없는 인사들은 중앙공산당학교 등에서 단기과정이라도 이수시키고 있다는 점이다. 학력상 당시의 추세에 크게 떨어지지 않게 하고 있다.

또 하나가 전 세계에 중국 정책 추종자의 규모가 어느 정도일지에 대한 추정 측면이다. 당장 중국은 유라시아 확장의 일환으로 신실크로드 소위 일대일로 프로젝트를 강화하고 있다. 일부 성과가 보이기도 한다. 유라시아 횡단 철도에 의한 물류의 개선이 그 예이다. 또한 1950년대부터 제3세계의 주축국으로서 아프리카 국가들에게 상당한 공을 들여오고 있다. 아프리카 포럼의 중요성이 바로 그것이다. 한편, 러시아를 포함한 구소련 지역과의 협의체 운영도 중요한 역할을 할 것이다. 상하이협력기구 Shanghai Cooperation Organization; SCO가 있다.

이상을 종합하면, 중국이 하드웨어 측면외관상에서 미국을 대체할 자체 준비나 가능성은 충분히 있는 것으로 예상할 수 있다. 적어도 세계가 2극, 3극 체제로 상당한 기간 공존할 가능성도 있다. 그런 차원에서도 중국은 대비하고 있는 것으로 판단된다. 특히, 중국은 세계전략에서 미국, 유럽, 러시아를 전략적 경쟁자와 파트너로 유효적절하게 활용하는 측면이 자주 관찰되고 있다.

특히 중요한 것은 중국이 얼마나 정신적, 물질적으로 새로운 가치를 창출하고 인류의 발전에 기여할 수 있는가에 달려 있을 것이다. 미국이 세계의 폭군이라는 카우보이의 이미지가 강하다. 하지만 세계질서를 안정적으로 유지해온 공로는 지대하다. 또한 새로운 제품의 개발로 문명의 이기를 확장시키고 새로운 이념으로 인류에게 꿈을 갖게 한 것은 엄연한 사실이다. 그렇지만 종국에 가서는 세계의 주도권도 장기적으로 순환하지 않을까 한다. 한 체제Paradigm는 분명히 국가 흥망성쇠의 수명과 함께 존재한다고 보여지기 때문이다. 패권 300년 주기설을 적용할 수도 있다. 중국이 봉건적 농경사회 경쟁에서 자체 완성에 의해서 최고의 국가의 하나였다. 적어도 1440년부터 1840년까지 400년간은 중국도 세계 주도 국가의 하나였다. 하지만 불행하게도 산업화가 주축이 되는 국민국가 경쟁에서 새로운 변환을 인지하지 못했다. 이를 따라가지 못해서 국민국가의 주도 국가들에 의해서 교체되었다. 국민국가를 완성한 미국도 새로운 주도세력에 의해서 교체되지 않는다는 보장이 없다.

그러면, 새로운 시대정신이란 뭐가 될까? 국민국가 이후의 시대정신? 아직은 모색단계로 그 빛이 보이지 않고 있다. 하나 분명한 것은 중앙집권도 중요하지만 동시에 분권화가 된다는 점이다. 또한 다원화, 다극화한다는 것이다. 그렇게 된다면 우리의 전략적 대응은 훨씬 더 복합적인 차원에서 이루어질 수밖에 없을 것이다. '중국이 다시 돌아왔다'고, '아시아 주도 세기'라고 우리가 더 행복해진다고는 생각할 수 없다. 최근 일부 정치세력이 너무 친중으로 경도되고 있다는 세간의 걱정이나 기우도 상당히 타당성 있다. 꼭 행복해지지 않을 수도 있다. 지금부터가 정말 중요하다. 이는 우리 하기에 달려 있다. 내가 살고 싶은 대한민국이 되어야 할 이유이다.

한반도의 진로

중국과 북핵 위기 극복

사실 남북한 문제를 해결하는 것은 그렇게 간단한 문제는 아니다. 경제학자로서 이를 분석하기도 쉽지 않다. 다만, 상식적인 판단하에서 문제를 짚어보고자 한다. 남북한 문제는 6.25전쟁 이후 1980년대 초반까지 북한의 공세적 무력 통일 움직임, 1990년대 사회주의권 몰락 이후의 수세적 체제 유지 움직임, 그리고 최근까지 북한의 핵무장 위협 등 3단계로 이어지고 있다. 한편, 우리는 70년대의 7.4남북공동성명, 90년대의 UN동시가입이 있었다. 특히 최근에는 북한활용론 및 동북아 경제통합 주장 그리고 남북한 평화체제 구축 노력 등이 논의되거나 추진되고 있다.

결국 남북한은 분단된 상태로 세계적인 주목을 받고 있다. 특히, 북한의 핵무장 움직임에 의해서 더더욱 그렇다. 핵에 대한 트라우마는 아직도 전 세계가 갖고 있기 때문일 것이다. 1990년 초반 UN에 동시 가입한 우리나라는 북한과 함께 국제적으로는 엄연히 별개의 국체로 취급된다.

21세기에 들어서면서 국내 정치권은 여야를 막론하고 통일에 너무 집착했다. 우선 정치적인 목적이 있었을 것이다. 정치적으로 남북한 통일이 이루어진다면 세계사적인 엄청난 사건이 될 것이다. 김대중 대통령을 포함한 역대 대통령들이 집착한 이유다. 특히 동서독 통일은 우리에게 고무적으로 받아들여졌다. 이러한 정치적 이유와 함께 경제적 이유도 있었다. 앞에서도 거론 했듯이 일본에 대한 콤플렉스이다. 일본의 인구가 1억 명이 넘는다는 것을 주목했다. 우리도 남북한이 통일된다면 인구 1억 명에 가까운 대국이 된다는 희망을 항상 가지고 있었던 듯하다. 또한 남북한 산업 구조상, 남한의 중소·중견기업을 중심으로 한 한계기업들이 북한으로 이전할 수 있고, 북한의 사회간접자본 개발에 우리의 유수 기업체들이 참여할 수 있을 것이라는 희망 섞인 판단이었을 것이다. 국내 경제가 어려워질수록 북한활용론이 더 강하게 대두되었던 것 같다. 특히, 중국의 동북3성 지역개발과 연계해 중국-한반도-일본을 경제적으로 연결시킬 수도 있다는 희망이 자주 피력되곤 하였다.

사실 남북한 관계상, 1990년대까지와는 판이하게 우리가 경제적으로 훨씬 커졌다. GDP 규모로 본다면 우리와 북한은 1조 6천억 달러 대 300억 달러이다. 북한경제는 우리나라 대기업체의 연간 매출액에도 미치지 못할 정도가 되어버렸다. 남한의 목표는 분명하다. 더 잘사는 대한민국을 만들고 유지하는 것이다. 북한은 경제적으로 체제 안정에 엄청난 스트레스를 받고 있을 것이다. 북한이 미국과의 직접 대화에 매달리고, 핵개발에 몰두하고 있다. 그 이유는 결국 상위 20% 정도일 북한 주도세력의 안위에 있다고 보여진다. 말도 안 되는 행태다.

남북한 관계와 관련해 우리는 초원리주의적 집착을 노정하고 있는 것 같아서 안타깝다. 훨씬 더 현실적이어야 하지 않을까 한다. 우선 21세기 들어 많은 정치인들이 통일이 되면 모든 문제가 다 해결될 것으로 착각하고 있는 것은 아닌지 하는 생각이다. 김정일의 급작스러운 사망과, 후계자인 김정은의 스위스 유학배경을 근거로 통일에 대해서 너무 낙관적으로 판단한 것은 아닐까? 결국 분단국 콤플렉스를 극복하는 데만 힘을 쏟은 결과는 아닐지? 앞에서도 거론했지만, 인구가 1억 명이 된다고 꼭 자발적으로 발전하는 것은 아니었다. GDP 규모가 1조 달러가 되는 게 인당 소득으로 보아 경제발전의 가능성이 더 높았다. 닭이 먼저인가, 달걀이 먼저인가의 문제이기는 하다. 특히 북한을 경제적으로 올려세우기 위해서는 엄청난 자금이 투입되어야 할 것이다. 그 재원 마련이 현재의 국내외 상황하에서 가능할까? 어려운 문제다. 기업 간 M&A도 그렇게 어려운 마당에 통일이 쉽게 이루어지기는 어려운 것 아닐까 한다.

둘째는 독일 통일을 너무 롤모델로 하고 있다는 우려이다. 사실 독일 통일이 이루어진 것은 분단된 지 50년 미만이다. 무엇보다도 내전을 거치지 않았다. 독일인들 사이에서 통일에 대한 세대 간의 공감대를 이룰 수 있는 시간적 유대가 있었다. 또한 동서독 간의 인적 교류가 상당 정도 있었던 것으로 알려지고 있다. 시기적으로도 구소련의 표류와 함께 사회주의권이 몰락의 길로 접어든 때이다. 2차 세계대전 이전의 체제로 옮아가는 것이 자연스러운 것이었고 이의 연장선상에서 이해될 수 있었다. 하지만 우리는 그렇지 못하다. 6.25를 겪었고, 분단된 지 이미 75년이 경과해 버렸다. 북한의 기대수명이 75세가 안 될 것이다. 6.25 경험세대는 거의 사망했다고 볼 수 있다. 결국 생존인구 가운데 분단을 기억할 인구의 비중은 기껏 0.1% 미만으로 5만 명도 채 되지 않을 것이다.

한편 사회의 주도세력일 40~55세 북한인은 1960년대 이후 생으로 이미 분단에 익숙해 있다. 15세 전후해서 경제적으로 남한에 역전되었던 것을 뼈아프게 여겼을 것이다. 이와 동시에 1970년대 당시 북한 체제의 구호였던 무력통일이라는 잠재의식이 강하게 남아 있을 것이다. 그들의 인식이 바뀌지 않는 한, 남북한 문제가 순항하기에는 상당한 시간이 걸릴 수밖에 없을 것이다. 김정은은 1980년대생으로 인격형성상 민감한 시기인 1990년대 후반, 남한에 대한 인식이 경제적인 콤플렉스로부터 시작되었을 가능성이 크다. 1995년 당시 우리는 이미 인당소득 1만 달러를 달성해 선진국의 초입에 들어갔다. 사실 1990년대 중반 김일성의 결자해지적인 국면전환의 기회가 있었다. 하지만 급작스러운 사망으로 그 기회는 사라져버렸다.

우리의 지도층은 남북한 문제의 해결과 관련해 중국의 협조를 과다하게 평가하고 있다고 생각한다. 박근혜 대통령이 중국을 방문했을 당시 열병식에 참여한 것과 현 정부가 시진핑 주석의 방한에 외교역량을 집중하는 것이 그러한 오해를 살 만하다. 중국으로서는 북한이라는 카드가 대단한 유효성을 갖고 있다. 국민국가의 연장선상에서는 포기할 수 없는 카드이다. 국경선을 지키는 측면이나, 대만 문제의 해결을 위한 최종 카드로서의 효용성이 충분히 있는 것이다. 중국은 결코 자기의 국익을 포기하지 않을 것이다. 그 측면에서 우리의 통일 문제를 너무 중국에 의존하는 것은 다시 사대주의로 회귀하는 오해를 불러일으킬 소지가 크다. 특히 4자 회담 체제의 구축으로 4강의 합의에 의한 남북한 통일은 거의 물 건너간 것이나 마찬가지일 것이다. 남북한 통일은 그만큼 시간이 걸리는 장기과제로 넘어갔다고 판단해야 한다. 한편 미·중 갈등 관계에서도 지금은 명·청 교체기와는 본질적으로 다르다. 아직 시간이 있다. 너무 성급할 것이 아니라, 중지를 모아서 중국을 설득하면서 우리의 발전을 강화하고 국익을 지켜나가야 한다.

결국 남북한 문제의 핵심은 단기적 북핵 위기 문제의 관리와 장기적 남북한 통일 문제로 나누어진다고 볼 수 있다. 당장 북핵 위기는 우리로서는 국제공조에 의존할 수밖에 없을 것이다. 우리는 미국의 핵우산에 의존하고 있다. 한·미 동맹이 있다. 이것이 가장 중요한 해결책의 고리이다. 이것을 핵심 억지력으로 삼고 강화해야 한다. 우리도 핵을 가질 수 있는 능력은 충분할 것이다. 일시적으로 핵무장을 할 수도 있다. 하지만 일본이 핵무장 하지 않는, 하지 못하는 이유를 되짚어 보아야 한다. 그렇다고 초조해하면서 성급해할 필요도 없다. 이는 긴 호흡으로 풀어야 할 장기과제이다. 중국에 대해서도 당당하게 설명할 수 있는 논리는 충분히 개발할 수 있을 것이다. 그리고 대중관계 이론과 정책을 개발해야 한다. 특히 중국이 결국 한반도를 여하히 대하느냐는, 중국이 여타 지역문제를 해결하는 기준이 될 수도 있다. 결과적으로 중국으로서도 섣부른 대한반도 정책을 실시하기 어려울 것이다. 현재의 시기는 과거 명·청 교체기와는 판연히 다르다.

또한 남북한 통일 문제이다. 통일 이슈는 장기과제이며, 종합적인 국가경쟁력으로 해결할 수밖에 없을 것이다. 우리의 체제적인 비교우위는 우리가 경제국가라는 인식이 강하다는 점이다. 남북한 경제교류 측면에 있어서도 북한을 우리의 한계산업의 배출구로 활용한다면 효용도 크지 않을 수 있고, 현명하지도 못할 것이다. 결국은 국가발전의 기본은 비교우위의 적절한 활용이다. 따라서 전통적 산업화 이후까지를 고려한 경제 교류를 고민해야 한다.

북한도 결국 사람밖에 없을 것이다. 천연자원이 많을 것이라는 예측은 검증되지 않은 국민국가 시대의 인식이다. 결국 북한의 청년층을 첨단형 교육을 통해 바이오나, 환경, 전자 등 신산업 인력으로 고도화시키는 데 도움을 주어야 한다. 이들을 새로운 분야에 투입하고 산업체계를 육성해야 하지 않을까 한다. 결국 부존자원 의존형이 아닌 인재 의존형 첨단산업의 협력을 추구해야 하지 않을까 한다. 이러한 의견이 신중하게 본격적으로 검토되어야 한다. 국민국가 시대의 중상주의적인 논리로는 최적의 답을 내기가 어려울 것이다. 물론 관광도 남북교류 중 하나의 커다란 분야가 될 것이다. 여하튼, 아주 장기적으로는 국민국가 이후에는 궁극적으로 국경이 문제되지 않을 수도 있겠다 싶은 때도 있다. 결국 중국의 극복이나 북핵 위기의 해소는 경제적으로 튼튼한 우리의 종합 국력을 신장시키는 것을 통해 극복해야 한다.

우리의 길

전 세계가 과거와는 완전히 다른 세계적 대전환의 시기에 처해 있다. 이 과정에 4차 산업혁명이라는 파고가 몰려오고 있다. 과거 우리가 지향했던 국민국가의 정책방향으로는 처방되기 어렵다. 기존의 이론적 틀도 그렇다. 투키디데스의 가설 등 냉전시기의 국제정세 분석의 틀도 장기적으로는 유효하지 않다. 뼈를 깎는 혁신이 요구되기도 한다. 말이 혁신이

지 그리 쉽지 않다. 하지만 이성적으로 판단한다면 우리에게는 기회가 충분히 있다.

우리의 전략적 자산을 기반으로 국가경쟁력을 제고하는 수밖에 없다. 인당 소득이 현재의 3만 달러 수준에서 6만 달러 수준으로 갈 수만 있다면 하는 바람이 있다. 단순히 돈만 많아지는 것이 아니라 사회구조가 선순환할 수 있게 바뀌는 것을 겨냥해야 한다. 중국이 인당 소득 1만 달러이니, 격차를 유지할 수도 있게 된다. 중국이 우리를 부러워하는 뭔가가 있어야 한다. 한·중 수교 초기 중국은 우리로부터 많은 것을 배우기 위해서 정말 적극적으로 다가왔다. 그런데 최근에는 일부 대기업 이외의 우리 기업에 대해서는 시큰둥한 것으로 비춰져 속상하다. 중국과의 건전한 협력을 위해서는 절대적으로 우리에게 강점이 있어야 한다. 35여 년 이상 중국인들과 접촉한 결과 얻은 소박한 결론이다. 잘생기거나, 권력이 있거나, 돈이 엄청나게 많아야 눈길이라도 준다. 사드 사태 때, 중국이 보인 행태에서 이를 절감할 수 있다. 중국은 어쩌면 잠재의식 속에 미국처럼 경제발전을 통한 "황금돈의 제국주의"를 추구하고 있는지도 모른다.

또한 인구절벽하의 대한민국 자체의 유지이다. 이는 "내가 살고 싶은 대한민국"을 어떻게 만들어 가느냐에 달려 있다. 대전환기에는 다시 사람으로 돌아가야 한다. 사람으로부터 해법을 찾아야 한다. 인류 역사는 먹이를 찾아 이동하던 대규모 사람 이동부존자원 찾아 나섬, 교통의 발달과 정착에 따른 교역 강화물건이동, 부의 축적에 따른 자금 이동 단계를 거쳤다. 다시 세상이 어떻게 다른지, 정체성의 확인과 새로운 진로 모색 차 사람의 이동으로 돌아가고 있다. 농경사회에서 산업사회로 넘어가는 데는 관통하는 지성이 있었다. 합리적 이성과 과학적인 논리를 통해서 도전한 결과가 있었다. 전통 산업화가 완성되었기에 이를 뛰어넘어야 한다. 공평, 공생, 공존 등 "함께"라는 생각이 훨씬 추가될 것으로 판단된다. 물론 소통과 공헌, 배려도 중요하다. 한편에서는 대량 생산이 있다. 또 한편에는 다원화, 다극화가 있다. 다시 다품종 소량, 개성의 시대로 옮아가게 될지도 모른다. 그 차원에서 우리의 입지가 생길 수도 있다. 세상은 돌고 도는 "순환"이 가장 큰 진실일 수 있다. 그 차원에서 이 책에서 제안하는 청년층의 사회공공복무의무제가 중요한 의미를 갖게 되는 것이다.

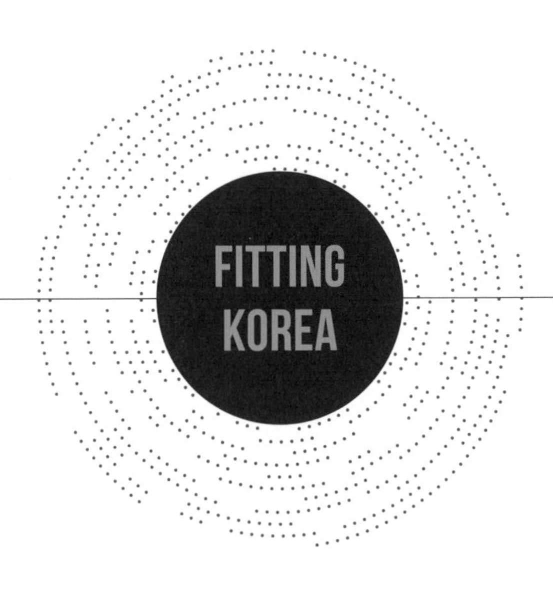
FITTING
KOREA

베이비부머 세대여, 사회의 조연, 인생의 주연이 되자

요약

현재는 세계적 대전환의 시대다. 큰 화두는 중국으로의 세력 이전 가능성에 대한 평가다. 동시에 우리의 해법이다. 중국으로의 세력 이전은 사실 추론하기가 쉽지 않다. 하지만 한 가지 대안적인 아이디어 차원에서 방향성의 예측은 가능하다. 적어도 세계의 다원화 현상하에서 중추 역할을 맡을 가능성이 높은 것으로 평가하고 있다. 이에 대한 결론을 내리기는 아직 쉽지 않다. 다만 과거 역사상 시대정신이 300여 년 주기로 바뀌어 왔다는 것과 지금이 대전환기라는 점, 중국의 경우 단순히 추수 국가가 아니고 후발 국민국가로서 세계적 장점을 적극적으로 흡수하고 있다는 점, 그 핵심에 인재 발굴과 생애주기형 인력양성이 있다는 점, 그리고 세계경제발전상 플랫폼 비즈니스 등 "초규모의 경제"와 유효수요가 더욱 중요해질 것이라는 점 등이 긍정적으로 보인다. 그러나 공산당 1당 독재 성향, 세련되지 않은 국제정책의 추구 등은 아직은 한계로 지적되고 있다. 이를 염두에 두고 우리도 훨씬 더 정치한 중국 정책을 만들고 이를 실행해야 할 것이다.

그 핵심 의제 중 하나가 우리가 하루빨리 초원리주의적 사고에서 탈피해야 하는 것이라는 점을 다시 한번 강조하고 싶다. 국민국가의 세계적 완성에 의해서 대두된 우리의 과제는 세계적 대전환기를 범국민적으로 직시하는 것이다. 특히 베이비부머들의 인식이 중요하다. 국가의 미래목표를 재정립해야 한다. 성숙하고도 탄탄한, 진정한 "알짜국가"를 완성하는 것이다. 고유의 특징을 살려서 선택과 집중을 하고 매진해야 한다. 국가가 생애주기형 인력배치를 통해서 점진적인 구조조정산업 구조를 포함을 유도할 필요가 있다. 이 차원에서 "생산적 복지"에 기초한 생애주기형 연령 맞춤형 정책이 중요한 수단이 될 수 있다.

"알짜국가"는 국가경쟁력 제고, 세대 연결을 통한 대한민국의 지속, 내가 살고 싶은 대한민국 만들기가 핵심이다. 현재 세계 중요 산업에서 세계 제조업 가치사슬의 일원이 된 것처럼, 미래의 핵심 산업에서도 이를 발전시키는 일원으로 남아야 한다. 결국은 선진 제조업 국가가 되어야 한다. 독립적인 중소·중견·사회적 기업의 능력을 강화해야 한다. 청·장년층 인적 능력을 제고해야 한다. 산업화 초반기 과정에서 초등학교 교육을 의무화했던 것처럼 청년층을 공공재로 여기면서 사회공공복무 의무화를 통해서 이들의 능력을 키워줘야 한다. 의무교육 기간을 늘린다고, 학교에서 잡아둔다고 스스로 인재가 양성되는 것은 아니다. 실전·현장 경험이 중요하다. 병역의무를 사회공공서비스 의무로 확대하는 것이다. 궁극적으로 남녀를 불문하고 청년층을 필요한 영역에 배정해 적어도 자의에 의해서 스스로 사회에 진출할 때까지 조직생활의 경험을 1회는 쌓을 수 있도록 해 준다. 특히 이 과정에서 미래 디지털 시대에 꼭 필요한 알고리즘 능력을 키워줄 수 있는 통로가 되어야 한다.

또한 대규모로 은퇴하게 되는 베이비부머 세대의 협력도 끌어낼 수 있어야 한다. 세대공감과 교감을 통한 세대 간 연결을 통해서 대한민국을 계속 발전시키는 것이다. 당장 공공 보육을 강화하고, 어르신 돌봄, 그리고 은퇴 준비 세대특히 여기서는 베이비부머의 사회공공서비스 참여·공헌을 제도화하는 것이다.

앞의 두 세대를 적극적으로 활용해 내가 살고 싶은살아보고 싶은 대한민국을 구축해내야 한다. 전 세계적 추세인 도시화 과정에서 도심 재개발, 스마트시티 구축까지를 고민해야 한다. 규모의 경제를 지향하고 부·울·경, 대구·경북, 전남·광주권 등을 묶는 대단위 행정영역화까지 전향적으로 검토해야 한다. 비도시 지역의 자족공동체 구축도 필요하다. 농촌 지역 주거환경 개선이 필요하다. 핵심 과제 중 하나가 특색 있는 동네 미관 제고 작업이다. 공동체 기능의 제고도 중요한 과제이다. 이렇게 구축한 대한민국 국토를 더 잘 지키기 위해 첨단국방뿐 아니라 돌발사태의 대응을 더 잘할 수 있는 유능한 "위기관리국가"로 거듭나야 한다. 종합 억지력의 제고가 새로운 국방의 개념이 되어야 한다.

획기적 제도를 당장 실시하는 것은 쉽지 않다. 정책의 큰 줄기는 초기 사회진출 세대와 사회퇴장의 은퇴 세대의 콜라보를 통한 기여를 통해서 대한민국 인구의 허리를 보강하는 것이다. 마치 중산층의 확충과 맥을 같이한다. 하지만 문제는 갈수록 시간이 없어진다는 것이다. 청년 인력이 60만 명대에서, 50만 명, 또다시 40만 명대로 급속히 줄어들고 있다. 대단한 위기감이다. 또한 인력의 효율적 활용을 통한 경쟁력 보강을 겨냥하고 있다. 인간 중심의 경제, 인간 중심의 발전을 일정 기간 동안은 강제할 수 있다. 이 제도가 도입, 정착된다면 세대적으로 잃을 것이 별로 없다. 상당수가 공감하고 호응할 수 있을 것이라고 판단한다.

군병력의 유기적 활용 문제는 남북한 대치 상황하에서 거의 성역으로 다루어져 왔다. 지금쯤은 변화해야 한다. 박정희 대통령 집권 이후 군부는 박 대통령의 권력 기반이었던 육군 위주로 병력과 예산을 많이 유지하는 것이 최선으로 받아들여졌다. 국방부가 아닌 육방부라는 비아냥도 있었다. "인력 및 물량 투입형 국방"이었다. 우리는 이미 세계 10위권 경제발전을 이룩하였다. 위상이 크게 올라갔다. 지금 우리나라는 자신감이 충분히 생겼다. 2차 세계대전 종전 후 75년이 지난 현재, 전쟁의 개념도 획기적으로 진화하였다. "신국방개념"이 절대적으로 필요한 시대다.

군부에서는 단지 병력 감축만 논의하고 있다. 합리적 대안이 제시되지 못하고 있다. 해방 75년이 지난 현재, 우리 사회의 전반적 구조조정 차원에서 병역의무를 국가발전 전략 자산으로 보다 적극적으로 활용해야 한다. 국가 전체의 전반적인 경쟁력 제고의 플랫폼으로 활용하는 것이다. 조건은 충분히 성숙되어 있다. 인구 감소와 함께 병력자원이 줄어들고 있다. 대학도 입학 정원을 채우지 못하게 되어서 유휴설비화 하고 있다. 1~2년 내의 상황이다. AI 시대에서 알고리즘이 갑작스럽게 필수적인 지식으로 대두되고 있다. 중소·중견기업 및 사회적 기업의 육성 필요성도 절실한 실정이다. 징병 대상자도 70%가 대학 수준의 고학력이다. 뭔가 종합적인 대책이 필요하다.

그러한 차원에서 병역의무를 궁극적으로 여성까지를 포괄하는 "사회공공서비스 의무화"라는 새로운 개념으로 접근한다. 신개념을 활용하는 경우, 사회 전반을 획기적으로 변모시키는 충분한 채널이 될 수 있다. 변호사, 공무원, 외교관, 회계사 시험 등에서 여성들의 세력이 대단하다. 사실 그 근저에는 병역의무 때문에 남성들의 기회가 위축된 측면도 있다. 남성이 오히려 역차별 받는다. 동년배 간의 사회적 진출이 여성에게 유리하게 전개되어 남성과 여성 간의 역차별이 생긴다. 남성의 사회진출이 여성들보다 느려진다. 결국 여성들의 남성 멸시로 인한 결혼의 성사가 어려워지는 측면도 무시할 수 없다. 이를 보완해야 한다. 병역의무로 결혼이 깨지는 사태도 막을 수 있을 것이다.

궁극적으로 병사, 간부 포함 60만 명추후에는 50만 명 전후로 줄어들 병력 규모는 "사회공공서비스 지원단"가칭규모로 이전된다. 규모는 같지만, 그 질은 완전히 바뀐다. 여성에게도 문호가 개방돼 사회 조직생활의 경험을 쌓을 기회가 주어진다. 국가경쟁력 제고에 의한 "종합 억지력" 제고가 가능하다. 물량 투입형이 아니라, 종합 억지력을 키우는 것이다. 군사력 제고뿐 아니라, 중소·중견·사회적 기업의 국제화 및 디지털화의 지원, 어깨너머로 배운 비즈니스 기회의 발굴에 따른 자연스러운 창업으로의 연계 가능성 확대, 지역공동체의 회복 및 주거환경개선이 가능할 것으로 판단된다.

베이비부머 세대의 역할을 강조하는 것에 불만을 표시할 수도 있겠다. 베이비부머들은 적어도 현재의 소득 3만 달러 시대를 구축한 1등 공신이다. 현장 경험을 갖고 있다. 사회 경험을 갖고 사회 발전에 공헌했던 경험이 있다. 1950년대 이전 출생 산업화 전반기 세대와는 달리, 직접 연장과 펜을 들고 발전 현장에서 기여했다. 사인만 한 세대는 아니다. 학습 과정도 달랐다. 구소련과 경쟁하기 위해 미국에서 1950년대에 막 도입한 수월성 위주의 고난도 학습과정을 거쳤다. 필자는 미국 유학 시절,

대학원 과정에서 우리나라의 고등학교 때 이미 배운 것을 반복하고 있어서 깜짝 놀랐다. 그만큼 고난도 교육을 받은 세대이다. 더 중요한 것은 이러한 것들을 직접 경험을 했던 세대이다. 졸업장만으로 버티던 시절은 베이비부머에게는 먼 이야기다. 베이비부머 세대가 낀 세대로만 남을 수 없는 이유이다. 이 차원에서 전체적인 인구 구조상, 베이비부머들이 사회진출 시작 세대에게 물려줄 공감·교감이 필요한 것이다.

병역과 은퇴 세대의 인생 2모작을 체계화하여 사회공공서비스로 결합시키면 지역사회의 기능 제고, 환경 개선, 관광 유치 등의 부수적 효과를 내는 것도 가능하다. 특히 미래의 디지털 경제화와 이에 대응하는 체계를 구축하기도 훨씬 쉬워질 수 있다. 사회진출 정착자금 제공과 소일거리에 연계한 생활비 지급을 포괄하고 있어, 사회발전의 허리 보강이라는 정책적 조치가 될 것이다. 결국 이 제도가 정착된다면 베이비부머 이후 세대들에게도 새로운 전통이 정착될 수 있을 것이다.

맺음말

이 글을 통해 제시한 정책은 당장 청년실업 해소에도 도움이 된다. 정책으로 채택되어 집행된다면 연간 20~25만 명 이상을 국가경쟁력 강화 차원에서 군대 이외의 영역에서 다양한 경험을 쌓게 하는 의미 있는 작업이 될 것이다. 서비스 종료 후에는 목돈을 지급해 새로운 기회 개척의 재원으로 활용할 자산을 형성한다. 또한 4차 산업혁명 시대에도 대비하는 것이다. 정부가 야심적으로 진행 중인 스마트팩토리 확충 사업이 과연 얼마나 유효한지에 대한 의구심이 있다. 많은 기업들이 IT 업체들의 설비 구입에만 몰두하고 있지 않은지? 정작 운용 인력이 없어서 스마트팩토리를 운영할 수 없는 것은 아닌지? 의문이 들 때가 있다. 청년층에게 산업 경쟁력을 제고할 수 있는 알고리즘을 배우게 할 수 있어야 한다. 우리 중소·중견·사회적 기업체 1만 개 정도를 파견 대상 기업으로 선별하고 인력을 투입하는 경우, 그 효과는 폭발적이고도 남을 것이다.

전 국토의 도시화 진전 및 아파트 문화의 심화로 "인정이 메말라 간다"는 인식이 강하다. 국민국가 완성의 폐해다. 산업사회, 정보화 사회의 급격한 진전으로 세대 간 간극특히 디지털 디바이드이 더 심하게 진행되고 있다. 지역공동체 사회의 개발을 통한 지역공동체의 회복이 필요하다. 사회공공서비스 의무를 져야 할 청년 세대와 은퇴 이후 세대 중 사회공공서비스에 관심이 있는 인력, 즉 여기서는 베이비부머 세대들의 협력을 유도해 본다. 같은 아파트 단지 내 공동체의 은퇴자를 포함해 재능 보유자를 합세시켜서 이들을 중심으로 소속 지역사회의 발전을 도모케 한다. 도움이 될 수 있는 각종 활동 및 서비스를 활성화시켜서 궁극적으로는 이웃과의 교류를 강화하고 삶의 질을 제고할 수 있다. 공동체 생활의 가치를 되살리는 품격 있고 성숙한 선진국인, 여기서는 "알짜국가" 시민사회로의 전환을 추구할 수 있다. 아시아적인 미덕인 "이웃사촌"의 이웃공동체를 만들어 나갈 수 있다.

인구절벽에 대한 대책으로 공공 보육원 설치를 통한 출산 유도 및 어르신 돌보미를 공공재화하는 것이다. 후속 세대를 훨씬 잘 키울 수 있지 않을까? 부모가 보육시설에 맡기면 전문가들과 함께 친·외할머니들이 보조하면서 같이 돌봐주게 된다. 그렇게 된다면 구태여 휴직이나 경력 단절 없이 젊은 육아 세대 여성들도 계속해서 사회생활을 지속할 수 있을 것이다. 후속 세대를 안심하면서 더욱 잘 키울 수 있다. 출산은 국가 자산이다. 중요하다. 일정액의 국가자산 양육비를 공공 설비를 활용한 설비 구축을 통해서 간접적으로 지급하는 것이다. 주민센터나 보건소 등의 유휴 설비를 보다 효율적으로 활용할 수도 있다. 베이비부머들이 나선다면 자신의 피붙이를 봐주면서, 용돈도 벌게 되는 것이다. 공공 보육에다가 일정액의 국가자산 양육비를 지급하는 것이다. 이는 직접적 지원이다.

또한 대학 통·폐합 등 조정의 채널로 활용대학 유휴설비, 교수 포함할 수도 있다. “산·학·군 협력 채널”로 구체화할 수 있을 것이다. 사실 지금도 수도권 밖 지방대학의 생존 경쟁은 눈물겹다. 이들 자산을 보다 더 잘 활용할 수 있어야 한다. 그대로 버리는 것은 국가적인 낭비이다. 이를 활용하는 한 가지 방안이 산·학·군 연계 체계의 수립이 될 수 있을 것이다.

국내 내수 확대와 관광수요 증대에 따른 지역사회 주거환경 개선도 가능하다. 미래는 관광이 새로운 발전의 추동력을 가지게 될 것이다. 선제적으로 지역환경 개발 및 서비스 가능한 인력을 확보할 필요가 있다. 날로 효용성이 약화되어 가는 사회 간접 서비스에 대한 예산을 활용하는 방안으로도 의미가 있다. 관광이라는 미래 수요를 선제적으로 예측하고 그 공급을 점진적으로 확대하고자 하는 것이다. 일본도 2000년대 들어서 “관광입국”을 발전의 한 축으로 삼고 있다. 토목건축경제로부터의 전환, 지방주거 환경 개선, 신국도주로 산업도로 건설로 인해 유휴화된 구국도의 “관광국도” 전환을 위한 개념의 도입 및 활성화도 중요한 과제이다.

사실 관광은 인위적으로 만드는 것이 아니다. 일상생활의 연장에 의해서 내가 살고 싶은 지역으로 자연스럽게 만들어 가는 과정이고 결과인 것이다. 막대한 돈으로 관광단지를 만드는 것이 능사가 아니다. 세계적 관광지 발전의 이면사를 보고 깜짝 놀랐다. 지역개발에 거의 미친 인사가 인생의 수십 년에 걸친 노력의 결실이었다. 세계를 둘러보면서 이런 예가 의외로 많다는 것을 확인할 수 있었다. 놀랄 일이다. 최근 남해 독일마을에 민간 주도로 800억 원을 투자해 테마파크를 조성한다는 보도가 있었다. 이 프로젝트가 과연 성공할 수 있을까? 접근성의 한계는 물론이고 과거의 독일 마을처럼 스토리텔링이 가능할까? 이건 아니라고 생각한다. 자칫하면 독일마을 원주민이 떠날 것이다. 이들을 의도치 않게 쫓아내면 뭐가 남을까?

또한 청년 세대와 베이비부머 세대가 나서주는 경우 정책이 20여 년이 당겨지게 된다. 출생이라는 생애주기상 첫 단만 보고 집행하던 데서 청년층, 즉 중간층으로 옮아가는 효과가 있다. 결혼 독려에 의해 출산장려금을 준다고 치자. 하지만 단순히 출산장려금만을 보고 아이를 낳지는 않을 것이다. 지금 세대는 훨씬 영악하다. 셈이 빠르다. 보육에 자신이 없다. 그래서 결혼도 주저하게 되는 것이다. 하지만 청년기에 사회정착자금이 생기고 아이를 낳았을 경우, 공공 보육원, 초등학교에서 거의 무료로 돌봐준다면 출산의 인센티브가 훨씬 더 현실적이지 않을까? 주택도 청년층의 사회정착자금과 연계해 우선배정할 수도 있게 한다. 또한 베이비부머들의 경우, 1주택에 한해서 자식에게 무난하게 이전을 한다면, 도시는 청년 세대들에게 맡기고 귀농·귀어생활을 할 수 있지 않을까 한다. 무주택 청년 세대도 사회정착자금을 기반으로 점진적으로 주택 보유가 가능해질 것으로 예상해 본다.

이 글의 핵심은 국내외적인 환경 변화를 감안해 우리의 문제점을 인식하면서 정책을 제시하는 것이다. 이것들을 관통하는 인적자원 제고와 생애주기별 인력배치 정책을 제시한 것이 중요 내용이다. 중산층의 두께처럼 세대의 중추는 사회진입기 청년 세대와 인생의 극점을 지난 은퇴 세대이고, 이들의 연결이 중요하다. 중산층 논리의 확대, 인구구조상 허리 세대의 강화는 일맥 상통하는 것이다. 결국에는 생애주기의 가장 핵심적인 허리 부분을 보강해주는 결과로 연결된다.

정책실행 과정에서 이념의 틀에 갇혀 있을 것이 아니라, 훨씬 융통성 있고 실용적으로 문제를 풀어나가야 한다. 중국도 시장경제 제도의 장점을 극대화하고서야 정상적인 발전의 궤도에 올라섰다. 사회공공서비스의 종류, 형식, 분야 등에서 선도적인 것이 무엇인가를 고려하면서 다양화가 가능한지 고민해 볼 필요도 있다. 공론화 과정에서 수요자와 공급자의 적극성을 제고시켜야 한다. 특히 지방대학 문제, 중소·중견기업과의 연계와 관련해 의견을 보다 적극적으로 수렴해야 한다.

중국에서는 국가정책을 전국적으로 실행하기 이전에 시범적으로 몇 군데에 실험적으로 실시해 본다. 이처럼 우리도 사회공공서비스를 공모를 통해서 시범적으로 실시해 보는 것도 생각해 볼 수 있다. 가령 중앙정부에서는 예산만 배정해주고, 사업 주체인 지방자치단체에서 예산 범위 내에서 공모사업으로 예산을 일부 책정해서 운영해 보는 것이다. 그 성과 여부에 따라서 점진적으로 확대하는 방안이다. 결국 국가 지속 전략의 큰 틀에서 구체적인 실행 방안에서는 여러 인센티브 제도를 도입하고 경쟁적인 요소가 들어가야 할 것이다.

한편, 사회변화를 위해서 주도적인 기관이 있어야 한다. 기존 행정조직이 할 수도 있지만, 기능이 유사한 조직을 활성화하는 방안도 있을 수 있다. 그 측면에서 새마을운동 중앙본부나 녹색어머니회를 좀 더 체계화, 활성화시키는 방법도 대안으로 제시하고 싶다. 무조건 과거를 부정할 것이 아니다. 구상단계에서 구체화 조직으로 국회 내에 가칭 "사회공공서비스 추진단"을 운영하는 것도 한 가지 방안일 것이다. 앞에서도 지적했지만, 여기는 꼭 청년층, 베이비부머 등 이해당사자 및 유관 인사를 참여시켜서 그들의 의견을 적극적으로 반영시켜야 한다.

항상 제시한 정책들이 초기에는 좌절되었다가, 5~10년 뒤에서야 실시되는 것을 자주 보았다. 이 시차를 줄여보고자 하는 필자의 의도가 있다. 이 정책의 상당 부분은 이미 7년 이상 지속적으로 제기해오고 있는 것이다. 지금이라도 정책방향을 세상에 밝혀두어야 한다는 강박관념이 있다. 5~10년 뒤에라도 채택되려면 지금이라도 제기해야 한다는 생각이다. 왜 꼭 이래야 하는지 서글퍼진다.

특히, 앞에서도 거론했듯이 지금의 20대 초반 세대는 아직도 평균 동년배 60만 명의 세대들이다. 하지만 18세로 내려가면 곧 50만 명으로, 16세로 가면 40만 명 세대로 뚝 떨어지는 것이다. 5년 이내의 일들이다. 그만큼, 정책의 시급성이 있다. 현재는 변화의 시간 흐름이 너무 빠르다. 여하히 극복하느냐가 관건이다. 그때까지 기다리다가는 너무 늦어버리지 않을까 하는 초조함이다. 안타깝다. 베이비부머들이 공감한다면, 이러한 정책의 입안을 위해서 국가정책화하기 위해서 나서자! 정치 어젠다화할 필요가 있다. 이 과정에서 현시대의 주력군으로서 또 하나의 낀 세대인 97 세대를 적극적으로 후원해 전문화시켜 주어야 할 필요도 있다. 청년 세대, 97 세대, 베이비부머 세대가 연계해 새로운 미래 세기를 열어가야 한다. 물론 다른 세대들도 우리의 주장에 호응하고 지지한다면 배제할 필요가 전혀 없다. 586 민주화 세대까지 포함해서 말이다. 이는 너무나 당연한 일이다.

인당 소득 1만 달러인 전통적 산업화 달성 이후 현재의 대한민국을 만들어온 주도세력이 베이비부머라는 주장을 한 바 있다. 그만큼 현재 국가자산에 대한 지분이 있다. 이 자산을 베이비부머가 자신과 직접적인 관계가 있는 자식 세대인 1980년대 및 1990년대 출생 세대에게는 주거자산의 이전, 미래 주도세력인 소위 "3포세대"라고도 하는 IMF 관리체제 이후 또는 2000년대 이후 출생 세대에게는 사회조직 경험이라는 자산 및 사회정착 자금의 이전, 그리고 산업화에 몰두하느라 천대했던 농촌·어촌 등 지방에 대해서는 경험 이전을 통해서 우리나라를 한 번 더 업그레이드시켜 성숙한 선진국이면서 문화국가인 "알짜국가"를 만들자는 것이다. 이를 위해 새싹을 키우자는 것이다.

이러한 정책 제안은 우리와 세계 역사상 없었던 일로 적어도 베이비부머 세대가 완전히 퇴장하기 전에 인류발전에 기여할 수 있는 마지막 기회라고 본다. 이 차원에서 이 정책이 받아들여졌으면 하는 희망을 피력해 본다. "사회공공복무의무제"란 획기적 제도를 만들어서 제도자산을 인류 후세에 물려주자. 대한민국을 알짜국가로 만들었다는 역사의 평가를 받는 세대가 되자.

감사의 말씀

나는 행복한 사람이었다. 그냥이 아니고, 억수로 운이 좋았다. 내 능력에 비해서 새로운 분야의 개척세대였기에 그랬다. 과분한 대우를 누렸다. 진주 출신으로, 어릴 때 가정 형편상 어머니와 함께 고향 하동으로 귀향하였다. 농촌에서 초등학교 3학년까지 다니다가 진주로 다시 전학했다. 초등학교 5학년 말 서울로 전학했다. 새 학급에서 93번이었다. 콩나물시루였다. 오전·오후 2부제 수업도 있었다. 전형적 "이촌향도"세대이다.

해군 장교로 복무하면서 1983년 중국 민항기 납치 사건에 주목하였다. 정부가 허둥대는 게 보였다. 중국이 전 세계적 화두가 될 것이라는 막연한 예감을 갖게 되었다. 중국 문제에 인생을 걸어보자는 도박을 하였다. 외교학을 전공한 사람이나 택할 법한 분야에 겁도 없이 도전했다. 대학 재학 당시 나의 정체성을 확인하기 위해서 한국사 강의를 열심히 들었다. 그 과정에서 중국어가 필수겠다는 생각으로 교양 중국어를 들었던 기억을 되살렸다. 군 복무 중, 야간 중국어 학원에 다니기 시작하였다. 학문당시는 "공부"을 한답시고, 미국 유학을 결행하였다. 중국의 개혁·개방을 주제로 한 논문으로 박사학위를 취득하였다. 경제발전론적 관점이었다. 학위를 마치고 바로 귀국해 신설 국책연구원인 대외경제정책연구원에 정착했다. 운 좋게도 수교 후 북경의 한국대사관에 1세대 멤버 연구관으로 파견1993~1995년간되었다. 당시 김적교 원장님의 적극적인 추천이 있었다. 황병태 대사님의 가르침도 잊을 수 없다. 감사할 따름이다. 이는 나중에 2011년부터 2년 반 동안 경제공사2011~2014년의 직책을 맡는 계기가 된다. 1998년부터는 학계로 옮겨와서 곧 은퇴를 앞두고 있다.

미국에서의 5년 반, 중화권에서의 6년 이상의 생활은 현재 생각의 기초를 닦아주었다. 나름대로 동서양의 균형적 시각을 갖출 수 있는 기회가 되었다. 서양에서 5년 반 동안은 현지를 이해하면서 학문을 하는 태도를 배웠다. 한마디로 충격이었다. 공부와 학문이 다르다는 것을 처음으로 인식하게 되었다. 중화권에서의 6년 이상의 시간은 실제 생활이었다. 아시아의 근원인 중국이 어떤 국가인지를 면밀히 체험하게 되었다. 중국인들은 어떤 사람들인지도 체험하고 배울 기회가 되었다. 나의 엄청난 인생 자산이 되었다. 사회의 움직임이 어떻게 결정되는지에 대해서도 나름대로의 식견을 쌓을 수 있었다. 중국 외에도 일본, 대만, 홍콩에서 적어도 6개월 이상씩 실제 거주하였다. 현장을 돌면서 우리나라가 어디로 가야 할지를 늘 고민해보았다. 동북아 지역에서 눈을 떼지 않았다.

한때는 국민경제자문회의 대외 분과의장, 경상남도 혁신추진위원회 혁신지원 분과의장을 지냈다. 우리나라 전체 차원뿐 아니라, 지방의 고뇌에 대해서 같이 고민하였다. 현재는 구례에 거주하면서, 도시·농촌의 문제, 농업의 안정성 문제, 지역관광 활성화 가능성 문제 등을 고민하고 있다.

나는 자주 대중교통을 이용한다. 웬만한 거리는 걷기를 좋아한다. 사람 살아가는 것을 체감하기 위해서다. 현장에 답이 있다는 확신하에 그렇게 한다. 사색을 통해서 생각을 정리하기 위해서이기도 하다. 얼마 전에도 약속 장소에 가는 길에 원효대교를 걸어서 건넜다. 옛날의 아련했던 추억을 되새기면서. 인간의 가장 원초적인 본능은 열등감의 극복 태도와 자기 과시욕이다. 이를 조화롭게 조정해 나가는 의지가 있어야 한다. 걷다 보면 이런 것들이 정리되곤 한다.

초고를 작성하기 마지막 단계인 2020년 12월 초 70% 정도의 내용을 포함한 초안을 베이비부머와 20~30대 4명을 포함해 총 12명에게 회람하였다. 집합적 지성을 체화해보자는 의도였다. 10명의 회신이 있었다. 참신하다는 반응이었다. 미래를 위한 구체적 정책이 없었다는 데 대한 과한 평가였다. 문제는 역시 여성의 차출이었다. 북한 핵 문제의 뾰족한 해법이 없다는 것, 다민족 국가, 역사 논란, 성숙한 시민의식의 결여 등을 우려했다. 어차피 미래는 준비하는 자의 몫이라는 점을 인식해 비난이 따르더라도 과감하게 기술하기로 결정했다. 제시된 21세기형 세련된 내 마을 가꾸기 운동, 자주국방, 사회공공복무 추진도입 5개년 계획 등의 용어는 초고를 작성하는 과정에서 그대로 반영하였다. 그분들께 감사드린다.

또 감사해야 할 분들이 많다. 역사 시대 이후 인류의 지성을 체계화한 국내외의 학자들에 대한 감사다. 지금 우리가 살고 있는 시대를 창조해 온 분들이다. 그분들 덕에 2021년 현재 세계를 이만큼 발전시킨 것이다. 특히 은사이신 USC의 Jeffrey B. Nugent 교수를 비롯하여 조순, 이현재, 한승수, 송병락 교수님께도 감사드리고자 한다. 고인이 되신 박세일 교수님께도 각별한 경의를 표하고자 한다.

또한 늘 자문 받았던 일생의 친구들인 사단법인 한중경제포럼의 20년 멤버들, 유재원 교수, 이장규 소장, 박기순 소장, 이화승 교수, 정연호 변호사, 이준엽 교수, 서봉교 교수이다. 그리고 인연을 맺었던 많은 인사들, 초고 작성의 마지막 단계에서 자문에 응해준 이덕기 형, 김종훈 사장, 최수현 교수, 박성민, 조문환, 강민규, 최윤정, 성연철, 안용현, 김현수, 정용환, 김세형, 안현실 님께 감사드린다. 또한 김종걸, 마강래 교수께도 감사드린다. 특히 마지막 정리과정에서 이장규 소장과 홍찬선 작가, 김병

호 부회장과의 소통이 큰 역할을 하였다. 나의 학교 실험실이었던 중국 최고위과정Champ 배해동 총동창회장을 비롯한 원우님들께 감사드린다. 내 가설을 테스트해보는 시금석으로 중요한 역할을 했다. 이 자리를 빌려서 정중히 감사드리고자 한다. 또한 어려운 출판 환경에서도 흔쾌히 출판을 맡아주신 (주)늘품플러스의 전미정 대표님께 감사드린다.

현재의 나를 있게 해 준 가족에 대한 감사다. 특히 맏이시면서 34대 재무장관을 역임하신 우양 정영의 형님과 김순자 형수님 내외분을 빼놓을 수 없다. 아버님 정두용 님이 50대 중반에 일찍 돌아가셔서 30대 초반 창졸지간에 가장이 되셨다. 어머님 정유연 님을 모시면서 동생들을 맡아 가계를 꾸려나가셔야 했다. 1960년대 말이었으니, 정신적, 경제적 어려움은 이루 말할 수 없었을 것이다. 그런 가운데서도 필자를 데려다 초등학교 5학년 말부터 부모 맞잡이로 직접 키워주셨다. 우양 형님 내외분의 헌신적 노력과 희생이 아니었더라면 오늘의 나도, 화목한 우리 집안도 없었을 것이다. 그리고 영보 형님, 충덕, 남덕, 남갑, 남영 누님들[25]께 감사드린다. 양보하고 서로를 북돋아 주셨다. 형님, 누님들에 대한 감사는 일일이 나열할 수 없을 정도다. 7남매의 막내로서 입은 은혜가 정말 크다. 더 잘 모시고 싶은 마음은 굴뚝 같지만 세월이 가는 것이 무상할 따름이다. 어머님께서는 행복한 노년을 지내시다가 5년 전 99세의 연세로 평온히 영면하셨다. 정말 감사드립니다!

마지막으로 이 책을 사랑하는 내 아내 임미경에게 바치고 싶다. 늘 책을 쓰라고 했지만, 나의 나태함과 능력 부족으로 쓰지 못했다. 생각을 다

25 남자아이를 선호하는 생각으로 男자를 돌림자로 썼다.

듣어주고 남편을 북돋아 주기 위해서 뛰어난 능력을 지녔음에도 자신을 희생하였다. 초안 작성에도 자신의 입장과 경험을 자주 담담히 얘기했다. 베이비부머의 전형적 자세다. 또한 이 기회를 빌어 늘 성원해 주신 장인어른 임겸실 님과, 하늘 나라에 계신 장모 왕영애 님에 대한 감사의 말씀도 드리고 싶다. 결과적으로 사랑하는 딸, 아들, 사위, 외손녀가 우리의 행복을 지켜주고 있다. 너희 후손 세대가 우리보다 더 행복하게 살 수 있기를 바라면서 이 책을 쓴다. 모두 행복하자!

- 2021년 5월 구례 지리산 자락에서, 저자

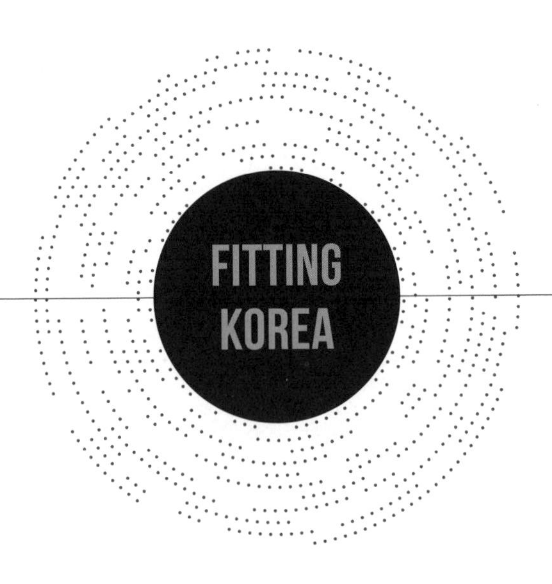
FITTING
KOREA

부록

1_ 주도세력 교체 논의
2_ 부록 표

주도세력 교체 논의

우리나라는 잘살아보세라는 산업화의 큰 흐름에서 인권을 신장하는 민주화를 거쳐 지금은 그다음 단계인 새로운 사회로 전환되고 있다. 특히 전 세계가 전통적인 산업화를 완성하고 난 이후, 새로운 도전에 직면해 있다. 이 과정에서 새로운 도전에 직면한 우리나라의 미래를 이끌어 갈 커다란 주도세력이 과연 누가 되어야 하겠는가가 일차적인 과제이다. 이와 관련해 몇 개의 소그룹을 통해서 의견을 수렴하는 과정을 거쳤다. 질문은 아주 간단하였다. "우리나라의 주도세력을 산업화 세대와 민주화 세대를 거쳐서 이제는 전문가 세대로 가야 한다고 얘기하고 싶은데, 전문가 세대라는 말은 좀 진부한 어휘인 만큼 눈을 확 끄는 신박한 단어가 없을까?"였다. 재미있는 반응들을 가감없이 그대로 소개하기로 한다.

[소그룹 1]

- 문화국가
- 열린행복 시대, 또는 열린국민 시대 어떨지?
- 선진화 시대, 특성화 시대. 근데 행복이란 단어가 좀 감성적으로 보이니… 열린복지 시대는 어떨까요?

[소그룹 2]

- 성숙의 시대, 다음 책 제목으로 아껴둔 단어인데… 전문가 시대는 많은 사람들이 전문직 시대라는 의미로 받아들이는 경향이 있습니다. 그러면 어쩔 수 없이 편 가르기가 되고요. 성숙한 시민의식을 가진 교양 있는 사람들의 시대라는 뜻으로 사회과학적 의미가 있는 단어라고 생각합니다.
- 전문가가 전문직이 떠오를 수 있다는 말씀에 생각났는데요, 아마추어들도 프로답게 업스케일된 재야의 고수들이 넘치는 시대가 각종 SNS들을 통해서 소개되고 있고, 진짜 프로리얼 전문가가 했을 때보다 더 열광하고 감동을 주는 것 같습니다. 오랫동안 한 우물만 팠던, 파오는 장인들, 덕구등 아마추어 프로와 전문가 프로 등 스킬이 뛰어난 인사들이 각광받을 것 같습니다. 재능고수 시대, 프로화 시대, 전문가 시대.
- 정말 어설픈 지식으로 까부는 사람들 못 봐주겠어요. 이상하게도 우리나라는 높은 사람일수록 전문성이 부족해요.
- E 세대? 또는 엔터프라이즈Enterprise 세대? 좁은 의미는 스스로 전문 경영자가 되려 하는 세대, 엔터프라이즈 세대 또는 E 세대, 인터넷 세대. 인터넷은 다양한 네트워크와 초연결을 포함합니다. 이는 전문화 및 다

양성을 추구하죠!

- 아주 솔직히 말하면 다극화 시대가 맞습니다. 부도 다극화, 지식도 다극화, 취향도 다극화.
- 다양성 세대.
- 정치적 견해도 다극화가 맞는데, 양극만 반영하니까 이렇게 혼란스럽지요. 다양성의 시대, 재능 시대 이건 너무 진부한 단어로 보여요. 제가 그것 가지고 1년 넘게 고민했는데, 결국 선택한 것은 성숙의 시대입니다. 이 단어를 널리 퍼뜨려 주면 영광이이겠습니다.
- 성숙의 시대… 음.
- 어설픈 지식 말고, 성숙한 전문 지식. 어설픈 좌파, 우파 대신, 성숙한 균형 감각을 가진 사람들의 시대.
- 전문가 시대… 의미는 제대로 된 균형감을 갖추면서도 전문가의 시대인데…
- 전문가 시대는 어감이 안 좋아요. 차라리 프로페셔널Professional 시대라고 하면 좀 더 멋지지요.
- 프로페셔널, 저도 생각을 해 보기는 했는데…
- 일반인들이 전문가, 전문직 하면 얼마나 반감이 심한지 아세요? 근데 이상하게 프로페셔널이라고 하면 다들 좋아해요,
- 찐 프로?
- 오, 예! 찐 프로 시대
- 우리나라의 주도세력에 대한 질문이셨네요. 전문화 세대, 즉 찐 프로 세대가 머리에 쏙 들어옵니다.
- 시대가 아니라 세대인가요?

- 이건 생각보다 훨씬 큰 담론이죠. 사실은 저는 우리나라가 전문가 세대가 되었다는 데는 동의하지 않지만, 되었으면 좋겠다는 희망에는 동의합니다.
- 지성의 세대… 희망으로!
- 세계 10위의 경제대국인데, 전문가가 이 정도밖에 대우받지 않는 나라가 세상에 어디 있습니까?
- 제대로 된 전문가는 별 한 개나 두 개 밖에 못 달아요. 절대로. 별 네 개 달려면 무조건 제너럴리스트가 돼야 해요. 그게 우리나라의 한계죠.
- 앞으로는 제너럴리스트로 만으로는 안 되는 세상이 오겠지요. 그런데 우리 조직 문화나 모든 것이 스페셜리스트가 나이가 들고 유명해지면 여기저기 기웃거리게 되고. 자기 영역이 아닌 곳에도 아는 체하고, 그러면서 제대로 된 전문성을 유지, 강화시킬 기회는 자꾸 사라지고… 점점 제너럴리스트로 바뀌어가는…
- 저도 제너럴리스트를 생각하고 있었어요. 왜냐하면 제가 외국계 은행 두 곳에서 일하면서, 그들이 요구하는 리더의 인재상은 어느 한 분야에서 스킬풀한 스페셜리스트가 아니라 어떤 일도 잘 수행할 수 있는 제너럴리스트라고 표현했거든요. 요즘 우리나라 웬만한 기업의 리더들도 한 부서에서 오래 있지 않고 여러 부서 부서장을 해야 CEO로 가는 풀Pool에 들어가더군요.
- 여러 분야의 스페셜한 재능을 가진 다재다능한 제너럴리스트가 되려면 슈퍼맨이 되어야겠어요. 슈퍼맨 세대 어떠신지요?
- 이제 소크라테스식 논쟁으로. 오, 아주 좋아요!
- 산업화 시대, 민주화 시대는 주도세력과 시대의 중요 과제라는 관점에

서의 개념인 듯한데… 저는 이제 우리 사회가 "공정과 배려의 시대"로 성숙한 공동체가 되어야 한다고 생각합니다. 이 개념은 주도세력이 애매한 표현인데 굳이 따지자면 "시민"이 주도하는 시대라고 봅니다.

- 요새는 유튜브나 촛불, 각종 시민단체들이 난립(?)하는데, 이 목소리들이 다양하게 많은 것 같아요.
- 전통적인 미디어들이 예전처럼 영향력을 별로 행사하지 못하는 이유도 이 때문이기도 하고. 그런데 너무 진영적으로 여럿이 소비되는 게 문제이긴 한데… 다양한 의견의 논쟁 중에 제대로된 룰과 기준이 정립이 안 되는 듯해요… 내로남불이 너무 많아요.
- 보수가 좀 더 공정과 배려라는 철학에 기반한 정책과 담론을 많이 꺼냈으면 합니다.
- 그렇다면 다시 원점에서… 우리나라의 현 주도세력이 30년 전 민주화 세대인데요… 차세대 주도세력은 우리 후배들, 즉 지금의 30대 40대들인데요… 이들이 사회변화를 이끌고 관심 갖는 것들을 살펴보면… 큰 카테고리의 특별한 한 단어로 지칭되지 않고 여러 스타일로 쪼개져 지칭되는 세대인 것같아요, E 세대, 욜로 세대 등. 그리고 자유화 세대, 자본화 세대에 살았다고 봅니다. 정치에 1도 관심없는 세대… 오히려 남다르고 멋지게 잘살고 싶어하는 세대. 그래서 정치권도 차세대 주도세력이 없다보니, 여기저기 전문가들 집단으로 채워 가려고 하고 있지 않나요? 요즘 정치적인 주도세력은 앞에서 말하고 이끈 전문가들보다는 누군지 잘 모르고 나타나지 않는 SNS 참여에 관심이 많은 분들이 만들어내는 가상의 여론이 주도세력 같기도 합니다만… 민주화운동을 하던 분들이 현 주도세력이다면… 향후 정치적인 주도세력은 촛불 세

대, 태극기부대 SNS에서 핫한 분들이 될 수도 있을 듯요. 여기에 휘둘리지 않을 차세대 리더는 하나의 흠집도 없는 무결점의 도덕적인 분들이 되어야 한다고 늘 농담처럼 이야기했던 게 생각납니다. 제가 평소에 느낀 생각입니다.

- 결국은 철학의 영역으로 빠져드는 듯한 분위기.
- 결국 민주화 세대란 용어에 뒤이어 전문가 세대시대란 그것을 대체할 적절한 작명을 마무리 못한 채 하루를 넘긴. 미국 대선에서 선거에 졌으면 깨끗이 승복해야지. 동이나 서나 세상이 온통 억지. 성숙의 시대는커녕 그야말로 억지가 판치는 시대에 접어든 것은 아닌지?
- 사람들마다 이 사회현상이나 흘러가는 역학구도에 대한 인식이나 그 정도에 대한 판단 수준은 다를 것 같습니다만. 성숙 사회, 공정 사회는 우리가 지향하는 것이고, 실상은 극단의 힘이 서로 충돌하고 세력을 겨루고 있는 대립, 양극화 시대가 아닐런지요? 트럼프 이후 국제질서가 각자도생으로 변모한 것도 그렇고. 우리 사회도 초연결 시대에 백가쟁명의 주장들, 세력들이 서로 힘을 겨루는 가운데, 진보와 보수의 가치도 빅블러big blur 현상을 맞이하고 있는 것은 아닐까요? 방관하는 다수 국민들도 있고, 목소리 높이는 국민들도 있는데, 성숙 사회, 공정 사회가 지향하는 가치가 아닌 지금 시대의 주류 가치로 자리 잡을 수 있으면 좋겠습니다.
- 돌고 돌았지만, "전문화 세대" "전문화 시대"가 적절할 것 같습니다. 전문가는 어감이 별로지만, 전문화로 하면 좋아집니다.
- 사람들이 전문가라는 말에 반감이 있지만, 전문화는 다 좋아해요. 앞의 산업화 민주화하고 라임도 맞고요. 전문화로 썼으면 처음부터 무난

했는데, 전문가로 쓰면서 엇박자가 났던 듯합니다.

- 저도 전문화 세대에 한표.
- 네, 딱 와닿는 적절한 표현이 아쉽네요. 혁신가 시대. 혁신의 시대? 전문화 시대…
- 앞의 두 개 하고 라임이 맞아야 해요… "OO화"가 되어야 해요. 아침에 불현듯 든 생각인데, 전문화는 그대로 맞아 떨어졌습니다.
- 마음에 든다니 다행입니다. 저도 딱 드는 생각이 이건 생각과 희망에 딱 맞다는 겁니다.
- 결국 이런 문제는 지극히 단순화시켜야 가능할 듯합니다.

[소그룹 3]

- 전업가이 존중받는 시대?
- 장인정신의 시대
- 프로페셔널 시대 아닌가요?
- 참신한 맛은 없지만, "혁신인의 시대"는 어떨지요? 신 자를 붙여야 한다면, "신 혁신의 시대"도 괜찮을 것 같고요. 의미는 거기서 거기지만요.
- 정신과 기술이 조화를 이루는 장인 시대?

〈거론된 단어들〉

선진화 시대, 문화국가, 전문화 시대, 전문가 시대 = 전문직 시대

프로 시대, 성숙의 시대, 성숙한 민주시민 의식을 가진 교양 있는 사람들의 시대

진짜 프로는 말이 없다, 리얼 전문가, 장인들, 아마추어 프로, 전문가 프로

재능고수 시대, 프로화 시대, 전문가 시대, E 세대, 초연결사회, 엔터프라이즈Enterprise 세대

독립 세대, 다양성 세대, 다극화 시대, 프로페셔널 시대, 찐프로 시대, 찐프로세대, 지성의 세대, 슈퍼맨 세대, 공정과 배려의 시대, 시민 세대, 공정과 배려, 희생, 자유화 세대, 자본화 세대, 장인정신의 시대, 프로페셔널 시대, 신 혁신인의 시대, 정신과 기술이 조화를 이루는 장인 시대

부록 표

〈표 1〉 최근 10년의 우리 경제지표

(단위: 조 달러, %, 달러, 천 명)

	MB				KH		JY		
	2008	2009	2011	2013	2015	2017	2018	2019	2020(e)
경제 규모(a)		0.9443	1.2534	1.3705	1.4653	1.6233	1.7251	1.6463	
성장률		0.8	3.7	3.2	2.8	3.2	2.9	2.0	−1.1
인당 소득		19,151	25,100	27,178	28,723	31,605	33,429	31,838	
인구	49,540	49,773	50,734	51,141	51,529	51,778	51,826	51,849	
- 외국인 거주자	n.a.	1,168	1,395	1,576	1,899	2,180	2,367	2,524	
- 청년실업자 수					397	435			
- 청년실업률[26]		8.0	7.6	8.0	9.1	9.8	9.5	8.9	
- 합계출산율		1.149	1.244	1.187	1.239	1.052	0.977	0.918	
- 고령 인구비율[27]		10.6	11.0	11.9	12.8	13.8	14.3	14.9	15.7
물가		2.8	4.0	1.3	0.7	1.9	1.5	0.4	
무역규모(b)		0.6866	1.0796	1.0752	0.9632	1.0521	1.1400	1.0455	
(b)/(a)		0.727	0.861	0.785	0.657	0.648	0.661	0.635	

* 자료: KOSIS, 한국은행 통계치 검색

26 15~29세 실업자 수/15~29세 경제활동 인구

27 65세 이상 인구 비중으로 표시한 것이다.

〈표 2〉 병역 대상자 감소추세

(단위: 만 명)

	2018	2019	2020	2021	2022	2023	2024	2025
만 20세 인구	62.7	60.1	61.9	56.2	49.1	47.5	46.5	42.7
남자 인구	32.7	31.4	32.3	29.3	25.6	24.7	24.1	22.1
여자 인구	30.0	28.6	29.6	26.9	23.5	22.8	22.4	20.6
대학 정원(계획)	48.2	46.2	44.2	42.2	39.2	39.2	39.2	39.2
입학 희망 인원	51.9	50.6	47.8	42.8	42.0	39.8	39.1	39.6
현재 나이	19	18	17	16	15	14	13	12

* 자료: KOSIS

〈표 3〉 구례군 인구변동추이

(단위: 명, %)

	구례군					
	2020	비중	2010	비중	2000	비중
0~15	2,207	8.6	3,524	12.9	5,839	17.1
16~60	12,768	49.7	14,794	54.2	20,705	60.5
60~85	9,757	38.0	8,528	31.2	7,317	21.4
86+	964	3.8	465	1.7	343	1.0
총	25,696		27,311		34,204	
	면					
0~15	895	6.0	1,541	9.8	2,778	13.7
16~60	6,745	45.4	7,964	50.5	12,050	59.3
60~85	6,547	44.0	5,943	37.6	5,261	25.9
86+	680	4.6	337	2.1	248	1.2
총	14,867		15,785		20,337	

* 자료: 구례군청의 협조로 필자가 작성

〈표 4〉 우리나라 발전의 구호 변천

Catch Phrase	기간	인당 소득(달러)	실질성장률	
잘살아보세	1945~2015	3만		산업화 전기
탄탄한 나라 I (알찬, 알짜, 실속)	2015~2045	5만	2~3%대	전통 산업화 이후
탄탄한 나라 II (품격, 문화선도)	2045~2065	6만	1~2%대	

* 자료: 필자가 주관적으로 개념화한 도표

〈표 5〉 우리나라 발전의 주도세력 전환

	정부수립기	전통 산업화세기	산업화 성숙기	다극화세기 선진화기	
시기	1948~1960	1960~1997	1997~2008	2008~현재	2020년 이후
주도 세력	임시정부 독립군 일제관료 해외유학파	산업화 세대 전기 산업화 세대· 군부·관료	산업화 후기 세대 초기 민주화 세대 민주화 세대· 586 운동권 인사	후기 민주화 세대 전문화 세대	전문화 세대· 신 혁신인
이벤트	6.25전쟁	아시아 금융위기	세계금융위기 → overshooting	제4차 산업혁명	제4차 산업혁명
주도 연령 (40~55세)	1892~1907년생	1942~1957년	1953~1968년	1965~1980년	1965~1980년
시대 정신	일제청산· 반공국가	잘살아보세	세계화, 선진화		정의·공정· 성숙한 품격사회
경제 목표	밥은 먹자	소득 1만 달러	소득 3만 달러		소득 5만 달러

* 자료: 필자가 주관적으로 개념화한 도표

〈표 6〉 각국의 병력 유지상황(2015년 기준)

	우리나라	중국	미국	일본	북한	이스라엘
인구(a): 억 명	0.509	13.735	3.24	1.267	0.251	0.0817
국토면적(b): 만 평방㎞	9.97	959.7	983.4	37.79	12.05	2.0
병력 규모(c): 만 명	56.5	230	145.9	22.5	120	17
병력 1인당 인구 수 (a/c)	90.1	597.2	222.1	563.1	20.9	48.1
병력 1인당 국토면적 (b/c)	1764.6	41726.1	67402.3	16795.6	1004.2	1176.5

* 이스라엘, 미국, 싱가폴 등의 군 체계를 심층분석, 참고할 필요가 있음
* 자료: CIA Factbook에 의거해 필자가 정리함

〈표 7〉 군병력의 구분 운용안(예시)

	1군	2군	3군
규모(잠정)	25~30만	10~15만	10~15만
주요 임무	전투병력	산업경쟁력강화군	지역사회경쟁력 강화군
자격	신체건강자	고졸/전문대졸/대졸자포함 *대학+기업과의 연계/이과위주 알고리즘 교육 부과/사이버 부대 육성/ 학위 또는 자격증 수여 *ROTC형 사병제로 연결도 가능	대졸/대학원졸/ 유자격자 *지역향토사단과 연계
보수 (강제저축)	200~300만 원/월	200~300만 원/월	200~300만 원/월
복무기간	복무기간 단축을 인센티브(19개월)	2년 +1년	2년 +1년
특징	단순 전투력	준산업인력화 과정	재능확장형

* 자료: 필자가 주관적으로 개념화한 도표

〈표 8〉 우리나라 인구의 도시화 추세

(단위: 천 명, %)

	1960	1970	1980	1991	2001	2010	2019
총 인구	24,989	31,435	37,449	44,094	48,389	50,515	51,849
도시 인구	9,784	15,750	25,738	34,746	40,066	45,918	47,597
농촌 인구	15,205	15,685	11,711	9,348	8,323	4,597	4,251
도시화율	39.1	50.1	68.7	78.8	82.8	90.9	91.8

* 자료: 통계청 자료, 도시연감(내무부) 참조

〈표 9〉 베이비부머에 대한 보상/인센티브 제공 예시

				월정 보상 수준
	56~60세	61~65세	66~70세	
중소·중견기업 멘토 등	국민연금, 건보	국민연금, 건보		
거주지역 공공 서비스				100만 원 이내
귀촌·귀어 영역				100만 원 이내

* 자료: 필자가 주관적으로 개념화한 도표

〈표 10〉 자가전세 예시

부모자산		후계세대		
주택가액	3억~5억원	사회적서비스후 목돈	0.5억	
		조기증여	0.5억~1.5억	
		- 사회진출자 저리융자	0.5억	금융기관연계
		*소계	1.5억~2.5억 원	
		부모전세	1.5억~3.5억 원	사후상속연계

* 자료: 필자가 주관적으로 개념화한 도표

〈표 11〉 세계 발전지표 변화추이

	1970	1980	1990	2000	2010	2012	2014	2015
인구(십억)	3.7	4.4	5.3	6.1	6.9	7.1	7.3	7.3
GDP (조 달러)	3.0	11.2	22.6	33.6	66.0	75.0	79.3	75.0
인당 GDP (달러)	803	2,530	4,280	5,492	9,539	10,589	10,929	10,218
- 고소득 국가	2,783	9,545	18,824	25,593	39,169	41,867	42,776	40,165
기대수명(세)	59	63	65	68	71	71	72	72
- 고소득 국가	71	73	75	78	80	80	81	80
무역비중 %	19.7	34.0	30.1	39.1	46.7	49.7	48.1	44.6
- 고소득 국가	20.7	34.1	30.2	38.2	46.9	51.1	50.4	46.9
소비자 물가지수(%)			8.1	3.4	3.3	3.7	2.2	1.4
도시화율	36.6	39.3	43.0	46.7	51.6	52.6	53.5	53.9
- 고소득 국가	68.9	71.7	74.3	76.7	79.9	80.3	80.6	80.8
- 한국	40.7	56.7	73.8	79.6	81.9	81.9	81.7	81.6

* 자료: IMF 데이터 베이스

〈표 12〉 미·중 거시경제지표 비교

	미국(2019)	중국(2019)	중국의 대미국 비중
경제 규모(조 달러)	21.42	14.34	0.67
무역 규모(억 달러)	42,140	45,760	1.09
인구(억 명)	3.28	13.97	4.26
인당 GDP(달러)	65,281	10,262	0.16
국토 면적(만 ㎢)	983	963	0.98
세계경제발전기여율(%)	22.4	39.9	1.78

* 자료: CIA Fact Book

〈표 13〉 1조 달러 이상, 1억 명 이상 국가

(2019년 기준, 경제규모: 조 달러, 인당 소득: 달러)

기준	국가의 수	국가
인구	12	중국, 인도, 미국(65,281), 인도네시아(4,744), 브라질(11,333), 파키스탄(300), 나이제리아(2,876), 방글라데시(1,939), 러시아(11,565), 멕시코(10,959), 일본, 에디오피아(300)
GDP	16	미국(21.4조, 65,281), 중국(14.3조, 10,263), 일본(5.08조, 41,314), 독일(3.84조, 49,180), 인도(2.85조, 2,099), 영국(2.82조, 40,800), 프랑스(2.7조, 43,830), 이탈리아(2조, 34,671), 브라질(1.83조, 10,913), 캐나다(1.73조, 49,196), 러시아(1.7조, 11,082), 한국(1.64조,32,154), 스페인(1.59조, 32,023), 호주(1.38조, 61,250), 멕시코(1.25조, 10,492), 인도네시아(1.12조, 4,135)
인구, GDP 동시 해당	8	중국, 인도, 미국, 인도네시아, 브라질, 러시아, 멕시코, 일본

* 자료: IMF 데이터베이스

〈표 14〉 세계 공급사슬 국가계층 형성

인당 소득	성장률		선진국(주도국)	미국, 일본, 유럽	후진국 (추수자)	시기
			핵심 업종	competence 원천		
~1만 달러	6%+	산업화 전기	단순제조업	완제품, 기술	저임금	70년대
1~3만 달러	3~6%	산업화 후기	제조·서비스업	기술, 관리(FDI)	제조하청 관계	80년대
3~6만 달러	1~3%	선진 화기	금융업	관리, 기축통화	금융종속	90년대
6만 달러+	~1%	성숙기	IT업, 군림욕 원천기술이 핵심	새로운, 제도설계	플랫폼 종속	10년대 21세기

* 자료: 필자가 주관적으로 개념화한 도표

〈표 15〉 미국의 세계 통치수단 변화추이

경쟁력	무역우위	직접투자	달러패권	원천기술독점	Network
시기	~1970	~1990	~2008	2012~	2020~
구체적 수단	철강, 자동차, 전자	전자, 민간항공	인터넷, 우주	Re-shoring Self-suffcient IPR	Google 등 FANG Smart City
주요 핵심력		GVC	GVC	GVC	RVC
비고	해외저개발국 대상/노동력 활용	해외진출 직접경영			
	국부의 팽창 활용 = 중상주의의 전형				

* 자료: 필자가 주관적으로 개념화한 도표

〈표 16〉 세계경제 주도권 전환의 요약

	네덜란드	영국	미국	중국
주도 시기	1531~1681 (150년)	1688~1894 (206년)	1894~ (126년)	2012~
영토(천 ㎢)	41	243	9,833	9,596
인구(백만 명)	17.2	65.1	329.3	1,400.0
경제 규모(십억 달러, 2017)	826.2	2,622.4	19,390.6	12,237.7
수출 규모	722.7 (87.4%)	485.7 (18.5%)	1,664.1 (8.6%)	2,487.0 (20.3%)
중심지역	암스테르담	런던	뉴욕	베이징, 상하이
주도 영역 (Core Competence)	무역중개 금융중심 해운관리 자산운영	세계의 공장 (40~50% 비중: 1860년경)	규모의 경제 민주주의 전파 경제력, 기술, 최강의 국방(금융시장, FRB, 달러) 1894년 세계 최대 제조업 국가로 등극	초규모의 경제 미국의 실수·실패에 의한 반사이익
금융 관련	첫 번째 중앙은행 개설 주식시장 상품시장	공공부채 활용 적극세금 실질적 중앙은행 운영(최초)	기축통화의 중요성 재인식 제도에 의한 지배	Digital Currency, Mobile 영역
몰락(가능성) 이유	서비스업만 집중 (제조업 경시) 세계적이던 직물, 조선, 어업 약화		자본주의, 민주주의의 완성에 의한 자체 몰락 가능성 새로운 이념 제시에 실패	일당독재 미·중 쟁패전
국가전략	정보독점	황실 주도, 기축통화 19세기 (금본위제), 식민지주의	세계적인 엘리트주의(대학 통한 두뇌독점) 산·관·학 연합, 인재독점, 군산복합, 정보독점(CIA조직)	세계적인 엘리트주의, 공산당 독재, 인본주의, 사회주의적 시장경제, 인센티브 적극 활용

* 자료: 필자가 주관적으로 개념화한 도표

〈표 17〉 중국의 대미 무역흑자 추이

	1998	2008	2018	2019
중국의 총 무역액(억 달러)	3,209	25,604	46,230	45,588
대미 무역비중(순위)	17.0(1)	13.0(1)	13.7(1)	11.2(1)
대미 수지흑자 수준(억 달러)	206	1,708	3,233	2,954
누계		9,080	33,033	35,987
10년 평균		825	2,395	2,446
외환보유고(억 달러)	1,450	19,460	31,399	31,079

* 자료: KITA net

〈표 18〉 중국의 외국인투자 유치 및 무역 추이

(단위: 10억 달러)

		WTO 가입 전		WTO 가입 후			총
		1979~1990	1991~2000	2001~2010	2011~2015	2016~2019	1979~2019
투자	누계	21	328	700	591	527	2,167
	연평균	1.7	32.8	70.0	118.2	131.8	52.8
	총(평균)	348(15.8)		1,815(95.5)			
무역	누계	807	2,788	16,138	19,916	16,937	56,586
	연평균	62.1	278.8	1,613.8	3,983.1	4,234.2	1,380.1
	총(평균)	3,595(163.4)		52,991(2,789)			56,586

* 자료: 중국통계연감 각 연호에 의거해 작성함

〈표 19〉 중국 무역의 지역분포

(단위: 10억 달러, %)

	1993		2011		2012		2014		2017		2019	
	무역액	비중	무역액	비중	무역액	비중	무역액	비중	무역액	비중	무역액	비중
중화권	47.6	24.3	440.4	12.3	505.8	13.08	651.8	15.13	565.0	13.88	599.5	13.09
ASEAN	11.6	5.9	359.4	10.1	399.6	10.33	480.4	11.16	497.7	12.54	642.2	14.03
NEAR	48.2	24.6	591.9	16.5	732.2	18.93	609.1	14.15	587.3	14.43	602.3	13.16
SCO	8.3	4.2	112.0	3.1	123.5	3.20	127.2	2.95	11.2	2.75	148.2	3.23
Sum	115.7	59.08	1503.7	41.91	1761.2	45.54	1864.4	43.29	1661.2	40.82	1992.3	43.51
EU			567.1	15.6	546.0	14.1	615.9	14.31	611.2	15.02	705.5	15.41
US			446.6	12.3	484.7	12.5	555.2	12.89	581.5	14.29	541.6	11.83

* 중화권: 홍콩, 대만, 싱가폴, 마카오
* SCO(상하이 협력기구 국가): 우즈베키스탄, 카자흐스탄, 키르키스스탄, 러시아, 타지크스탄
* 자료: 중국통계연감 각 연호에 의거해 작성함

〈표 20〉 트럼프 임기 기간 무역정책 성과추이

(단위: 억 달러, %)

	수출	수입	대중수출	대중수입	적자폭	중국비중
2017	15,467	23,429	1,539	4,297	-7,962	-2,758(34.6%)
2018	16,641	25,427	1,551	4,784	-8,787	-3,233(36.8%)
2019	16,452	24,964	1,225	4,184	-8,532	-2,959(34.7%)
2020(~8)	9,179	14,825			-5,646	

* 자료: KITA network

〈표 21〉 동북아 역내 국가 무역 의존도 추이

	한국		중국		일본		동북아		
	1995	2017	1995	2017	1995	2017	1995	2017	2019
한국	-	-	6.0	6.9	6.2	5.9	5.0	5.6	5.1
중국	6.3	22.8	-	-	7.4	21.7	5.6	8.3	7.8
일본	19.1	7.8	20.5	7.4	-	-	8.1	5.9	7.5
동북아	25.4	30.6	26.5	14.3	13.7	27.6	18.7	19.8	18.4
미국	21.0	11.3	14.5	14.3	25.2	15.1	22.1	14.0	12.7
EU	n.a.	10.1	n.a.	15.02	n.a.	9.8	n.a.	13.1	13.9

* 자료: 각국 통계자료에 의거해 필자가 정리함

〈표 22〉 동북아시아 경제의 재대두

(단위: 조 달러, %)

	1978		2000		2015		2017		2018	
	규모	비중	규모	비중	규모	비중	규모	비중	규모	비중
세계	8.43		32.35		77.52		80.74		84.84	
미국	2.27	26.9	9.76	30.2	17.99	23.2	19.39	24.02	20.51	24.17
NEAR[28]	1.17	13.9	6.40	19.8	17.16	22.1	18.64	23.09	20.19	23.79
한국	0.05	0.6	0.53	1.6	1.39	1.8	1.53	1.89	1.66	1.96
일본	0.97	11.5	4.67	14.4	4.93	6.4	4.87	6.03	5.07	5.98
중국	0.15	1.8	1.20	3.7	10.84	14.0	12.24	15.16	13.46	15.87

* 자료: 각국 통계자료에 의거해 필자가 정리함

28 North East Asian Region(NEAR, 동북아시아)

〈표 23〉 세계 경제의 지역분포의 추이 전환 규모 추이(1978~2018년까지 40년간)

	1978			2018		
	GDP(조 달러)	비중	미국 비교	GDP(조 달러)	비중	미국 비교
세계	8.43	1		84.84	1	
미국	2.35	0.274	1	20.51	0.242	1
중국	0.14	0.016	0.060	13.46	0.159	0.656
일본	1.01	0.118	0.430	5.07	0.060	0.247
한국	0.05	0.006	0.021	1.66	0.020	0.081
동북아시아	1.20	0.140	0.511	20.19	0.238	0.984
러시아	0.55(1988)	0.064	0.234	1.58	0.019	0.077
EU	2.44	0.284	1.038	18.75	0.221	0.914

* 자료: 각국 통계자료에 의거해 필자가 정리함

〈표 24〉 1998년과 2018년 현재 규모별 도시 수의 비교(중국의 예)

	총 도시[29] 수	50~100	100~200	200~		인구 50만+이상
				200~400	400~	
1998	281	48	24	13		85(30.2%)
2008	287	110	82	28	14	220(76.7%)
2016	297	90	92	43	17	242(81.5%)
2018	297	88	99	42	20	249(83.8%)

* 자료: 중국통계연감에 기초해 필자가 정리함

〈표 25〉 중국인의 학력 신장 추이

(단위: 백만 명, %)

	1980		1995				2015			
	중국		중국		한국		중국		한국	
	규모	비중	규모	비중	규모	비중	규모	비중	규모	비중
중졸 이상	161.5	16.4	321.1	26.5	21.1	47.4	650.3	47.3	32.9	64.4
고졸 이상	61.3	6.2	104.1	8.6	14.5	32.6	299.7	21.8	26.2	51.4
대졸 이상	3.4	0.4	10.6	0.9	4.1	9.3	78.9	5.7	13.0	25.5
총인구	987.1		1,211.2		44.6		1,374.6		51.1	

* 자료: 각국 통계자료에 의거해 필자가 정리함

29 중국은 도시를 현급도시와 지구급도시로 나누는데, 현급도시는 기만 명의 읍 정도라고 보고, 지구급도시는 그래도 10만 명 이상 중규모 이상의 도시라고 이해해도 무방할 것이다.

〈표 26〉 사회공공서비스 수요 규모와 공급의 추정

사회적 약자	사회적 수요(기피지역)	가용자원
영·유아	사회공공서비스, 보육, 육아, 군대	남성청년 우선, 여성도 점진적 수용
고령자	농·어업	베이비부머 귀촌 인력 (이촌향도 세대)
중소·중견기업	요양원	청년(여성포함)
사회적 기업	동네환경미화	동네 은퇴 인력(남성 위주)
농촌 지역	보육원	동네 은퇴 인력(할머니 세대), 주로 여성
미취업 청년	중소·중견기업 IT화, 대외관계, 네트워크화, 자문	베이비부머+청년층
	사회적 기업	베이비부머+청년층

* 자료: 필자가 주관적으로 개념화한 도표

〈표 27〉 예산안 배분 개요

(단위: 조 원, %)

구분	예산		비중	
	2017	2021	2017	2021
보건·복지·노동	130	180.5	32.2	35.2
교육	56.4	72.6	14.0	14.2
문화·체육·관광	7.1	8.0	1.8	1.6
환경	6.9	9.0	1.7	1.8
R&D	19.4	24.2	4.8	4.7
산업·중소기업·에너지	15.9	23.7	3.9	4.6
SOC	21.8	23.2	5.4	4.5
농림·수산·식품	19.5	21.5	4.8	4.2
국방	40.3	50.2	10.0	9.8
외교·통일	4.6	5.5	1.1	1.1
공공질서·안전	18	20.8	4.5	4.1
일반·지방행정	63.9	79.0	15.8	15.4

〈표 28〉 연령대별, 계층별 예산 지원 구분(2021년)

(단위: 만 명, 억 원)

			전국(도시)		농촌
			규모	예산안	
연령	영유아	공공보육			
		초등돌봄	53만 명		
		보육교직원 인건비			
		유아보육료지원		36,547	
	청년	국민취업 지원제도	10만 명	8,367	청년농육성/ 월 100만 원
		구직촉진수당		6,715	
		취업성공 패키지	13만 명		귀농·귀촌 활성화 지원
		청년내일채움공제[30]		13,971	
		디지털고등인재	2만 명		지자체 인재양성→ 기업채용
		청년주택	5만 호		지역주도형 청년일자리/ 2.6만 개
		신혼부부주택	6만 호		
		군인력구조정예화			
		병사봉급인상	월 60.9만 원		
		청년자립마을		77	
	중·장년	국민 취업지원 제도		8,367	
		고용유지 지원금			
		구직촉진수당		6,715	
		실업소득유지·구직급여		125,387	
		재취업지원서비스			
	은퇴세대				귀농·귀촌 활성화 지원
	노인(65~)	기초연금 인상 지급		188,588	
		노인 일자리 확대	80만 개		
		디지털 돌봄	5.8만 명		
		노인 맞춤 돌봄	50만 명		

30 중소·중견기업에 입사한 청년들이 퇴사하지 않고 남아 있게 되는 경우 정부가 지원금 지급

			전국(도시)		농촌
계층	취약계층				
	소상공인	지역신보보증확대		450,000	
		신성장기반자금		17,500	
		융자확대		36,000	
	장애인	장애인 일자리	2.5만 개		
지역				26,558	어촌뉴딜 사업
		전국적 재난 대응			

* 자료: 2021년 정부예산안에 의거해 필자가 정리함

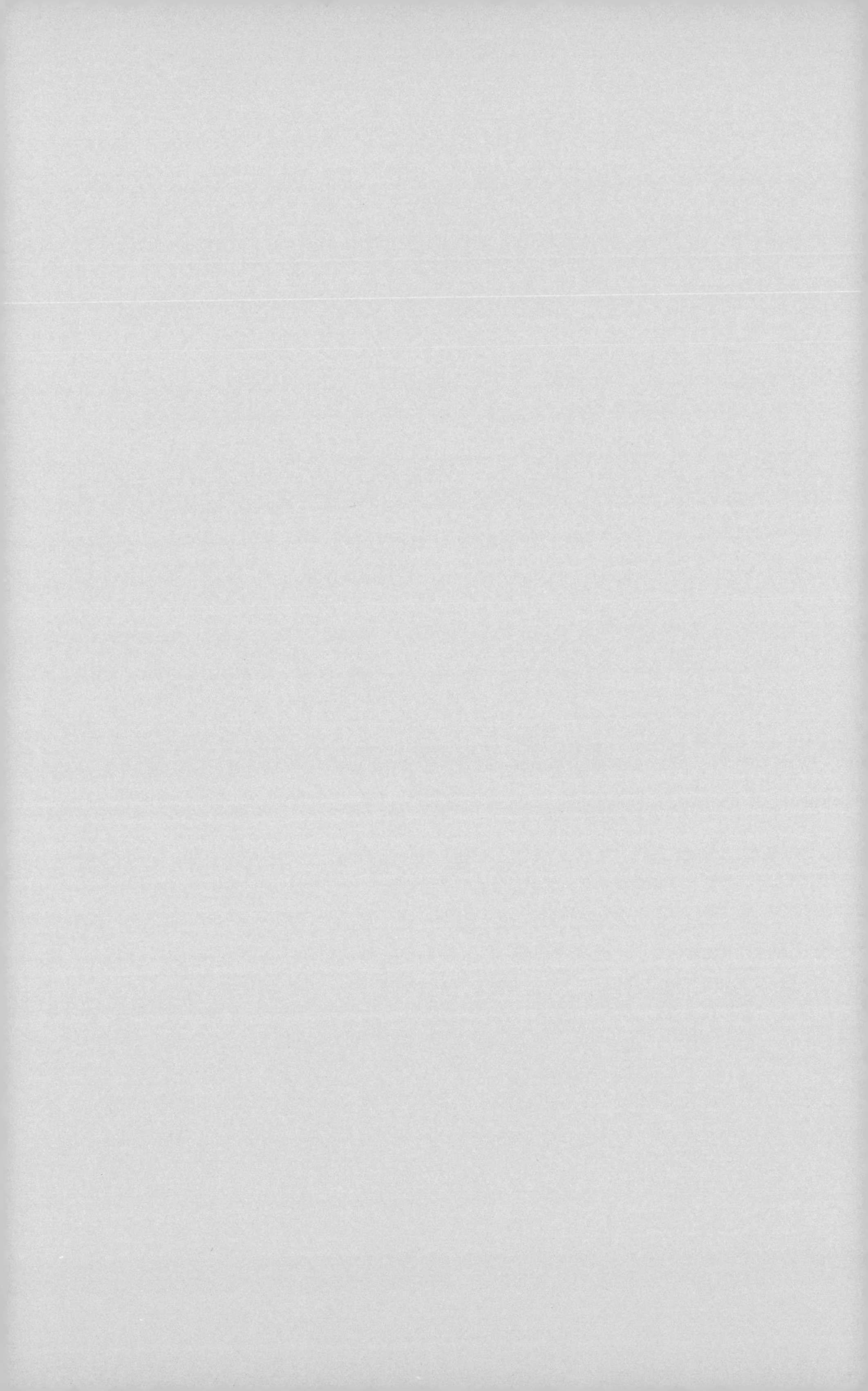